TOUTE L'HISTOIRE DU MONDE

DES MÊMES AUTEURS

Jean-Claude Barreau a écrit et publié trente-trois livres traduits en treize langues, dont :

*Essais*

*La Foi d'un païen*, Seuil, 1967 (Livre de vie, 1968).
*Qui est Dieu ?*, Seuil, 1971.
*La Prière et la drogue*, Stock, 1974.
*Pour une politique du livre*, Dalloz, 1982 (en collaboration avec Bernard Pingaud).
*Du bon gouvernement*, Odile Jacob, 1988.
*De l'islam et du monde moderne*, Le Pré-aux-Clercs, 1991 (Prix Aujourd'hui, 1991).
*De l'immigration*, Le Pré-aux-Clercs, 1992.
*Biographie de Jésus*, Plon, 1993 ; Pocket, 1994.
*Les Vies d'un païen*, Plon, 1996.
*La France va-t-elle disparaître ?*, Grasset, 1997.
*Le Coup d'État invisible*, Albin Michel, 1999.
*Tous les dieux ne sont pas égaux*, Jean-Claude Lattès, 2001.
*Bandes à part*, Plon, 2003.
*Les Vérités chrétiennes*, Fayard, 2004.

*Romans*

*La Traversée de l'Islande*, Stock, 1979 (téléfilm Antenne 2, 1983).
*Le Vent du désert*, Belfond, 1981.
*Les Innocents de Pigalle*, Jean-Claude Lattès, 1982.
*Oublier Jérusalem*, Actes Sud, 1989 ; J'ai lu, 1991.

Guillaume Bigot a écrit et publié :

*Les Sept Scénarios de l'Apocalypse*, Paris, Flammarion, 2000.
*Le Zombie et le Fanatique*, Paris, Flammarion, 2002.

Jean-Claude Barreau
Guillaume Bigot

# TOUTE L'HISTOIRE DU MONDE

*De la préhistoire à nos jours*

Fayard

# Les immémorants

En France, il y a un siècle, ceux qui savaient lire savaient aussi se situer dans l'espace et dans le temps. Un manuel scolaire, rédigé par deux éminents professeurs, le « Malet-Isaac », énonçait les repères historiques et géographiques connus des gens qui avaient dépassé le certificat d'études. Il n'en est plus ainsi. Les Français, et d'ailleurs tous les Occidentaux, sont devenus, pour la plupart, des hommes sans passé, des « immémorants » (ce mot, un néologisme, décrit assez la situation). Par un paradoxe ironique, on n'a jamais autant parlé du « devoir de mémoire » qu'en ces temps d'oubli, car il est bien connu que l'on insiste sur une qualité seulement quand elle est oubliée.

Il y a peu, on entendait encore les Français grommeler quand ils étaient mécontents : « On a déjà fait la Révolution, on pourrait la refaire », manifestant ainsi qu'ils étaient conscients d'une belle continuité historique. Que trouverait-on dans la tête de leurs enfants (du moins de ceux qui n'ont pas fait Normale) ? Un chevalier du Moyen Âge en armure, chevauchant en guise de cheval une fusée interplanétaire, dans un lieu indéterminé !

Un film à épisodes, *Le Seigneur des Anneaux*, épopée qui ne se déroule nulle part, témoigne par son succès même de l'ignorance générale. Ce n'est pas la faute de nos contemporains si on a négligé de les renseigner sur les faits et sur les lieux. Une mode contraignante a voulu remplacer l'étude de l'histoire chronologique par celle de thèmes qui chevauchent les siècles, du genre « les moyens de transport à travers les âges ». Quant aux lieux, ils se valent tous pour des techniciens pressés qui ne veulent plus tenir compte des sites, les villes actuelles alignant partout les mêmes tours de verre. Dans ce tohu-bohu, les paysages s'estompent, les cultures se dissolvent, les histoires collectives s'effacent.

Ce salmigondis fait disparaître ce qui permettait aux individus d'effectuer l'inventaire de leur héritage.

Ajoutez à cela un mépris boursier du long terme et le culte de l'« immédiateté », et vous comprendrez que notre modernité fabrique davantage de consommateurs-zappeurs interchangeables et de « fils de pub » que de citoyens responsables, désireux de comprendre et de construire.

Or, qu'on y prenne garde : le rôle majeur d'une civilisation est de transmettre un dépôt à ses enfants, à charge pour ces derniers de contester, de dilapider ou de faire fructifier cet héritage.

Quand le jeune israélite, dans la nuit de Pâque, interroge rituellement les adultes qui l'entourent sur le sens du rite célébré, les adultes, non moins rituellement, lui répondent par le récit de la libération du peuple juif hors de l'esclavage égyptien. Il s'agit là, exprimé d'une manière saisissante dans le repas pascal du judaïsme, de l'acte fondateur de l'éducation. Ce n'est pas pour rien qu'un Pol Pot, au Cambodge, a voulu détacher radicalement les Khmers de leur passé : il savait ce qu'il faisait.

Car, sans cette interrogation du disciple au maître, sans cette transmission des maîtres aux nouveaux venus, il ne subsiste plus de civilisation, mais seulement de la barbarie; il ne subsiste même plus d'espèce humaine, ce que nous soulignerons en évoquant la préhistoire.

Cette conviction nous a poussés à tenter de raconter l'histoire des hommes. Nous savons que d'innombrables professionnels très érudits sur telle ou telle question écrivent quantité d'ouvrages, publiés chaque année (par exemple chez notre éditeur) et pour la plupart excellents; mais ces historiens traitent de problèmes pointus, d'époques précises, de personnages isolés. Et nos contemporains – qui n'ont pas appris à l'école la chronologie – ne trouvent aucun équivalent actuel du « Malet-Isaac » (il est vrai, réédité en poche, mais ce manuel supposait connu un enseignement d'histoire qui n'est plus dispensé). Aujourd'hui, les gens ont des difficultés pour comparer les questions entre elles, pour se situer eux-mêmes dans la chaîne des temps. Or, sans point de comparaison, il n'est plus de problèmes compréhensibles, nous explique Malraux dans ses *Antimémoires.* « Penser, c'est comparer », écrit-il.

Est-il possible en effet de déchiffrer l'actualité sans références historiques, les événements les plus actuels s'enracinant toujours dans le long terme? Comment situer par exemple les guerres d'Irak sans avoir entendu parler de la Mésopotamie? Faute de repères chronologiques et géographiques, les journaux télévisés de « vingt heures » se transforment en histoires fantastiques, en épisodes du *Seigneur des Anneaux*. Leurs images nous choquent sans nous concerner. Aujourd'hui, on voit tout, tout de suite, en direct, mais on ne comprend rien. On trouve en librairie d'excellents dictionnaires historiques ; mais pour consulter un dictionnaire, il faut savoir par où y entrer. On trouve sur les écrans d'Internet à peu près tout ce qu'on y cherche ; mais sur la « toile », sur le « web », coexistent le meilleur et le pire, et sans culture générale il devient difficile de distinguer l'un de l'autre.

D'où l'idée simple, ambitieuse et modeste à la fois, d'écrire un livre assez court qui soit un récit de l'histoire du monde ; récit forcément incomplet, orienté par le point de vue de ses auteurs, contestable donc, mais fermement chronologique. Pour reprendre le titre d'une collection célèbre, « L'histoire racontée à ma fille ou à mon fils » – davantage, ici, à tous les lecteurs qui souhaitent « s'y retrouver », et situer leurs destins personnels (pour lesquels d'innombrables « psys » leur proposent leurs services) dans la grande histoire collective, héroïque et tragique, absurde ou pleine de sens, de l'espèce humaine.

Nous avons voulu « raconter » un récit chronologique ; un conte, certes, et le plus passionnant qui soit (la réalité dépassant la fiction), mais appuyé sur le réel et non sur les fantasmagories de la littérature fantastique (genre littéraire que l'on peut apprécier, mais seulement si l'on sait qu'il est « fantastique »).

Ce livre n'est pas un livre de savants. Il se veut une espèce de résumé de l'histoire de l'humanité ; rudimentaire, mais plein de rapprochements surprenants et de questions impertinentes ; conte vrai où le lecteur pourra trouver des interprétations discutables de faits qui ne le sont pas. Il est destiné à tous, à l'exception des historiens de métier.

NB : Les auteurs remercient Sandra Munoz pour son aide.

# La préhistoire

L'aventure des hommes commence bien avant leur histoire. On peut faire l'histoire des peuples qui ont écrit.

Avant l'invention de l'écriture, nous ne disposons sur nos ancêtres que de documents archéologiques : ossements, outils, peintures; ensuite seulement, nous pouvons lire ce qu'ils racontaient d'eux-mêmes. Or l'écriture est utilisée depuis environ six mille ans. C'est dire que la préhistoire est beaucoup plus longue que l'histoire.

La Terre est une planète rocheuse située à bonne distance d'une étoile moyenne, le Soleil, semblable à des milliards d'autres étoiles.

Sur la Terre, la vie est née et s'est développée il y a plus de quatre milliards d'années, profitant de l'abondance d'eau (les océans recouvrent les trois quarts du globe) et de l'existence d'une atmosphère dense et azotée. La vie existe certainement ailleurs, sur des planètes gravitant autour d'étoiles calmes, mais nous ne l'avons jusqu'à maintenant rencontrée que chez nous, malgré nos sondes spatiales.

Des extraterrestres vivent peut-être dans l'immensité du cosmos, mais nous n'avons aucun indice qu'ils aient jamais visité notre monde, aucune des « preuves » de leur passage éventuel ne résistant vraiment à l'analyse scientifique.

Même sans visiter la merveilleuse « galerie de l'Évolution » du Muséum d'histoire naturelle de Paris, on peut constater que sur la Terre les plus performants des animaux ont été les primates, famille à laquelle nous appartenons.

Les primates, ce sont tous les singes, petits ou grands. Il reste encore sur la Terre d'autres grands primates que nous : les chimpanzés, les gorilles, les orangs-outangs. Ce ne sont pas nos ancêtres, mais nos cousins. Nos ancêtres étaient de grands primates aujourd'hui disparus : sinanthropes, pithécanthropes, etc. Les mammifères sont les plus développés des animaux, en particulier grâce à leur mode de reproduction dans le sein des femelles, *in utero*, par lequel les œufs sont beaucoup mieux protégés que les œufs des serpents ou des oiseaux.

Les primates sont les plus intelligents des mammifères. La vie progresse par sélection naturelle, les moins adaptés étant éliminés. Or l'intelligence est le meilleur critère de sélection. Une trop grande spécialisation n'est pas un avantage. Un éléphant est formidable, mais ses défenses l'encombrent. Un cheval va très vite, mais il n'a pas de cornes. Le tigre est une extraordinaire machine à tuer (comme tous les félins), mais comme il n'a pas beaucoup d'efforts à faire pour se nourrir, il est assez bête. Les primates n'ont pas de défenses, courent moins vite que le cheval, et sont nus face aux lions, mais ils triomphent des prédateurs par leur astuce.

Encore faut-il que cette intelligence puisse s'inscrire dans l'environnement : les mammifères marins (baleines, dauphins) sont très intelligents, mais ils n'ont pas de mains. Les primates ont des mains. Pourquoi ? Parce qu'ils vivent dans les arbres et que, pour habiter les arbres, il faut pouvoir s'y accrocher. Les primates sont donc quadrumanes. Leurs mains leur ont donné d'énormes possibilités d'action. Les espèces animales changent par mutation génétique, la sélection naturelle éliminant les mutants inadaptés. Après des milliards d'années de mutations et de sélection, les grands primates étaient à l'ère quaternaire les plus adaptables des animaux : moins forts que les éléphants, moins fauves que les tigres, moins rapides que les chevaux, mais aptes à tout.

De ce propos on peut déduire que, s'il existe quelque part dans la galaxie d'autres « humanités », elles ont toutes les chances de ressembler à la nôtre : un gros cerveau, des mains, pas trop de spécialisation...

L'étude de la préhistoire mobilise des milliers de savants et de chercheurs. Nous n'avons pas la prétention ici d'entrer dans les détails – paléolithique inférieur, moyen ou supérieur, mésolithique, etc. –, mais de faire réfléchir sur l'essentiel. Par exemple, depuis combien de temps l'homme existe-t-il ?

Deux écoles s'affrontent à ce sujet.

Les spécialistes des animaux nous répondent que l'homme est apparu il y a deux ou trois millions d'années à partir de grands primates aujourd'hui disparus, beaucoup plus évolués que nos actuels chimpanzés, capables de se tenir debout et de fabriquer des outils.

Mais la station debout, favorable à l'action parce qu'elle libère les mains, n'est pas le propre de l'être humain, contrairement à ce que nous affirme la célèbre bande dessinée *Rahan* qui définit les hommes comme « ceux qui marchent debout ». Les gorilles aussi peuvent se tenir debout. Fabriquer des outils n'est pas non plus un signe absolument humain. Les chimpanzés savent se servir d'outils. Par exemple, pour manger les œufs d'une termitière, ils la percent avec un roseau creux qu'ils sucent ensuite. Ainsi les nombreux squelettes reconstitués à partir d'ossements épars, et datant d'un million d'années, comme la célèbre « Lucy », prouvent-ils seulement qu'à cette époque existaient de grands primates supérieurs, et non que ces êtres-là étaient déjà humains.

L'autre école, celle des anthropologues, pense en général que l'apparition de l'homme est beaucoup plus récente, deux ou trois cent mille ans peut-être. Nous sommes évidemment très proches des grands singes, et même de tous les mammifères. Voilà pourquoi nous aimons nos chiens, dont les émotions sont semblables aux nôtres. Un chien ressent de l'affection, de la jalousie, il a l'instinct hiérarchique et territorial comme nous, et comme d'ailleurs l'ensemble des mammifères.

Mais le propre de l'homme n'est ni l'émotion, ni la station debout, ni la fabrication d'outils. Le propre de l'homme, c'est le langage.

Les animaux n'ont pas de langage, ils ont des cris. Même très compliqués, ce sont des cris ou des signaux prévus par le code génétique de leur espèce. Aussi les animaux ne changent-ils que par mutations génétiques ; et une mutation génétique positive ne sera sélectionnée qu'au long de milliers d'années...

Un vieux chien, ou un vieux cheval, a beaucoup appris dans sa vie ; mais quand il meurt, son expérience disparaît avec lui, car il n'a pu la communiquer.

L'invention du langage est le propre de l'homme. Par le langage, le vieil homme peut communiquer ce qu'il a appris aux plus jeunes. Nous disions plus haut que la transmission, la relation maître-disciple ont constitué l'humanité. Sans elle, nous redeviendrions des animaux; d'où le danger des idéologies délirantes qui contestent cette relation-là.

À cause du langage, les mutations de l'humanité ne sont plus « génétiques », mais « culturelles ». Elles ne nécessitent plus des millénaires, seulement des années. À cause du langage, l'espèce humaine a explosé sur la Terre et s'est transformée avec une rapidité inconnue jusque-là. L'espèce humaine n'est plus seulement « naturelle », elle est « culturelle ». Certes, les mutations génétiques ont continué avec leur rythme lent. Ainsi, depuis deux cent mille ans, les couleurs de peau ont changé. Dans les pays très ensoleillés comme l'Afrique ou l'Inde du Sud, la sélection naturelle a favorisé la survie des mutants à mélanine (peau noire), les peaux blanches étant au contraire avantagées dans les pays nordiques où les Noirs sont facilement anémiés. Mais ces mutations sont superficielles à tel point que, lorsqu'on découvre un squelette, on est incapable d'en déduire la couleur de la peau. On trouve des crânes allongés, « dolichocéphales », ou des têtes rondes, « brachycéphales », mais cela ne correspond en rien aux couleurs de la peau. Les premiers hommes étaient probablement « café au lait », ce que tendent à redevenir leurs descendants à cause des flux migratoires « United Colors of Benetton ».

Une mutation génétique plus intéressante est celle qui fit de la femme la plus belle femelle mammifère. En général, chez les mammifères, les mâles sont plus beaux que les femelles; c'est vrai pour le lion comme pour le cerf. Chez l'homme, c'est l'inverse. Pourquoi?

Parce que la sélection naturelle avait un problème contradictoire à résoudre. Il fallait que les femelles humaines aient un bassin plus étroit que celui des femelles quadrupèdes, afin de pouvoir courir debout, et échapper ainsi aux prédateurs. Mais il fallait aussi qu'elles aient un bassin assez large pour être capables d'accoucher. On sait que, en architecture, les chefs-d'œuvre sont souvent le produit de la solution d'exigences contradictoires. Il en fut ainsi pour l'architecture féminine, dont les courbes superbes en forme de guitare sont la résultante de deux nécessités opposées de notre espèce : courir vite et accoucher quand même.

Mais si les mutations génétiques ont continué à rythme lent, le propre de l'humanité fut la mutation culturelle à rythme accéléré par le langage.

Comment peut-on imaginer l'apparition du langage, et donc de l'humanité? Nous savons que cela s'est produit en Afrique orientale il y a quelques centaines de milliers d'années.

Nous savons aussi que le climat de notre planète change au cours des âges. Il y a des changements réguliers : le cycle des périodes glaciaires et interglaciaires, qui couvre à peu près cent vingt mille ans. Pendant les périodes glaciaires, la Terre est plus froide, les glaciers couvrent le Middle West américain et descendent en Europe jusqu'en Belgique. Il n'y a pas de Sahara. Le niveau des mers est plus bas et l'on peut aller à pied d'Asie en Amérique (pas de détroit de Bering) et de France en Angleterre (pas de pas de Calais).

Nous vivons actuellement une période plus chaude,

« interglaciaire ». (L'interglaciaire connaît lui aussi des changements climatiques, mais plus modérés ; nous en reparlerons.)

La dernière période glaciaire s'est achevée il y a treize ou quatorze mille ans. Le surgissement de l'humanité est peut-être dû à un événement climatique brutal, survenu il y a plusieurs centaines de milliers d'années.

Imaginons une canicule ou une sécheresse qui dure vingt ans. Les forêts brûlent et disparaissent. Les primates, animaux de forêt, cueilleurs de fruits, se retrouvent dans la savane, et ce pendant la durée d'une vie. Dans les arbres, ils consommaient fruits ou feuilles, de la viande exceptionnellement quand un écureuil leur tombait dans les bras. Dans les savanes, on peut penser que la plupart sont morts de faim ou se sont repliés dans les forêts équatoriales. Mais un groupe a su inventer la chasse. Certes, beaucoup de mammifères sont des chasseurs, mais les primates sont des cueilleurs ; ils n'ont pas la chasse dans leur code génétique. Alors ils se sont mis debout pour voir au-dessus des herbes, ce dont ils avaient la capacité mais qu'ils ne pratiquaient guère dans les arbres. Ensuite ils ont essayé de faire tomber du gibier dans des pièges, de grands trous qu'ils creusaient, ou des dénivelés naturels (la roche de Solutré). Faibles et nus, ils furent obligés de s'organiser, d'envoyer des éclaireurs pour rabattre le gibier (techniques qu'utiliseront ensuite dans leurs batailles, tous les grands capitaines). Pour transmettre les ordres au loin, il leur fallut employer des sons qui ne faisaient pas partie de leur héritage phonétique. Le langage était né. Ils avaient auparavant la capacité de parler, mais ils n'en usaient pas. Nos chimpanzés actuels ont la capacité du langage.

Comme ils ne possèdent pas de cordes vocales, ils ne peuvent pas parler, mais des chercheurs ont réussi à leur apprendre le langage des sourds-muets.

Ainsi, quelque part en Afrique orientale, il y a deux ou trois cent mille ans, un ou plusieurs groupes de primates inventèrent-ils le langage.

Et tout de suite leur univers changea.

L'invention du langage fut probablement utilitaire : il s'agissait de transmettre des ordres vocaux non prévus par le code génétique et destinés à l'exécution d'actes de chasse précis.

Mais en même temps le langage a fait naître une névrose : celle de l'avenir.

Les animaux n'ont aucune idée de l'avenir. Ils ont la mémoire du passé, mais aucune inquiétude pour le futur. Lorsqu'il a suffisamment de nourriture et d'affection, l'animal est parfaitement heureux dans un éternel présent. Il n'imagine pas qu'il puisse mourir. Il n'est pas angoissé et ne se cache que s'il se sent menacé *hic et nunc*, « ici et maintenant », par les prédateurs, la famine ou la maladie.

Après l'invention du langage symbolique, les primates qui marchaient debout se sont transformés en hommes angoissés ; la névrose humaine est originelle.

Le soir, en évoquant ensemble la chasse de la journée, ils purent prendre conscience qu'un des chasseurs avait disparu : le lion l'avait tué, il était mort.

En imaginant par des paroles la chasse du lendemain, ils comprirent qu'ils risquaient de mourir. Il y avait aussi la maladie, la vieillesse. Des horizons métaphysiques infinis et angoissants s'ouvrirent d'un coup à ces « animaux dénaturés » (selon le titre d'un beau livre de Vercors).

Qu'est-ce que l'homme? Un être qui sait qu'il va mourir et qui a besoin de se raconter des histoires. Se raconter des histoires pour supporter cette idée insupportable de la finitude, pour conjurer la nécessité inéluctable de la mort.

Se raconter des histoires pour se rapprocher de ses semblables, se réchauffer de leurs paroles, former avec eux une humanité.

Capable de prévoir l'avenir, de l'organiser, le primate humain échappe du même coup à la loi génétique. Il va pouvoir faire des choses que les animaux ne font pas – pour le meilleur et pour le pire.

Pour le pire : les animaux, même les mammifères les plus évolués, ne sont ni bons ni méchants, car ils font ce que leur « programme génétique » leur prescrit. Il y a bien des combats de chefs pour établir la hiérarchie, mais ils ne se terminent qu'accidentellement par la mort, un geste de soumission suffisant à apaiser le vainqueur.

Il n'y a pas de meurtre chez les animaux : le loup qui mange l'agneau ne commet pas un assassinat, le loup n'est pas un loup pour le loup.

Au contraire, dans le souvenir originel de toutes les religions, nous affirme René Girard dans son livre *Des choses cachées depuis le commencement du monde*, il y a le meurtre, le « péché originel », le meurtre du Frère (Caïn), celui du Père (Œdipe). L'homme peut transgresser la loi génétique et assassiner son frère. « L'homme est un loup pour l'homme », constate le proverbe latin.

Le viol est, de même, quasi inconnu des mammifères. Un très beau documentaire de Frédéric Rossif, *La Fête sauvage*, sur la course du lion nous montre la lionne en chaleur aguichant le mâle, faisant mine de céder, repartant, et ne se livrant, après des jours, que lorsque tel est son bon plaisir. Les instincts génétiques – hiérarchie, territoire, sexualité – sont puissants chez l'être humain. Beaucoup de rivalités de bureau font irrésistiblement songer à des combats de mâles. Les rêveurs qui nient le patriotisme oublient que l'homme est un animal territorial ; et si la sexualité humaine peut se sublimer en amour, elle garde la formidable puissance du désir génétique. Mais l'homme peut transgresser son programme génétique. D'où l'absolue nécessité pour les groupes humains d'établir des lois morales ou religieuses afin de suppléer à la carence des lois génétiques.

L'homme est cet être qui a doublé son code génétique par un code culturel.

Mais le langage permet aussi à l'homme le meilleur.

Échappant à la lenteur millénaire des mutations génétiques, il va pouvoir changer à une vitesse incroyable et s'adapter à tout. À condition, bien sûr, de transmettre l'acquis par l'éducation.

L'homme préhistorique est déjà un être historique, qui raconte le passé pour construire son avenir. Nous l'avons souligné : détruire la transmission du maître au disciple serait détruire l'humanité.

Il n'y a plus de « nature » humaine ; il y a, dès la préhistoire, une « culture » humaine toujours menacée d'oubli. Transmettre son savoir est, en définitive, la seule chose qui distingue l'homme de l'animal.

Le langage a donné à l'homme une formidable capacité d'adaptation.

Tous les animaux sont prisonniers de leur environnement, de leur « biotope » – pas l'homme. L'être humain ayant surgi en Afrique orientale dans un climat trop chaud, il n'a pas de fourrure, c'est un « singe nu ». Et pourtant il va occuper la Terre entière, et presque jusqu'aux pôles.

Ce n'est pas qu'il change de climat – non, il emmène son climat avec lui en s'inventant vêtements et abris. Les Eskimos étaient encore il y a peu des hommes préhistoriques (car la préhistoire a duré, dans certains coins perdus de la Terre, jusqu'au milieu du XX^e^ siècle). Or ils avaient réussi à vivre de manière quasi équatoriale dans l'Arctique en inventant des techniques si ingénieuses qu'elles sont devenues des noms communs dans toutes les langues : les igloos de neige qui protègent du froid en utilisant le froid, les anoraks, les kayaks insubmersibles.

Ainsi, l'homme est le seul animal capable du pire et du meilleur : du pire parce que c'est la seule espèce capable de meurtre et d'autodestruction ; du meilleur parce que c'est aussi la seule capable de s'adapter à tout, de tout inventer.

On peut faire une sorte d'histoire de la préhistoire.

D'abord, s'il y eut plusieurs groupes de primates qui s'humanisaient, il ne reste plus aujourd'hui que les descendants d'un seul de ces groupes, celui des *sapiens sapiens.* Parmi les autres, l'un notamment se multiplia assez pour qu'on en retrouve des ossements jusqu'en Europe : il s'agit du *sapiens neandertalensis.*

L'homme de Neandertal était d'apparence plus simiesque. Il était, par exemple, affublé d'un bourrelet osseux au-dessus des yeux qui le faisait ressembler aux gorilles actuels. Cependant, il avait un cerveau plus gros que le nôtre. Il connaissait l'art et la religion. Il enterrait ses morts selon des rites compliqués.

Notons au passage que les objets d'art et les tombes sont des preuves indiscutables d'humanité. Mais les tombes les plus anciennes que nous ayons découvertes n'ont pas plus de quarante ou cinquante mille ans ; quant aux peintures rupestres, elles sont plus récentes encore. Cela n'a rien d'étonnant : statistiquement, les commencements échappent toujours à l'archéologue, qui a davantage de chances de retrouver les objets déjà nombreux.

Or l'homme de Neandertal a complètement disparu il y a vingt mille ans, sans que nous puissions comprendre pourquoi. Nous savons que le *sapiens sapiens* et le *sapiens neandertalensis* ont coexisté sur les mêmes territoires pendant quelques milliers d'années. Se sont-ils fait la guerre ? Étaient-ils interféconds ? On n'en sait rien. Plus probablement nos ancêtres mieux adaptés ont pris tout le gibier pour eux, condamnant les autres à la famine. Quoi qu'il en soit, tous les hommes vivant actuellement sur la Terre, si variées soient leurs apparences physiques, descendent de quelques milliers de *sapiens sapiens* africains. La génétique le prouve.

Nous savons aussi que ces *sapiens* ont peuplé progressivement la Terre entière. Évidemment, il ne s'agit pas de concevoir ces migrations-là comme les voyages de découverte du XV^e^ siècle.

Il faut beaucoup de terrain pour une tribu de chasseurs. Quand il y a trop de jeunes guerriers, un groupe se détache de la tribu mère et se déplace de quelques dizaines de kilomètres pour trouver un espace de chasse vierge, et ainsi de suite. Ces voyages se faisaient à un rythme si lent que, arrivés à un bout de la Terre, les descendants des migrants avaient oublié l'endroit dont leurs ancêtres étaient partis quelques millénaires auparavant ; d'autant plus qu'ils ne maîtrisaient pas l'écriture, et nous savons que la tradition orale ne remonte pas au-delà de quatre générations dans le passé.

Ainsi la conquête de la planète par les hommes préhistoriques fut-elle une conquête inconsciente. Mais nous pouvons en situer certaines étapes.

Il y a trente mille ans, on trouve des êtres humains en Afrique, en Europe, en Asie, mais pas en Amérique. Les Amériques étaient vides d'hommes. Ceux-ci y sont arrivés il y a vingt mille ans, venant d'Asie et passant à pied par ce qui est aujourd'hui le détroit de Bering. C'était au cours de la dernière période glaciaire ; la mer était plus basse.

Les Indiens d'Amérique sont donc des Asiatiques, même aujourd'hui, par leurs traits physiques et par les langues qu'ils parlent.

Ensuite la mer est remontée, isolant ces hommes-là du reste de l'humanité – qui ne les rejoindra sur leur continent, et pour leur malheur, qu'au XVIe siècle de notre ère ! À la même époque, les aborigènes australiens vinrent à pied du continent, avant d'être isolés eux aussi.

Progressivement, les langues se sont différenciées. Les premiers groupes africains parlaient certainement un idiome commun. Avec les millénaires, Babel s'installe ; mais il reste des traces de cette origine linguistique commune : « maman », par exemple, est un mot commun à toutes les langues de la Terre – peut-être parce que c'est le premier que les bébés peuvent prononcer.

Répandus sur toute la Terre il y a quinze mille ans, les

*sapiens sapiens* qui restaient seuls n'étaient pas encore très nombreux. La chasse nécessite de vastes espaces. Elle est soumise à l'abondance ou à la rareté du gibier, lesquelles dépendent de facteurs écologiques ou climatiques imprévisibles. Disons qu'à cette époque l'humanité préhistorique demeurait, comme celle des baleines, une espèce menacée, oscillant entre 100 000 individus les années de famine et 2 ou 3 millions les années d'abondance, d'autant plus que ces gens ne savaient pas conserver la viande.

Il est assez facile de se représenter ce qu'était une tribu préhistorique, parce que la préhistoire a duré très longtemps en beaucoup d'endroits. Les Indiens d'Amérique, tous les « peuples premiers » en général, étaient des hommes préhistoriques. L'adjectif « préhistorique » n'implique aucun jugement de valeur ; c'est un adjectif technique qui s'applique aux peuples sans écriture.

La tribu indienne décrite dans le film *Danse avec les loups*, avec ses guerriers, son conseil des anciens, ses chamans, nous semble montrer assez bien ce que pouvait être l'homme préhistorique.

Ce n'était pas un imbécile. Les tribus transmettaient des cultures élaborées et chatoyantes, des techniques admirables (nous avons souligné l'ingéniosité des igloos, kayaks et anoraks eskimos). Elles utilisaient déjà des arcs et des flèches, des outils. Un jeune Papou pouvait nommer par leur nom et distinguer des centaines de plantes (ce que nous ne sommes pas capables de faire, à l'exception des botanistes du Muséum d'histoire naturelle).

L'homme préhistorique accéda dès le début à l'art absolu. Y a-t-il un progrès entre un tableau de maître et les peintures murales de Lascaux ?

Surtout, l'homme préhistorique est très proche de nous. Il a des lois, un honneur, et une religion très développée : l'animisme, l'adoration des forces de la nature.

« Dieu respire dans les plantes, rêve chez les animaux et s'éveille en l'homme », dit un proverbe comanche.

La tribu est une société complexe, où l'éducation joue un rôle fondamental. Il n'y a certes pas d'écoles, mais une transmission par les anciens et des rites de puberté, de passage à l'âge adulte, d'initiation pour les garçons ou pour les filles, rites qui subsistent aujourd'hui dans beaucoup de sociétés.

L'homme préhistorique est tellement proche de nous qu'on ne le reconnaîtrait pas habillé dans le métro.

Plus proche même que nous ne l'imaginons. En fait, depuis la préhistoire, il y a eu d'immenses progrès scientifiques et techniques, mais aucun progrès psychologique : l'homme est le même que le jour de son surgissement.

D'ailleurs, les hommes encore préhistoriques qui, au XX^e siècle, entraient en contact avec notre monde moderne (il n'y a probablement plus aujourd'hui sur la Terre de tribus préhistoriques, mais il y en avait au XX^e siècle et les « premiers contacts » y furent nombreux : Papous de Nouvelle-Guinée, Indiens d'Amazonie) n'étaient guère étonnés par nos techniques sophistiquées.

Car, si l'on y réfléchit, il n'y a pas de différence de nature entre l'invention du feu et celle de la bombe atomique, entre le tam-tam et l'Internet, entre la vitesse du coureur de savane et celle du TGV.

Contemplant les oiseaux, les hommes ont toujours désiré voler, comme en témoigne le mythe d'Icare.

Stanley Kubrick a très bien compris et décrit cela dans la première scène de son chef-d'œuvre, *2001, l'odyssée de l'espace.* On y voit des primates s'affronter. L'un d'entre eux saisit un os qui traînait et le lance vers le ciel en direction de ses adversaires. Le cinéaste transforme alors, par un fondu enchaîné, cet os en fusée interplanétaire. Kubrick avait parfaitement compris que lancer un tibia ou lancer une fusée, c'est le même geste !

Ainsi la préhistoire n'est-elle pas un univers étranger. De grandes questions toujours actuelles y sont déjà posées : la menace du meurtre, la nécessité de la loi, la beauté de l'art, l'importance vitale de la transmission du savoir.

# Les fleuves nourriciers, les premiers États, les religions

C'est la contrainte climatique qui transforma probablement certains primates en êtres humains. C'est la même contrainte qui fit succéder l'histoire à la préhistoire.

La dernière glaciation a pris fin il y a environ quatorze mille ans. Les glaciers ont reculé, la mer a monté, le Sahara est apparu.

Les ceintures de désert de la Terre sont caractéristiques des périodes interglaciaires. Quand on regarde des photos-satellites, elles se voient du premier coup d'œil sur notre planète bleue. Dans l'hémisphère Nord, on distingue les déserts américains (rendus familiers par les westerns), puis, au-delà de l'Atlantique, un grand désert continental qui commence en Mauritanie et finit au nord de la Chine. Il porte des noms différents – Sahara en Afrique, désert Arabique au Proche-Orient, déserts d'Iran et de l'Ouest indien, désert de Gobi –, mais c'est bien le même.

Il est cependant de moins en moins terrible d'ouest en est : absolu au Tanezrouft, relatif dans les steppes mongoles. Au cours de la dernière période glaciaire, les hommes chassaient au Sahara, recouvert d'herbe et sillonné de rivières. On le sait, car ces chasseurs ont laissé des peintures rupestres riches en végétation et en gibier. La désertification les condamnait à la famine.

Heureusement, en quatre endroits, des fleuves traversent le grand désert continental. Ces fleuves ne manquent jamais d'eau, parce qu'ils prennent leur source au-delà du désert, dans des montagnes arrosées.

Le plus célèbre de ces fleuves est le Nil, qui prend sa source en Ouganda, au lac Victoria, et reçoit des affluents des hauteurs éthiopiennes, régions où il pleut. Il garde donc toujours assez d'eau pour franchir le Sahara du sud au nord et se jeter dans la Méditerranée.

La deuxième région traversée par des fleuves pérennes est la Mésopotamie. Il y a là deux fleuves, l'Euphrate à l'ouest et le Tigre à l'est, qui se rejoignent pour se jeter dans le golfe Persique. Ils coulent du nord au sud, toujours en eau parce qu'ils proviennent des montagnes arrosées du Kurdistan.

Le troisième endroit est le désert indien, irrigué du nord au sud par le fleuve Indus, né avec ses affluents en Himalaya.

Le dernier, c'est la steppe chinoise, sauvée de la sécheresse par le fleuve Jaune, qui vient des montagnes pour finir dans le Pacifique.

Évidemment, les chasseurs préhistoriques allèrent se réfugier auprès de ces fleuves-là. Mais, sur ces rives, ils ne pouvaient plus vivre de la chasse ; il n'y avait pas assez d'espace. Alors ils inventèrent l'agriculture – fantastique révolution que l'on appelle en termes savants le « néolithique » (nouvel âge de pierre).

Près des fleuves, poussaient des céréales sauvages. Les chasseurs préhistoriques agrémentaient déjà leurs menus de plantes. L'idée géniale fut de sélectionner les meilleures, de les semer et d'arracher les autres. En même temps, ils se mirent à élever du bétail au lieu de le chasser.

Les conséquences de cette mutation technique furent formidables.

Pourquoi ? Parce que l'agriculture permet, sur un territoire identique, de nourrir cent fois plus d'hommes que la chasse. Par exemple, le territoire de la France actuelle, qui peut faire vivre 300 000 chasseurs au maximum, peut nourrir 30 millions de paysans !

D'un coup, l'humanité, qui regroupait les bonnes années sur la Terre au plus quelque millions d'individus, compta après la révolution agricole quelques centaines de millions d'hommes – chiffre qui ne changera plus jusqu'à la révolution industrielle du XIXe siècle, huit mille ans plus tard !

L'humanité cessa d'être une espèce menacée pour devenir une espèce menaçante – et ce, même pour l'environnement. Car on vient de s'apercevoir qu'une grande partie de la pollution est d'origine agricole : émissions de méthane par l'élevage et les rizières, défrichements, etc.

Tout cela ne s'est certes pas fait en un jour (on trouve déjà des marchés agricoles avec des remparts à Jéricho vers -8850), mais assez rapidement quand même, en vertu de la vitesse propre à l'homme de la transmission culturelle. En dehors des quatre régions mentionnées, la vie préhistorique continuait. Mais, en ces quatre endroits, l'humanité changea, non point de psychologie, mais d'organisation. Une tribu préhistorique, ce sont deux cents personnes – chasseurs, femmes, enfants, chamans, anciens – en perpétuel déplacement; l'Égypte, ce furent très vite des millions de paysans et un État.

L'État est né en Égypte d'abord à cause de la répartition des eaux. Comme il ne pleut pratiquement jamais dans ce pays, les cultures dépendent entièrement de l'irrigation. Naturellement, les gens d'en haut (« d'amont ») avaient tendance à consommer toute l'eau au détriment des gens d'en bas (« d'aval »). Ils se sont battus pour l'eau, puis ils ont pensé qu'il était préférable d'avoir un roi, « pharaon », pour veiller à la répartition équitable de l'eau.

Le deuxième facteur, c'est que les paysans ont absolument besoin de paix.

Le chasseur préhistorique était un guerrier. Le paysan n'a plus assez de temps pour la guerre. Il utilise son temps à semer, labourer, récolter – il travaille dans la durée. Mais il a aussi besoin d'être protégé : si des nomades ou des bandits mangent son blé en herbe ou tuent son bétail, il meurt de faim. D'où la nécessité d'un État qui assure l'ordre; justement, l'agriculture dégage des surplus alimentaires qui permettent de nourrir un roi et des militaires. L'État prélève certes des impôts, mais c'est un moindre mal par rapport au banditisme.

Ces considérations sur l'Égypte pharaonique ne sont pas des spéculations passéistes; elles sont très actuelles. Les famines dans le monde d'aujourd'hui sont liées au désordre, au brigandage, à la disparition des États – en Afrique, par exemple, que ravagent les guerres civiles. Quand l'ordre revient, le paysan retrouve le chemin des récoltes; mais l'anarchie, pour lui, c'est l'horreur!

L'État, c'est une force armée spécialisée, mais c'est aussi l'administration. Car il faut s'occuper de la gestion des stocks, conserver les grains dans des greniers en prévision des mauvaises années (l'histoire des temps de « vaches grasses » et de « vaches maigres » que raconte la Bible). Pour gérer ces greniers, l'écriture s'impose ; il faut tenir des livres. La révolution agricole entraîne donc l'invention de l'écriture.

Et dès que l'écriture existe, nous entrons dans l'histoire, puisque nous pouvons nous fier non plus seulement à l'archéologie, mais aussi aux livres du passé.

L'écriture est le critère technique qui distingue l'histoire de la préhistoire.

L'écriture naît naturellement de la multiplication de petits dessins stylisés qu'on appelle les « idéogrammes » (les hiéroglyphes égyptiens).

Ces idéogrammes sont faciles à concevoir, mais ils demandent beaucoup de mémoire, car il en existe des milliers – d'où la naissance d'une caste de scribes.

L'écriture est ainsi née en Égypte, trois ou quatre mille ans avant Jésus-Christ, il y a donc cinq ou six mille ans. Aujourd'hui encore, Chinois et Japonais ont conservé ce genre d'écriture.

L'État naît d'abord en Égypte parce que la nécessité climatique y est impérieuse, le Nil coulant au milieu du Sahara.

Cette Égypte indépendante de l'Antiquité va durer vingt-cinq siècles.

Il s'agit d'une population très nombreuse, 7 à 8 millions d'habitants, gouvernée par un État très organisé. L'histoire de l'Égypte ancienne est facile à comprendre : quand l'État est fort, c'est l'abondance ; quand il se désagrège, c'est l'anarchie et l'invasion : bédouins du désert, Hyksos venus de l'est.

Il y a quatre périodes de force : l'Ancien Empire, vers -2800; le Moyen Empire, vers -2000; le Nouvel Empire, vers -1500, et la dynastie « saïte », vers le VIIe siècle avant Jésus-Christ.

L'histoire de l'Égypte indépendante se termine par la conquête perse en -525 (et ne recommence que vers 1950, avec Nasser). Ces périodes de force sont entrecoupées de trois longues époques d'anarchie.

Le premier pharaon de l'Ancien Empire s'appelait Ménès, dont la capitale se situait à Memphis (pas très loin du Caire actuel). C'est l'Ancien Empire qui fit bâtir les pyramides, tombeaux des pharaons Khéops, Khéphren et Mykérinos. On comprend, devant elles, l'extraordinaire révolution technique que fut la révolution agricole. Dès qu'il y a un État, une administration et une armée, on peut bâtir des pyramides à la gloire des rois. Le surplus agricole permet d'entretenir scribes, soldats et artisans, tous individus qui ne sont plus paysans. La ville apparaît, car il faut au roi administration et palais.

L'Égypte atteignit son apogée sous le Nouvel Empire, qui installa sa capitale à Thèbes, dans le Sud. Nous avons pu étudier de près le corps du pharaon Ramsès II, qui régna de -1301 à -1235 et qui mourut à quatre-vingt-dix ans. En effet, les Égyptiens embaumaient les corps de leurs notables, et la momie du roi est venue en France pour être auscultée. L'âge avancé de Ramsès II nous permet de contredire une idée à la mode selon laquelle la durée de la vie humaine aurait augmenté. En réalité, cette durée n'a guère changé. « Nous vivons jusqu'à soixante-dix ans, quatre-vingts pour les plus vigoureux », dit la Bible. Simplement, jadis, les vieillards étaient rares (plus nombreux, il est vrai, chez les dirigeants que chez les paysans, les premiers buvant de l'eau propre et se fatiguant moins physiquement que les seconds).

La dernière dynastie indépendante d'Égypte établit sa capitale à Saïs, dans le Delta.

Tout le monde connaît la prodigieuse architecture égyptienne, dont on peut admirer les ruines cyclopéennes à Louqsor et à Karnak. Mais on sait moins que les dirigeants égyptiens vivaient dans le raffinement d'un luxe très moderne.

Après l'Égypte, l'État apparut aussi en Mésopotamie : d'abord au Sud, à Sumer, vers -2600; puis sur le moyen Euphrate, avec l'ancien empire babylonien, où régna vers -1730 le roi Hammourabi, célèbre pour nous avoir laissé un code de lois, sur des tablettes; ensuite sur le haut Tigre, que dominèrent depuis leur capitale Ninive (proche de l'actuelle Mossoul) les dynasties militaires et conquérantes des rois assyriens, dont les noms sonnent comme des déclarations de guerre (Teglat-Phalazar; Sargon, de -669 à -630; Assurbanipal); enfin, de nouveau au Sud, le dernier empire mésopotamien avec la ville prodigieuse de Babylone (proche de l'actuelle Bagdad, mais sur l'Euphrate) et le grand roi Nabuchodonosor, maudit par la Bible pour avoir déporté les juifs hors de Palestine (-587).

« Au bord des fleuves de Babylone nous étions assis et nous pleurions, nous souvenant de Sion; aux peupliers d'alentour nous avions pendu nos harpes », dit le Psaume.

Les États mésopotamiens connurent eux aussi une

architecture éblouissante. Seulement, parce que les Mésopotamiens construisaient en brique, et non pas en pierre comme les Égyptiens, l'Irak est moins riche en monuments que l'Égypte, la brique se conservant mal. Mais il suffit d'entrer au Louvre et d'admirer les dragons ailés qui y sont exposés pour être convaincu de la force de l'art assyrien.

Les États égyptien et mésopotamiens, qui se touchent en Palestine, eurent des relations intenses, de paix et souvent de guerre. Ils étaient rivaux, et le sont encore. En ce temps-là, il s'agissait des deux grandes puissances mondiales.

En remontant plus à l'est et en passant quinze siècles, nous trouvons autour du fleuve Indus les royaumes aryens. Pourquoi quinze siècles plus tard ? Parce que dans la région de l'Indus, c'est le désert, mais il pleut quand même. La contrainte géographique y est donc moins forte.

Les États aryens sont surtout célèbres pour leurs spéculations religieuses. La religion de l'Inde, c'est le brahmanisme. La religion n'a pas subi, au moment du passage à l'agriculture, la formidable révolution technique qui entraîna la naissance des États. Elle est restée l'animisme.

L'homme s'est pensé dès l'origine comme une conscience, « un œil ouvert sur le monde ». Il a donc imaginé toute chose « consciente », avec du divin partout. Marqués par le judéo-christianisme, les hommes modernes, tendent à penser que la religion est naturellement monothéiste. C'est faux. La religion naturelle des hommes, c'est le polythéisme, le monothéisme étant plus récent. Et le polythéisme n'a pas disparu : l'Inde est restée polythéiste.

Si nous voulons comprendre ce qu'étaient les religions de l'Antiquité, il faut regarder l'Inde actuelle. La vérité de l'animisme, c'est que le divin est partout – vérité extrêmement prégnante aux Indes.

Plus à l'est encore et vers la même époque, autour du fleuve Jaune, apparurent les États chinois.

Donc, en 1000 avant Jésus-Christ, quatre civilisations sont nées : l'Égypte, la Mésopotamie, l'Inde et la Chine, chacune regroupant une dizaine de millions d'habitants. Elles sont en contact : contact étroit, nous l'avons vu, entre l'Égypte et la Mésopotamie, plus distendu entre l'Inde et la Chine – que séparent des espaces immenses et qui ne se firent jamais directement la guerre –, mais contact commercial intense partout.

Entre ces quatre centres, la route des caravanes, la route de la soie, unit par voie terrestre, à travers le grand désert continental, l'Égypte à l'Inde et à la Chine.

Les États chinois, en revanche, se firent entre eux des guerres impitoyables. C'est pourquoi on les connaît sous le nom générique de « Royaumes combattants ». Ils ne seront unifiés que beaucoup plus tard, en -220, par le premier empereur, Tsin-Che-Houang-Ti, qui régnera de -246 à -216, et qui donnera son nom au pays : la Chine, c'est le pays de Tsin !

Après lui, en -202, un aventurier, Lieou-Pang, fonda la première dynastie chinoise, celle des Han.

L'histoire de la Chine est très comparable à l'histoire de l'Égypte : des périodes de force et d'unité – empire des Han de -200 à 200 après Jésus-Christ ; empire Tang autour de l'an 1000 de notre ère ; empire Song au

Moyen Âge ; empire mongol en 1206 ; empire Ming, apogée chinois, du XIVe au XVIe siècle ; empire mandchou de 1644 au XXe siècle enfin –, séparées par des périodes de division et d'anarchie. Avec une différence : beaucoup plus que l'Égypte, la Chine est exposée aux assauts des guerriers restés préhistoriques au-delà de la « grande muraille ». Souvent, les nomades l'envahissent et saccagent tout.

Mais la Chine possède un énorme pouvoir d'absorption. Le guerrier nomade, monté sur le trône à la force de l'épée, ne tarde pas à se siniser complètement, jusqu'à ce que l'invasion recommence. Les grands souverains mongols (Kubilay, petit-fils de Gengis Khan décrit par Marco Polo) ou mandchous (dont l'archétype fut la dernière impératrice de Chine, nommée Tseu-Hi, morte en 1908) étaient d'origine nomade. Or, comment imaginer plus chinois que Tseu-Hi ?

L'humanité telle que nous la connaissons est née. Nous sommes très proches de ce monde agricole des premiers États. La Chine, l'Inde, le Proche-Orient sont toujours au centre de l'actualité. En revanche, nos idées ne sont plus les mêmes.

Il faut constater (c'est une des leçons de l'histoire) que ce sont les idées qui font marcher les hommes. L'économie est importante, le marxisme l'a noté, et c'est bien la nécessité de gérer l'eau et les greniers qui fit naître l'État ; mais, contrairement à ce que pensait Marx, elle n'est pas le ressort suprême de l'être humain. Le fond de l'homme est métaphysique, comme nous l'avons souligné en décrivant son surgissement préhistorique. Or les idées néolithiques ont des conséquences.

Le progrès n'existe pas dans ces civilisations. Elles

représentent en elles-mêmes un progrès immense, mais, la révolution agricole accomplie, elles ne désirent plus changer. Le temps y est conçu comme une roue qui tourne, comme un éternel retour. La « svastika », la croix gammée, est un symbole indien (Hitler a emprunté ce logo aux brahmanes) : c'est la roue du temps qui tourne perpétuellement sur elle-même. Pour l'Indien traditionnel, le changement est une sorte de péché.

Ces gens-là, Mésopotamiens, Chinois, Indiens, Égyptiens, ont beaucoup inventé – le zéro, la poudre, la boussole –, mais ils ne songeaient pas à utiliser leurs inventions comme des leviers pour transformer le monde ; d'où l'extraordinaire immobilité de ces civilisations, qui ne seront transformées – Égypte, Mésopotamie, Inde – que par des chocs extérieurs. Pour la Chine, isolée, « empire du Milieu », le choc des invasions barbares sera trop faible et toujours assimilé, jusqu'à l'arrivée des Européens.

La révolte n'existe pas non plus – du moins la révolte individuelle. Il faut comprendre que le scandale devant l'injustice est une idée judéo-chrétienne. Tous les animismes sont fatalistes. Aujourd'hui encore, un brahmane qui croise un mendiant en train de mourir au bord du chemin n'a pas envie de le secourir. Il se dit que ce type-là, dans une vie antérieure, a dû commettre de mauvaises actions. Une part de la misère qui prévaut dans ces sociétés vient de cette façon de supporter l'injustice. Selon le mot d'Edgar Morin, « l'intolérable y est intolérablement toléré ».

Les dieux antiques ne sont ni bons ni méchants. Ils sont lunatiques, et il convient de les apaiser en leur offrant des cadeaux : métaux précieux, sacrifices animaux, parfois sacrifices humains.

La morale se résume, en gros, à l'obéissance à l'autorité. Le plus grand philosophe chinois, Confucius (-555/-479), dont la doctrine a profondément imprégné la société chinoise, prône le respect des usages et la conformité sociale. Le mystique chinois Lao-tseu (-570/-490) conseille au sage la non-intervention. Les Védas, écritures sacrées brahmaniques, sont des espèces d'« iliades » desquelles on ne peut guère tirer de consigne morale. Alors apparaît aux Indes le prince Siddharta Gautama (-560/-480), surnommé Bouddha. Il s'agit de la première révolte dont nous ayons gardé le souvenir. Son père, un prince fort riche, ne voulait pas que son fils ait connaissance des tragédies de l'existence. Le jeune homme vivait donc entouré de beauté dans le palais princier. Mais un jour il fit une fugue, sortit du palais incognito avec un serviteur et se promena dans la ville. Là, il croisa un corps qu'on menait au bûcher. Il demanda à son serviteur de quoi il s'agissait, et celui-ci lui répondit : « Prince, cela s'appelle la mort. » Il rencontra aussi des miséreux et comprit ce que son père lui avait caché : que le monde est tragique, que la mort et l'oppression existent.

Sa réaction fut de quitter le palais de son père et de se retirer dans la prière et la contemplation. Cette révolte ne pousse pas à la transformation de la société ; c'est un renoncement individuel, une fuite. Bouddha est l'archétype du moine, le solitaire contemplatif. D'une certaine manière, le suicide est l'idéal bouddhiste. Tout le monde connaît ces images de bonzes qui s'immolent par le feu.

Bouddha, lui, fera l'objet d'une grande vénération et

vivra très vieux, parce qu'il ne menaçait pas l'ordre social (il n'en sera pas de même, plus tard, de Socrate chez les Grecs ou de Jésus chez les juifs). Mais, comme le bouddhisme menaçait le brahmanisme traditionnel, il fut expulsé des Indes. Cependant il y eut, un moment, des rois bouddhistes, dont le célèbre et sage Ashoka (-273/-237). Chassée des Indes, cette religion domine l'Asie du Sud-Est. Aujourd'hui certains intellectuels « baba cool » sont tentés par le bouddhisme, précisément parce qu'ils pensent comme Bouddha que le monde est mauvais et qu'il est impossible de le changer. Le bouddhisme est une religion du désenchantement. Ainsi, au premier millénaire avant notre ère, le monde est-il déjà bien dessiné.

# Méditerranée :
# Crétois, Grecs, Phéniciens, Juifs

Égyptiens, Mésopotamiens, Indiens et Chinois craignaient la mer, milieu très étranger aux paysans. Nous avons dit qu'ils communiquaient d'oasis en oasis à travers le grand désert continental au moyen de caravanes de chameaux à deux bosses (le chameau de Bactriane – le dromadaire africain, lui, n'a qu'une bosse). Ils pratiquaient seulement la navigation fluviale, descendant le Nil, le Tigre, l'Euphrate, l'Indus et le fleuve Jaune.

La Chine et l'Inde sont confrontées aux plus grands océans de la planète ; en revanche, entre les Assyriens et l'Égypte, on trouve la Méditerranée, qui pénètre profondément les steppes.

La Méditerranée est un univers auquel le grand historien Fernand Braudel consacra son œuvre. Son climat, très particulier, résulte du contact entre le Sahara et les pluies océaniques venues de l'ouest. L'été, l'anticyclone saharien recouvre cette mer : il fait sec et beau. L'hiver, l'anticyclone recule et laisse passer en Méditerranée les perturbations atlantiques : il pleut et, sur les montagnes, il neige. Il n'y a donc que deux saisons, rudes l'une et l'autre, mais lumineuses. Il n'y a aussi que deux paysages : la lagune et la montagne – lagunes au fond de l'Adriatique, du golfe de Syrte, en Camargue ; montagnes en Ligurie, en Grèce, au Liban, etc. Dans ces deux paysages, on trouve facilement des ports naturels.

La Méditerranée était et reste le centre du monde. Même aujourd'hui, une puissance n'est hégémonique que si elle domine cette mer-là. Fort éloignés d'elle, au-delà des océans, les États-Unis sont contraints d'y venir maintenant qu'ils veulent diriger le monde. C'est aussi une mer magnifique, la mer par excellence, *Thalassa.*

Au nord de la côte égyptienne, on y trouve une grande île qui s'appelle la Crète. Les Crétois ont donné naissance à la navigation maritime bien avant les « peuples de la mer » qui ravagèrent l'Égypte en 1200. Les Crétois ont inventé le navire qui domina la mer jusqu'à la Renaissance : la galère. Un bateau rigide construit en arceaux, capable d'affronter les vagues et mû par des rames. À l'époque, il était impossible de comprendre qu'on pouvait aller contre le vent. La galère ne hissait la voile que vent arrière ; autrement, elle utilisait la force physique des rameurs.

Les Crétois étaient aussi intelligents que nous, mais, pour concevoir de remonter le vent, il faut avoir une conception de la « mécanique des forces » qui ne sera atteinte qu'à la Renaissance – conception qui permit d'utiliser une force contre elle-même. Nous constatons là que la vérité « scientifique » est « historique ».

La galère est un excellent navire, mais elle ne peut s'éloigner des rivages. Non pas à cause des tempêtes, mais parce que le nombre – forcément élevé – des rameurs et leur dépense physique nécessitent beaucoup d'eau. Tous les soirs, il faut donc tirer le navire sur la côte pour que les rameurs puissent boire. Il faut beaucoup de rameurs et il est impossible d'emporter assez d'eau.

L'époque des Crétois s'appelle aussi l'« âge de bronze ». Après l'an 1000 avant le Christ seulement, les armes deviendront de fer et d'acier.

L'Égypte fut l'éducatrice de la Crète. Parti du Delta, un navire arrive en Crète dans la nuit. La Crète sera à son tour l'éducatrice de la Grèce, toute proche au nord.

Entre les deux rives de la Méditerranée, les Crétois firent du commerce maritime. Comme le commerce enrichit plus vite que l'agriculture, ils devinrent fort riches. Ils ramenèrent la formidable architecture égyptienne à la taille humaine. Ils construisirent pour leurs rois de magnifiques palais, le plus célèbre restant celui du roi Minos à Cnossos. Les Grecs le surnommèrent le « labyrinthe », car on s'y perdait. On y devine une civilisation extrêmement raffinée, avec des peintures joyeuses, aux couleurs vives, ornées de très belles femmes (dont l'une si élégante que les archéologues l'ont appelée la « Parisienne »).

La double hache, le *labrys*, était l'emblème du roi Minos. Les Romains reprendront ce symbole, qui figure encore sur nos passeports.

Le palais de Cnossos était fabuleux, avec ses courtisanes, ses fresques et ses jeux. Le commerce international de l'époque échangeait des bijoux égyptiens, des poteries de Rhodes, des parfums, de l'étain, de l'ivoire, de la pourpre, des esclaves, mais aussi des modes. À noter que les Crétois ont inventé la corrida. Chez eux, les toreros étaient des femmes. Le symbolisme en est clair : le génie féminin y subjugue la force du mâle.

Mais ces commerçants raffinés seront, au premier

millénaire avant notre ère, conquis et dominés par les deux peuples qu'ils avaient éduqués : les Grecs et les Phéniciens. Peut-être aussi souffrirent-ils beaucoup de la formidable éruption volcanique de l'île de Santorin.

Les Grecs occupaient la mer Égée, et les Phéniciens le Liban. Tyr était le grand port phénicien; quant aux ports égéens, ils étaient innombrables. Ces deux peuples marins étaient en concurrence et n'appartenaient pas au même univers culturel. Les Grecs parlaient une langue européenne (« indo-européenne », disent les linguistes, parce que l'hindi est de la même famille), les Phéniciens une langue sémitique (dont est né l'arabe).

On doit aux Phéniciens – meilleurs commerçants que les Grecs parce qu'uniquement commerçants – une invention capitale : celle de l'alphabet.

Les écritures égyptienne ou chinoise étaient extrêment malcommodes pour des commerçants : elles comptaient trop d'idéogrammes (des dizaines de milliers). Pour mieux gérer les affaires, les Phéniciens utilisèrent non plus ces milliers de petits dessins que leur offraient les hiéroglyphes, mais une vingtaine de signes abstraits, sans aucune signification propre. Le principe d'une écriture alphabétique était déjà très ancien, attesté dès le XIV^e^ siècle avant Jésus-Christ par les textes d'Ougarit, mais il est certain que ce sont les Phéniciens qui en répandirent l'usage – propice au commerce, car les lettres assemblées peuvent servir à toutes les langues imaginables.

L'alphabet fut un extraordinaire progrès intellectuel. La lecture alphabétique demande plus d'efforts que la compréhension des dessins hiéroglyphiques. En effet, contrairement aux idéogrammes, les lettres ne représentent rien; il est donc très difficile d'apprendre à lire.

Mais quand on sait lire, quel merveilleux instrument que la lecture ! Il faut déplorer qu'aujourd'hui on ait tendance à revenir aux images et à ne plus lire. Maintenant, sur un tableau de bord, il n'y a plus écrit « Appuyer », mais dessiné un logo.

Et pourtant le pouvoir réel appartiendra toujours, non pas à ceux qui regardent seulement des images, mais à ceux qui savent lire – malgré les ordinateurs. Or les Français, par exemple (il en va de même des Anglais et autres), lisent et écrivent beaucoup moins bien que leurs grands-parents, et surtout moins souvent.

À l'exception des Chinois et des Japonais, tous les peuples du monde ont aujourd'hui adopté l'alphabet – qu'il soit latin, cyrillique, grec, arabe, etc.

En Méditerranée, Phéniciens et Grecs ne vont pas se faire la guerre, mais se partager des zones d'influence.

Les uns comme les autres fondèrent des colonies. Pas au sens moderne du terme : il s'agissait pour eux de faire des fondations, d'essaimer comme les abeilles.

Dans une cité, quand la population devenait trop nombreuse, deux ou trois cents familles partaient sur d'autres rivages pour fonder une ville nouvelle, fille de la première mais indépendante. D'ailleurs, ils ne ressentaient pas cela comme un exil car, en Méditerranée, on retrouve partout les mêmes paysages, que ce soit au Liban ou sur la Côte d'Azur. Ils étaient d'autant moins dépaysés qu'ils apportaient avec eux leurs armes et leurs lois.

Les colonies grecques sont surtout situées sur la côte nord : mer Égée, bien sûr (c'est leur patrie d'origine), mais aussi mer Noire (la Crimée ressemble à la Grèce), Adriatique, Italie, sud de la France, moitié orientale de la Sicile. « Nice », en grec, signifie « Victoire ». Marseille est également une fondation hellénique : quand les sportifs lisent dans *L'Équipe* l'expression « cité phocéenne » à propos de l'OM, cela rappelle que Marseille fut fondée par une ville de la mer Égée, en Asie Mineure, du nom de Phocée. « Naples » vient de *Neapolis*, « Ville neuve ». Syracuse fut en Sicile une brillante capitale de l'hellénisme.

Les Grecs ne s'installèrent sur la côte sud qu'en Cyrénaïque (comme en Crimée, il s'agit d'une chaîne de montagnes est-ouest barrant les vents mauvais de l'intérieur. Là, ils fondèrent cinq villes dont les ruines restent admirables : Cyrène, Apollonia, Ptolémaïs, Arsinoé et Bérénice (aujourd'hui Benghazi).

Les colonies phéniciennes, à part la Cyrénaïque et l'ouest de la Sicile, furent au contraire fondées sur la côte sud de la Méditerranée.

En 800 avant Jésus-Christ, Tyr fonda en Tunisie la ville de Carthage, qui deviendra beaucoup plus puissante qu'elle-même. Là encore, les noms (la « toponymie ») rappellent le passé, ici libanais et sémite : Gabès et Cadix sont des mots phéniciens; Carthagène, au sud de l'Espagne, veut dire « Nouvelle Carthage », etc.

Malgré les contraintes techniques des galères, ces grands navigateurs quittèrent hardiment la Méditerranée. Les Grecs, après avoir passé les Colonnes d'Hercule (détroit de Gibraltar), remontèrent les côtes océanes vers le nord jusqu'aux îles Britanniques, jusqu'à la mer Baltique. Les Phéniciens, eux, descendirent la mer Rouge vers le sud, jusqu'aux Indes. Ils firent même le tour de l'Afrique pour le compte du pharaon Néchao II, vers -600. Parties d'Égypte, les galères phéniciennes marchèrent au midi avec la côte à leur droite. Chaque soir, les marins poussaient leurs navires au rivage pour faire de l'eau et commercer avec les tribus indigènes. Après des mois de navigation, ils constatèrent avec surprise, la côte étant toujours à main droite, que le soleil, qui se levait depuis le départ à leur gauche, se levait maintenant à leur droite. Ils comprirent qu'ils avaient fait le tour de l'Afrique et qu'ils remontaient vers le nord. En effet, ils ne tardèrent pas à franchir le détroit de Gibraltar.

Ainsi les mers côtières se sont-elles ouvertes à l'homme à cette époque, et déjà pour des voyages au long cours – Afrique, Indes, Baltique – même s'il était encore impossible de s'éloigner des côtes. Les premières cartes maritimes datent de ce temps-là. Les hommes ont alors une idée à peu près complète de l'Ancien Monde : Europe, Asie, Afrique.

Les Grecs ne furent pas seulement des commerçants, comme les Phéniciens. En politique, ils inventèrent et expérimentèrent dans leurs cités toutes les formes imaginables de gouvernement : démocratie (de *démos*, peuple, et *kratos*, pouvoir), monarchie (de *monos*, seul, et *arkhê*, commandement), ploutocratie (*ploutos*, richesse), oligarchie (de *oligoi*, peu nombreux), etc.

D'ailleurs, toutes les cités grecques n'étaient pas commerçantes. Athènes, la grande cité de l'Égée, fut une démocratie maritime; mais, au cœur montagneux du Péloponnèse, la cité de Sparte, sa rivale, fut une oligarchie militaire et continentale – un vrai camp de guerriers au milieu des voisins subjugués, les « hilotes ». Cependant, les dizaines de cités grecques de Méditerranée parlaient la même langue, adoraient les mêmes dieux (Zeus, Aphrodite, etc.) et avaient des sanctuaires communs comme Delphes. Une histoire commune aussi, mycénienne puis hellénique. Et une littérature fondatrice : l'*Iliade* et l'*Odyssée* homériques.

Tous les quatre ans, les cités déléguaient des représentants à Olympie pour disputer des jeux pacifiques. Il s'agit évidemment des jeux Olympiques, concours sportifs mais aussi concours d'éloquence, de poésie, de philosophie. Les Grecs décomptaient d'ailleurs le temps en fonction de ces rassemblements olympiques : « du temps de la troisième, de la cinquième olympiade », etc.

L'influence historique de la civilisation hellénique fut si grande qu'aujourd'hui, dans la plupart des langues européennes, les mots savants sont grecs : « héliothérapie » vient de *therapeia*, soin, et *hélios*, soleil ; « thalassothérapie », de *thalassa*, mer ; « galaxie », de *gala*, lait (notre galaxie apparaissant dans la nuit comme une laiteuse traînée d'étoiles) ; « hypnotique », de *hypnos*, sommeil.

Bref, la langue grecque est « l'alpha et l'oméga » (première et dernière lettres de l'alphabet grec) de nos langues actuelles.

Ce sont aussi les Grecs qui inventèrent la géométrie et formulèrent les théorèmes (encore un mot grec) dont tous les lecteurs connaissent les noms : ceux de Pythagore, d'Euclide ou d'Archimède, qui furent de grands savants hellènes. Ils trouvèrent aussi le chiffre *Pi* (une lettre grecque) pour calculer la circonférence du cercle.

Il est impossible d'évoquer le monde méditerranéen de cette époque sans parler d'un petit peuple qui eut une extrême importance idéologique : le peuple juif ou « hébreu ».

Les juifs n'étaient pourtant pas des marins, mais à l'origine des bédouins qui nomadisaient entre l'Égypte et la Mésopotamie. Leur histoire commença par la sortie d'Égypte, l'Exode (la Pâque), et fut marquée, nous l'avons vu, d'un exil cruel en Mésopotamie, « au bord des fleuves de Babylone ».

Enfin, ils devinrent paysans en Palestine, à la frontière précisément des influences du Nil et de l'Euphrate. Ils y fondèrent, autour de la ville sainte de Jérusalem, un petit État qui fut détruit en -588 par le roi babylonien Nabuchodonosor, et qui ne sera restauré qu'en 1948. Les paysans hébreux continuèrent d'habiter la Palestine, sous divers protectorats. Dans les dizaines de livres saints regroupés dans la Bible se retrouvent des influences mésopotamiennes, égyptiennes, phéniciennes (Tyr était toute proche) et grecques. Les juifs inventèrent le monothéisme : un seul Dieu.

Cette idée du Dieu unique avait déjà été évoquée à plusieurs reprises, en particulier par le pharaon égyptien Akhenaton (-1374/-1354), mais sans succès durable.

Ce sont les juifs qui réussissent à imposer le Dieu unique, à affirmer que les étoiles ou la mer ne sont pas Dieu, à abandonner les idoles.

De nombreuses conséquences idéologiques vont en découler.

La nature n'est plus divine ; elle est créée, et l'homme est appelé à la dominer. Ce sont les premiers mots de la Bible, au livre de la Genèse.

Le temps n'est plus cyclique. L'histoire a un sens – celui du salut. Le monde créé est inachevé, mais, finalement, il réussira. C'est ce qu'on appelle le messianisme, dont les implications sont énormes.

L'avenir peut être meilleur que le passé. Le temps n'est plus une roue, mais une flèche qui va quelque part. Le changement n'est plus maudit ; au contraire, les prophètes (ceux qui parlent au nom de Dieu) l'appellent de leurs vœux. Ainsi apparaît dans l'histoire des hommes l'idée de progrès.

Le judaïsme imposa également l'idée de personne : si Dieu est « quelqu'un », l'homme aussi est « quelqu'un ». L'individu n'est plus méprisable, l'injustice n'est plus acceptable. D'ailleurs, le Dieu juif, Yahvé, est un Dieu bon, et non une divinité lunatique comme les dieux païens. Il aime son peuple et chaque être, comme un amant aime une femme. Lisons ce que le prophète Isaïe fait dire à Dieu :

« Un court instant, je m'étais mis en colère contre toi. Mais il est impossible d'oublier la femme de sa jeunesse. Alors, ému d'une immense tendresse, je reviens vers toi. »

Lisons le Cantique des Cantiques, livre biblique qui à l'origine décrit les amours charnelles d'un homme et d'une femme :

« Les bras de mon amant sont des cylindres d'or, son sexe une masse d'ivoire », dit la femme, et l'homme de répondre :

« Les seins de ma bien-aimée sont comme des grappes de palmier, je monterai au palmier pour en saisir les grappes. Ouvre-moi ta porte, ma sœur, ma compagne », ce à quoi l'amante rétorque :

« Mon amant avance la main par le guichet de la porte, et mes entrailles frémissent à cause de lui. Filles de Jérusalem, dites-lui que je suis malade d'amour. »

Ce texte érotique sert à faire comprendre aux croyants

l'intensité de l'amour de Dieu. Il s'achève d'ailleurs par cette affirmation sublime :

« L'amour est plus fort que la mort. Les grandes eaux ne peuvent éteindre l'amour, ni les fleuves le submerger. »

Pendant que les commerçants grecs et phéniciens couraient les mers, les croyants de Palestine avaient changé la représentation religieuse du monde.

# L'empire perse et le monde grec

Vers le VI^e siècle avant Jésus-Christ, l'homme dominait ainsi la terre en Égypte, en Mésopotamie, aux Indes et en Chine, et aussi les mers côtières de l'Eurasie.

À cette date, on assiste à la première tentative de mondialisation. Les Hittites d'Anatolie avaient essayé de conquérir le Proche-Orient. Pharaon les avait battus à Qadesh en 1299. Les Perses, eux, vont réussir. Les Perses seront l'instrument de cette universalisation.

C'étaient des nomades indo-européens (le persan est apparenté à la fois au grec et au sanscrit), héritiers des Scythes, peuple des grandes steppes.

Avec eux s'imposèrent le cheval et la cavalerie. Certes, Égyptiens et Mésopotamiens utilisaient les chevaux, mais ils n'avaient pas l'idée de monter dessus. Sur les bas-reliefs de ces pays, le roi est toujours sur son char, le cheval étant attelé et par le cou, ce qui réduit sa force. Or Scythes, Mèdes et Perses sont avant tout des cavaliers.

La cavalerie va devenir une formidable arme militaire. Mais il faut souligner que, dans l'Antiquité, l'étrier n'existait pas. Instables, les cavaliers n'étaient pas une arme de choc. Les cavaliers perses galopaient vers l'ennemi ; arrivés à bonne distance, ils tournaient bride, puis, se retournant à moitié, lui décochaient une volée de flèches – ce qu'on appelle la « flèche du Parthe ».

Grâce à cette cavalerie, les Perses, civilisés par leurs voisins, en firent la conquête en trente ans sous deux empereurs : Cyrus (-550/-530) et son fils Cambyse (-530/-522) mirent fin à l'indépendance de la Mésopotamie, des États indiens et de l'Égypte. Il faut dire que ces civilisations étaient dépourvues de sentiment patriotique. Les Grands Rois perses s'en firent donc facilement accepter. Depuis leurs diverses capitales – Ecbatane, Persépolis –, situées sur le vaste plateau iranien qui sépare le Tigre de l'Indus, ils construisirent des routes pour leurs messagers et des villes, qui étaient surtout des palais royaux. Les ruines de Persépolis, dans le désert iranien, sont aujourd'hui encore impressionnantes.

Les Perses avaient leur propre religion, le mazdéisme (du nom de leur dieu Ahura-Mazda) ; des prophètes qui inspirèrent ceux des juifs, dont Zoroastre (le Zarathoustra de Nietzsche) ; un livre saint, l'Avesta. Plus tard apparut Mani, un prophète schismatique qui opposera le dieu du Bien et le dieu du Mal. Cette opposition du Bien et du Mal, le « manichéisme », court au fond de la religion des Perses.

Les Grands Rois ne cherchaient pas à imposer leur religion aux peuples conquis, dont ils respectaient les coutumes. Ils se voulurent tolérants (et, par exemple, ils laissèrent retourner en Palestine les juifs déportés par Babylone sur l'Euphrate). Les gouverneurs iraniens, les « satrapes », ne prélevaient que des impôts légers.

Cependant, leur mondialisation douce fut mise en échec par les cités grecques. Quand un troisième empereur, Darius, envoya ses bateaux en Grèce (les cavaliers persans avaient en effet annexé la marine phénicienne) et une petite armée près d'Athènes, son corps expéditionnaire fut écrasé à Marathon par les soldats athéniens, les « hoplites » (victoire connue pour avoir donné son nom à une course olympique). En effet, pour annoncer la bonne nouvelle, le stratège grec envoya à Athènes un coureur qui mourut d'un infarctus à l'arrivée.

Dans l'armée du Grand Roi, seuls les Perses étaient motivés, nullement la multitude des soldats issus des peuples conquis. Au contraire, les Grecs, libres citoyens, étaient fort patriotes et se battaient donc mieux. On appelle cette expédition manquée la première guerre médique.

Le fils de Darius, Xerxès (-486/-465), vexé, ne voulut pas rester sur cet échec. Mobilisant son armée et sa marine, il attaqua par terre et par mer. La seconde guerre médique commença dix ans après la première, en -480.

Les cités grecques, même les rivales Sparte et Athènes, firent alliance. Au défilé des Thermopyles, les Spartiates arrêtèrent quelques jours l'invasion, puis furent submergés. On y gravera l'inscription suivante : « Passant, va dire à Sparte que ses fils sont morts pour être fidèles à ses lois. » Athènes elle-même fut conquise et brûlée. Son gouvernement avait évacué la population dans les îles et gardait sa marine sous le commandement de Thémistocle. Les galères athéniennes écrasèrent la flotte du Grand Roi à Salamine. Eschyle fit le récit de cette première grande bataille navale dans sa tragédie *Les Perses.* (Notons qu'il s'agit en réalité d'un combat entre Grecs et Phéniciens – le premier – car la marine perse était libanaise, les Iraniens restant des cavaliers des steppes.)

L'immense empire perse, qui couvrait la moitié de

l'Eurasie, venait d'échouer devant quelques libres cités. Il y eut des milliers de morts. Ce fut la victoire de la libre citoyenneté sur la sujétion.

Athènes atteignit alors son apogée, car c'était elle, surtout, qui avait vaincu l'Iran. Elle devint la ville « hégémonique », imposant ses modes à la Grèce, mais aussi à l'empire iranien – qui poursuivit pourtant sur deux siècles sa première aventure.

Il y en aura d'autres : l'Iran ressurgira dans l'histoire avec l'empire parthe (à cheval sur notre ère) et l'empire sassanide dont le roi le plus célèbre sera Chosroês II (590-628). Même aujourd'hui, l'Iran a gardé son architecture (dômes à bulbes), sa langue (l'iranien est toujours le persan, le « farsi ») et sa spécificité.

Athènes était une démocratie. Tous les citoyens mâles de plus de dix-huit ans se réunissaient sur l'*agora* (la grand-place) pour élire une assemblée, la *boulê*, qui élisait le gouvernement. Cependant, le plus célèbre de ses dirigeants, Périclès (-495/-429), réussit à rester « stratège » pendant trente ans, se faisant constamment réélire.

Périclès a donné à sa cité une gloire immense. C'est lui qui fit reconstruire la ville et édifier par le sculpteur Phidias les monuments de l'Acropole.

C'est une architecture à taille humaine et fort savante. Au Parthénon, temple de la déesse Athéna, par exemple, tout est construit en fonction de la perspective.

Malgré les apparences, on y trouve peu de lignes droites : pour paraître droites, des colonnes doivent être inclinées vers le centre – elles le sont. Les colonnes qui se détachent sur le ciel doivent être plus grosses que celles qui sont devant des murs – elles le sont. Le sol, pour sembler horizontal, doit être courbe, il l'est. Pour qu'on les distingue toutes, les colonnes doivent être à distance inégale les unes des autres – elles le sont. C'est toute la différence entre le Parthénon et l'église de la Madeleine à Paris !

À Athènes, tous les jeunes mâles allaient à l'école, au lycée (le « gymnase »), puis au service militaire (l'« éphébie »), qui faisait aussi fonction d'enseignement supérieur, car les Grecs ne séparaient jamais le physique du mental.

Les citoyens savaient lire, et ils discutaient beaucoup. Les Grecs ont inventé le théâtre et la philosophie. Le plus célèbre des philosophes de l'histoire fut l'Athénien Socrate, qui vécut de -470 à -399. Il sera d'ailleurs condamné à mort, à soixante-dix ans, pour ses idées subversives. Comme sa mère était sage-femme, Socrate prétendait « accoucher les gens de leurs idées » (ce qu'on appelle la maïeutique).

Lorsque Socrate allait au théâtre, sur les gradins il était entouré de génies : Sophocle, Euripide, Aristophane, Thucydide, tous contemporains.

L'histoire abonde de tragédies et d'horreurs, mais on y trouve aussi des moments magnifiques où dans un petit coin vivent au même instant beaucoup de génies. (Cela se reproduira à la Renaissance. Florence verra se côtoyer Michel-Ange, Léonard de Vinci et Machiavel.)

Ces hommes ont inventé l'humanisme. Ils disaient : « Connais-toi toi-même (*gnôthi seauton*) et tu connaîtras l'univers et ses dieux. » Ils disaient aussi : « L'homme est la mesure de toute chose. »

Avant eux, le monde était effrayant, angoissant (des dieux à tête de monstre, les sacrifices humains), et l'architecture oppressante (sauf en Crète, leur éducatrice).

Le panthéon est un message d'allégresse. Les penseurs grecs ont médité toutes les passions humaines. Le mythe d'Œdipe montre qu'ils sont les premiers à s'être psychanalysés. Ils regardèrent l'humanité avec un œil bienveillant. Les Grecs sont les premiers hommes à s'admirer (Narcisse), à se trouver beaux, à rivaliser avec les dieux (Prométhée). Ils n'ont plus peur du monde, mais s'efforcent d'en déchiffrer les mystères, qu'ils sont bien près de percer (Pythagore, Euclide, Thalès).

À Athènes, dans ce petit coin de Méditerranée, l'homme se sent enfin chez lui sur la Terre. La modernité et la légitime fierté du discours de Périclès, rapporté par l'historien Thucydide, sont extraordinaires. C'est le « discours aux morts de la cité » :

« Notre constitution donne l'exemple à suivre. L'État, chez nous, est administré dans l'intérêt du plus grand nombre, et non d'une minorité. De ce fait, notre régime a pris le nom de démocratie. Pour les affaires privées, l'égalité est assurée à tous par les lois, surtout celles qui assurent la défense des faibles et attirent sur ceux qui les violent un mépris universel. Pour les affaires publiques, nul n'est gêné par sa pauvreté ou l'obscurité de sa condition, s'il est capable de rendre service à la cité...

« Nous savons concilier le goût des études avec l'énergie et le goût du beau avec la simplicité. Notre cité est l'école de la Grèce et du monde.

« Même si toutes les choses sont vouées au déclin, puissiez-vous dire de nous, siècles futurs, que nous avons construit la cité la plus célèbre et la plus heureuse. »

Vingt-cinq siècles plus tard, nous pouvons assurer que

Périclès avait raison. La devise d'Athéna, déesse d'Athènes, « Courage et culture » serait à méditer par notre monde actuel qui n'apprécie guère le courage physique et dédaigne les « humanités » ! Rappelons que Socrate eut pour disciple Platon, lequel aura pour disciple Aristote, lequel aura pour élève Alexandre le Grand ! Cependant, il y a des ombres au tableau.

D'abord, tous les hommes n'étaient pas citoyens. Il y avait des esclaves à Athènes. Aristote lui-même se demandait si les esclaves avaient une âme.

L'universalisme grec ne concernait pas tout le monde. En particulier, il ignorait la femme. Athènes était une cité sans femmes.

Si l'éducation était obligatoire pour les garçons, la plupart des filles, à l'exception des courtisanes, ne savaient pas lire. Confinées dans leur rôle de reproductrices, elles étaient enfermées dans le « gynécée ».

Dans ces conditions, les jeunes hommes ne pouvaient guère aimer les jeunes filles que la famille leur donnait à épouser, à peine pubères de surcroît.

Tradition qu'ont gardée bien des Méditerranéens, et qu'on retrouve dans l'islam. Le monde antique est un monde sans femmes (à l'exception du peuple juif, nous l'avons vu).

L'amour chez les Grecs était homosexuel (voir *Le Banquet* de Platon), et la pédérastie de pratique courante : les aînés tombaient amoureux des jeunes garçons et les éduquaient en même temps. À Thèbes (de Grèce, pas d'Égypte), un régiment de l'armée s'appelait le « régiment des amants ».

Cela durera jusqu'au triomphe du judéo-christianisme. Jules César était bisexuel. À l'occasion de son triomphe à Rome, ses légionnaires chantaient : « Voici notre général chauve, l'amant de toutes les femmes, la maîtresse de tous les hommes. »

Il ne s'agit pas de porter un jugement moral, mais de souligner l'absence de femmes. Une civilisation peut-elle être harmonieuse en ignorant la moitié de l'humanité ? Si les hommes étaient pédérastes, les rares femmes évoluées étaient courtisanes (comme la compagne de Périclès) ou lesbiennes (du nom de l'île grecque de Lesbos).

Enfin, la cité grecque, dont les citoyens étaient tellement plus cultivés que les sujets des empires, avait aussi un côté « Clochemerle », qui fera son malheur.

Les cités ne réussirent qu'épisodiquement à s'unir. En 431 avant Jésus-Christ commença entre elles une terrible guerre qui ne se terminera qu'en -401 : la guerre du Péloponnèse.

Athènes ne résista pas à la tentation d'un impérialisme mesquin. Sparte ne parvint pas à sortir de son militarisme.

Les cités grecques sont pleines d'enseignements très actuels sur la possible décadence des démocraties. Platon, dans *La République*, a écrit là-dessus des pages que nous devrions relire avec infiniment d'attention.

Malgré ces ombres, la Grèce antique illumina le monde comme un soleil. Les ombres de l'esclavage et de l'enfermement de la femme ne doivent pas faire oublier les splendeurs de l'Acropole.

À cette époque sont donc nées les deux forces d'où provient la civilisation moderne : l'humanisme grec à Athènes et le monothéisme juif à Jérusalem.

# Alexandre ou la première mondialisation

Quand un pays est divisé contre lui-même comme l'était la Grèce après les guerres du Péloponnèse, une puissance étrangère vient y mettre bon ordre. C'est ce qui arriva aux cités grecques. La chance de l'humanité fut que cette puissance étrangère était déjà profondément hellénisée. La Macédoine (qui existe toujours, mi-indépendante, mi-grecque, et dont la ville principale est le port de Thessalonique, en grec « Victorieuse de la mer ») était un royaume dont le roi Philippe, de culture grecque, pacifia les cités grecques en leur imposant son protectorat (bataille de Chéronée, en -338), malgré les harangues passionnées – les « Philippiques » – de l'Athénien Démosthène. À la mort de Philippe, en -336, son fils Alexandre lui succéda.

Alexandre avait vingt ans et une personnalité extraordinaire.

Le grand philosophe Aristote, disciple de Platon, avait été son précepteur. Intellectuel et poète, Alexandre était aussi un excellent cavalier. Quatre ans auparavant, il avait réussi à maîtriser un étalon fougueux que personne ne pouvait monter. Ce cheval, le fameux Bucéphale, le portera jusqu'aux Indes et sera son compagnon pendant quinze ans.

Paroxysme et résumé de l'hellénisme, Alexandre se reconnaissait quatre modèles : le dieu du Vin, Dionysos; le demi-dieu mythologique aux « dix travaux », Hercule; Achille, le héros de la guerre de Troie; enfin Cyrus, le fondateur de l'empire perse. Donc, l'ivresse de Dionysos, la force d'Hercule, le courage militaire d'Achille et la culture politique du Grand Roi animeront sa vie.

Arrivé au pouvoir, son principal problème fut de garder la main sur les remuantes cités grecques. Comme la meilleure façon d'unir des rivaux est de leur trouver un ennemi commun, Alexandre eut l'idée de lancer la force grecque et la phalange macédonienne contre l'empire perse afin de venger les invasions des guerres médiques.

Au départ, le Macédonien entreprit une croisade hellénique contre les Perses. Le mot de croisade est pertinent, parce qu'Alexandre n'agit pas ainsi seulement par calcul – il y croyait. Au fin fond de l'Asie, il demandera tous les jours : « Que pensent de moi les Athéniens ? » Il voulut rencontrer à Corinthe le célèbre philosophe cynique Diogène, lequel lui répondit seulement : « Ôte-toi de mon soleil ! » La rencontre de ces deux personnages n'est pas banale – mais les génies finissent toujours par se croiser : Michel-Ange et Jules II, Goethe et Bonaparte, Malraux et de Gaulle, le grand Frédéric et Voltaire.

En -334, l'armée coalisée franchit les Détroits et, à la bataille du Granique, Alexandre battit l'armée du satrape perse. Puis il descendit en Syrie, après avoir tranché le « nœud gordien » (celui qui défera ce nœud sera maître du monde, disait la légende locale). À Issos, en

-332, il écrasa le Grand Roi Darius III lui-même, qui se retira vers l'Asie. Le Macédonien voulait couper définitivement les Perses de la Méditerranée (et, de fait, il y réussit : jusqu'à ce jour, ils n'y sont jamais revenus) ; il s'empara de la métropole phénicienne de Tyr, détruisant ainsi la concurrence commerciale, puis entra en Égypte où il fut accueilli en libérateur, car le pays gardait la nostalgie de son indépendance abolie par les Perses. À l'ouest du Delta, il fonda la célèbre ville qui porte encore son nom, Alexandrie, et coiffa la couronne des pharaons. Il fit un pèlerinage jusqu'aux confins de la Libye, à Siouah, au sanctuaire du dieu Amon dont il se prétendit le représentant. Ce fut une politique constante, chez lui, que de s'approprier les dieux et les couronnes des pays conquis.

Après son pèlerinage se posa la question : fallait-il continuer ? La croisade grecque était terminée. Les généraux lui dirent : « Si nous étions Alexandre, nous nous arrêterions là », mais il leur répondit : « Moi aussi, si j'étais vous » – et il continua.

À la croisade hellénique se substitua la volonté de remplacer le Grand Roi perse sur son trône. En -331 à Gaugamèles, non loin de l'actuelle Bagdad, il anéantit ce qui restait d'armée à Darius III, lequel prit la fuite.

Commença alors une poursuite de western (ou plutôt d'eastern, car ce fut une course vers l'orient) : pour remplacer le Grand Roi, il fallait d'abord le capturer.

Au passage, Alexandre fit brûler Persépolis, pour venger Athènes jadis incendiée par les Perses. Mais ce fut son seul excès. En général, son armée respectait les populations et laissait un bon souvenir. Cette course se termina près de la mer Caspienne.

Juste avant qu'il ne rattrape Darius III, un satrape, croyant se faire bien voir, assassina son souverain. Alexandre exécuta le satrape et fit au Grand Roi de belles funérailles. Il se considérait comme son successeur.

Il mena son armée en Asie centrale, jusqu'aux confins de l'empire perse, fondant au passage des villes, dont certaines portent encore son nom, telle Kandahar (*Iskandahar*, Alexandrie en farsi), l'ex-capitale des Talibans. Cependant, Alexandre refusa d'en rester là. À la croisade grecque et au remplacement des Grands Rois succéda un troisième projet : la conquête du monde.

Cette idée n'était pas absurde. À l'époque, la phalange était invincible. Qui aurait pu lui résister après la défaite perse ? C'était aussi une armée démocratique – les soldats refusaient de se prosterner devant leur roi à la manière orientale – et une armée ultra-moderne. On y trouvait des centaines de techniciens et d'ingénieurs, des topographes, des savants, des machines (un peu comme sera l'armée d'Égypte au temps de Bonaparte). De plus, Alexandre croyait le monde plus petit qu'il n'est, et le Pacifique plus proche. Il franchit donc les limites de l'empire perse et pénétra dans le sous-continent indien, où il battit le roi Poros, malgré les éléphants de guerre de ce dernier. C'était aux environs de l'actuelle Delhi. Mais là, il ne put aller plus loin. Pourquoi ?

Parce que son armée se mit en grève ! Les libres citoyens grecs en avaient assez. En -327, ils avaient quitté les bords de la mer Égée depuis neuf ans. Certes, ils gardaient des liaisons avec le pays – messagers, renforts –, mais ils étaient rassasiés de conquêtes. Alexandre se mit en colère, mais dut céder. Que peut faire un chef quand la grande majorité ne veut plus lui obéir ?

Nous découvrons là l'un des enseignements de l'histoire : tout pouvoir repose sur le consentement des subordonnés, et ce quelle que soit son organisation (démocratique ou tyrannique). L'obéissance est un mystère. Quand un peuple ne veut plus obéir, même les dictatures s'écroulent. (Ainsi disparaîtra bien plus tard l'Union soviétique, que les experts jugeaient quasi éternelle.)

Alexandre finit par se dire : « Je suis leur chef, il faut que je les suive », selon la dialectique de l'autorité et du consentement. Un chef peut entraîner, mais pas au-delà d'un certain point, pas sans un consentement à sa magistrature. La « motivation » avait fait le succès des Grecs contre les Perses. Aux Indes, ils n'étaient plus « motivés ». Alexandre fut donc obligé d'engager l'armée sur le chemin du retour. Ce sera un retour très difficile : descente de l'Indus en bateau, puis traversée des déserts torrides du Sud iranien, ou navigation dans l'océan Indien. Enfin Alexandre revint à Babylone, où il voulait établir la capitale du monde. Il y mourut en -323, à trente-trois ans, de paludisme et d'alcoolisme. Cette incroyable épopée avait duré dix ans et s'était déployée sur plus de 25 000 kilomètres.

L'homme était génial et fantasque – un peu « déjanté », dirait-on familièrement. Disciple de Dionysos, il buvait trop. Après un festin arrosé, il tua l'un de ses amis – ce que, désolé, il regretta amèrement. « Excessif » donc, mais d'une intelligence foudroyante. Humaniste, aussi, et dépourvu de cruauté. Le monde en gardera un souvenir ébloui, fulgurant. Grâce à lui, la civilisation grecque s'est répandue sur l'Eurasie et la langue grecque est devenue la langue commune, la *koinè* (le succès d'une langue est toujours lié à la puissance politique).

L'Inde en fut profondément marquée. Les Bouddhas géants de Bamiyan (que les Talibans ont fait sauter) portent le masque d'Apollon.

Le roi bouddhiste Ashoka (262-226), dont nous avons déjà parlé, était imprégné d'hellénisme en sa capitale de Taxila (au nord de l'actuel Pakistan).

La culture indienne – bouddhiste, puis hindouiste après la réaction brahmanique – restera liée à celle de la Méditerranée.

Les rois indiens avaient d'ailleurs, à cette époque, colonisé la vallée du Gange, devenue le centre de leur puissance, puis la péninsule du Dekkan. La culture indienne rayonnera jusqu'au Cambodge (les temples d'Angkor) et, par les marins indiens, le long des côtes, jusqu'en Indonésie (les temples de Borobudur).

Que se serait-il passé si Alexandre avait conquis la Chine ?

Il avait déjà fait les deux tiers du chemin. Non par le sud, où la Chine est séparée des Indes par les jungles birmanes, mais par le nord. D'Asie centrale, où Alexandre avait fondé Alexandrie d'Asie (aujourd'hui Tachkent), il n'y a pas très longtemps à voyager par la route des caravanes pour atteindre le fleuve Jaune.

Il est difficile d'imaginer les conséquences d'une conquête de la Chine par Alexandre. Elle était pourtant possible : les armées grecques auraient écrasé les armées des royaumes chinois aussi facilement que les armées des Perses ou des Indiens.

De fait, la Chine est demeurée dans son splendide isolement – et ce sera longtemps encore le cas –, l'empire du Milieu ne communiquant avec le monde extérieur que par le commerce de luxe et de rares diplomates ou voyageurs.

La Chine fit son unité, nous l'avons dit, mais sur elle-même, se contentant de rayonner sur ses franges : Sin-kiang, Tonkin, Corée, Japon. Cela explique, encore aujourd'hui, sa psychologie si particulière.

Après la mort d'Alexandre, son empire éclata. Ses généraux se le partagèrent, mais ils ne purent tout garder. Un petit empire perse ressuscita, celui des Parthes. Les « diadoques » fondèrent cependant, en Macédoine, en Syrie et en Égypte, les monarchies hellénistiques. Les plus brillantes furent, en Syrie, celle des Séleucides (du nom d'un des lieutenants d'Alexandre, Séleucos) avec leur capitale Antioche et, en Égypte, celle des Ptolémées (le fondateur de la dynastie était aussi un général d'Alexandre). Mais il y en eut jusqu'en Asie centrale, en Bactriane.

Alexandrie, capitale de l'Égypte hellénisée des Ptolémées, devint même la plus grande et la plus brillante ville du monde. Sa bibliothèque contenait 700 000 livres (des manuscrits sur papyrus en rouleaux). Il y eut là une extraordinaire concentration de savants. Notamment Ératosthène qui calcula la circonférence de la Terre en constatant que l'ombre portée à midi sur un axe nord-sud n'était pas aussi longue à Assouan qu'à Alexandrie, ce qui ne pouvait s'expliquer que par la rotondité de la Terre. Et aussi Pythéas un marin qui atteignit le cercle polaire et calcula le coefficient des marées atlantiques... Le phare qui éclairait de nuit le port d'Alexandrie, et qui tire son nom du lieu, Pharos, sera le modèle de tous les phares de la Terre... Bref, il y avait là un niveau intellectuel qu'on ne retrouvera qu'à la Renaissance!

Cléopâtre sera la dernière souveraine de la dynastie des Ptolémées (elle sera aussi l'amante de César et d'Antoine).

La culture grecque devint alors universelle. Seule la Chine n'en fut pas influencée.

Alexandre fut typiquement grec : humaniste, absolument pas superstitieux, et homosexuel (il s'est marié plusieurs fois, car il épousait les filles des rois vaincus, telle la célèbre Roxane, mais c'était par calcul politique). Il était persuadé de porter avec lui la civilisation.

Les Grecs avaient cette conviction profonde : ils étaient les « civilisés » et tous les autres étaient des « barbares ». Ce n'était pas une question de race, mais de culture. On devenait hellène si l'on parlait la langue et si l'on allait au théâtre.

Ce fut la première « mondialisation », de l'Angleterre aux Indes, il y a vingt-trois siècles; la Chine restant à l'écart, malgré les échos lointains qui lui parvenaient par la route de la soie. Cependant, l'œuvre politique des monarchies hellénistiques resta fragile.

Alexandre échappe à la Grèce par sa démesure (*ubris* en grec), le péché par excellence aux yeux de son précepteur Aristote, pour lequel la mesure était la marque même de la raison. Il est vrai qu'Alexandre incarna un autre aspect souvent méconnu de l'hellénisme : non plus l'ordre athénien, mais le délire dionysiaque.

# Le monde bascule vers l'ouest : Carthage et Rome, Hannibal et César

À la même époque, à l'ouest de la Méditerranée (en Gaule, en Espagne), les tribus étaient passées de la chasse à l'agriculture. Elles étaient ainsi devenues fort populeuses, mais elles restaient encore en dehors de l'histoire.

Seules brillaient les cités d'Étrurie et Carthage.

Au nord de la péninsule italienne, il y a la Toscane. Les Étrusques y avaient bâti une civilisation originale, mais que l'on connaît mal, car on ne sait pas déchiffrer leur écriture. Volterra, Orvieto, Pérouge, et bien d'autres, furent d'abord des cités étrusques.

Des tombes circulaires, de magnifiques fresques, une culture étrange et raffinée : les Étrusques font penser aux Crétois. Leurs peintures colorées se ressemblent. Ils étaient la synthèse des populations locales (italiques) et des influences grecques ou phéniciennes – ils se constituaient en cités-États, comme ces derniers peuples.

Mais la Méditerranée occidentale était en fait dominée par une fondation phénicienne, Carthage. Restée indépendante alors que sa cité mère, Tyr, avait été soumise par les Perses – Alexandre lui-même s'était arrêté avant le Syrte –, Carthage avait fondé, comme Athènes, un empire maritime – une « thalassocratie » –, mais doté d'un territoire continental beaucoup plus vaste. Toute l'Afrique du Nord, de Gibraltar au golfe des Syrtes, obéissait à ses ordres et les tribus berbères (on disait alors « numides ») étaient sous son protectorat. Elle possédait aussi l'ouest de la Sicile, l'est étant aux Grecs de Syracuse. Si l'on veut imaginer la puissance de cette capitale, il faut relire le *Salammbô* de Flaubert.

À la même époque hellénistique s'affirma la puissance de Rome.

Originellement colonie étrusque, fondée en -753 (les Romains comptaient les années depuis la fondation de la ville : *Ab urbe condita*), Rome s'était affranchie des Étrusques au v^e^ siècle avant Jésus-Christ en devenant une république, copiée sur Athènes. Seuls les hommes libres étaient citoyens. Il y avait une assemblée, le « Sénat » (on ne pouvait y siéger qu'à l'âge de quarante ans), et des magistratures tournantes : notamment deux consuls qui se partageaient le pouvoir exécutif chaque année et des tribuns qui représentaient le peuple (la « plèbe »). Les dieux étaient ceux des Grecs, avec des noms différents : Zeus devenant Jupiter, etc. Les Romains parlaient le latin et utilisaient un alphabet qui leur était propre (et qui est aujourd'hui universel). Ils s'étaient lentement rendus maîtres de la péninsule italienne.

En -272, ils achevèrent cette conquête en s'emparant d'une colonie grecque, Tarente. Sans que l'opulente cité phénicienne en ait eu conscience, le destin de Carthage était dès lors scellé !

Il y avait de l'Étrusque et du Grec chez les Romains. Mais ils gardèrent toujours de leur origine la haine de la monarchie et l'amour de la guerre, un caractère rude et une volonté farouche de toujours vaincre : *Vae victis*, « Malheur aux vaincus ». Les Romains étaient des paysans-soldats, âpres au gain, rustiques, avares. Obsédés par la possession des champs, n'hésitant pas à engager d'interminables procès pour défendre leur propriété ; mais obsédés aussi par une soif de domination, non plus évanescente comme celle d'Alexandre, mais durable.

Les Grecs ont inventé la philosophie et le théâtre ; les Phéniciens (Libanais, Carthaginois), l'alphabet ; les Romains, le droit, et d'abord le droit de propriété.

Mais aussi la primauté de la loi et, trouvaille géniale, la prescription. La « vendetta » était, et reste, le principal problème des sociétés méditerranéennes, où sévissent ces meurtres de génération en génération. Par la prescription des crimes (au bout de vingt ou de trente ans), les Romains ont réussi à rompre la chaîne diabolique de la vengeance. Aujourd'hui, sous l'influence d'un droit anglo-saxon mal romanisé, nous sommes en train de renoncer à la prescription avec nos délits « imprescriptibles ». Nous revenons à la vendetta. Renoncer à punir au bout d'un certain temps n'est pourtant pas oublier les crimes passés. Il faut tout à la fois se souvenir et prescrire.

La *virtus*, la virilité intellectuelle, la force morale des Romains, fut longtemps grande : ce fut celle d'un Cincinnatus, nommé « dictateur » et qui, besogne faite, revint à ses champs ; ou celle d'un Dentatus répondant à des ennemis de Rome qui voulaient l'acheter : « Dites à ceux qui vous envoient que les Romains préfèrent commander à ceux qui ont de l'or plutôt que d'en posséder. »

Rome, puissance continentale, vécut en paix avec

Carthage jusqu'au jour où les Romains voulurent s'emparer de la Sicile, dont les Carthaginois possédaient la partie occidentale.

Ils mirent d'abord la main sur les cités grecques de l'Est sicilien. Un roi grec, venu au secours de ces cités, gagna quelques batailles, mais durement. On connaît le mot de ce Pyrrhus : « Encore une victoire comme celle-là, et nous sommes perdus » – d'où l'expression « victoire à la Pyrrhus ». Mais quand les Romains s'attaquèrent à l'ouest de la grande île, ce fut la guerre avec la cité punique (« Puniques » est le nom ancien des Carthaginois)...

Carthage dominait la mer, mais la légion romaine était le meilleur instrument militaire de l'époque. Nous pourrions la comparer à la Légion étrangère ou aux paras. La phalange grecque, désorganisée, perdait toute valeur combative. Tel n'était pas le cas de la légion. Le légionnaire savait combattre en groupe, mais aussi isolément.

La première guerre punique se déroula de -264 à -214. Malgré la valeur de ses généraux, dont un certain Hamilcar Barca (celui de *Salammbô*), Carthage fut battue et dut céder à Rome la Sicile et la Sardaigne. Mais la cité phénicienne était trop fière pour s'avouer vaincue. Elle compensa la perte de la Sicile en s'emparant de l'Espagne, que gouverna Hamilcar et où elle fonda Carthagène, la « Carthage nouvelle ».

En -219, Hannibal, le fils d'Hamilcar, était prêt à la revanche et la guerre fut déclarée. Avec la deuxième guerre punique (qui va durer dix-sept ans), une nouvelle espèce de guerre apparaît : la guerre entre nations, et non plus la guerre entre cités (guerre du Péloponnèse) ou la guerre impériale (les Perses, Alexandre).

L'Italie et l'Afrique du Nord étaient bien devenues des « nations » : il y a un côté guerre à mort, « guerre de 14 » (entre la France et l'Allemagne), dans la deuxième guerre punique. Le génie militaire était du côté carthaginois. Hannibal est un aussi grand capitaine que Napoléon. Il disposait d'une armée de mercenaires gaulois et espagnols (et non pas d'une armée nationale comme les légions romaines) et d'une excellente cavalerie numide (algérienne) – toujours sans étriers.

Les légions attendaient évidemment Hannibal au sud, en Sicile, pont entre la Tunisie et l'Italie. Par une marche d'une audace inouïe, il passa par le nord.

Dépassant les Pyrénées, il réussit à franchir, avec ses éléphants de guerre, les hauteurs des Alpes. Rome ne disposait pas d'éléphants; Carthage, elle, avait reçu des Indes cette arme de choc (effet des communications culturelles établies par Alexandre). Hannibal déboucha du Grand-Saint-Bernard. Les Romains, surpris, furent balayés à La Trébie et au Tessin. Puis Hannibal descendit vers le sud de l'Italie. Il contourna Rome, qu'il n'avait pas les moyens d'assiéger (faute de matériel), après avoir encore une fois écrasé les légions au lac Trasimène.

Rome nomma alors un « dictateur », qui sagement refusa de livrer bataille et pratiqua la politique de la terre brûlée : Fabius le Temporisateur.

Mais les paysans romains ne purent supporter très longtemps le saccage de leurs récoltes. Fabius fut révoqué (la « dictature » romaine était une magistrature révocable).

En -216, les deux consuls de l'année rejoignirent, à

marches forcées, l'armée d'Hannibal qui se reposait près de Cannes, en Italie du Sud. Ce fut une fameuse bataille. Hannibal laissa les légions avancer dans son centre, puis, quand il les jugea suffisamment engagées, il lança sa cavalerie numide qui les déborda et revint les attaquer dans le dos. Les légions furent anéanties, avec des dizaines de milliers de morts, dont les deux consuls. Notons que les batailles de l'Antiquité faisaient presque autant de morts que nos batailles modernes. Cannes, c'est Hiroshima. On tue beaucoup à l'épée. Au Rwanda, des centaines de milliers de personnes furent massacrées au coupe-coupe. Cannes est la forme achevée de la bataille d'enveloppement que méditeront ensuite tous les grands capitaines, de Napoléon à Rommel.

Hannibal était certain que Rome allait capituler.

À Rome, deux ou trois jours après, arrivèrent des survivants effrayés. Les sénateurs, dont beaucoup avaient perdu un fils, s'enfermèrent pour réfléchir dans la Curie, le bâtiment du Sénat, autour duquel la foule s'assembla. Puis les portes de bronze de l'Assemblée s'ouvrirent, et un vieux sénateur en sortit qui déclara seulement d'une voix forte : *Victi sumus, magna pugna*, « Nous avons été vaincus dans une grande bataille ». Comme les anciens Spartiates, les Romains pratiquaient l'art de la « parole brève » du « laconisme » (du nom du pays de Sparte, la Laconie). Mais Rome ne capitula pas.

Nous touchons ici le secret des triomphes romains : l'opiniâtreté. Surclassée par le génie d'Hannibal, Rome ne céda pas mais leva de nouvelles légions. Dans sa longue histoire, Rome n'a jamais signé un armistice ou un traité en sa défaveur.

La guerre s'éternisa. Un jour, un général plus audacieux débarqua les légions en Tunisie. Effrayée, Carthage rappela Hannibal, qui quitta l'Italie en y laissant les meilleurs éléments de son armée. Il y était resté dix-sept ans ! En -202, à Zama (près de l'actuelle Tunis), il fut battu. Carthage demanda la paix. Rome s'empara de l'Espagne, du sud de la Gaule, de la plaine du Pô. Hannibal, obligé de s'exiler, finira par se suicider en Anatolie, chez le roi de Bithynie, ayant appris que son hôte allait le livrer.

Ce triomphe scella le sort de Carthage. Même battue, elle faisait encore peur aux sénateurs, qui disaient : *Delenda est Carthago*, « Carthage doit être détruite ». Elle le sera en -146 (troisième guerre punique) ; la ville fut rasée. Rome se montra toujours impitoyable. Ces guerres changèrent l'Occident. Si Carthage avait gagné, par exemple, nous parlerions des langues sémitiques et non des langues issues du latin (français, italien, espagnol).

Tout était joué, après cela, en Méditerranée. Les royautés hellénistiques avaient perdu leur valeur militaire. Rome les subjugua facilement. Les rois Philippe V de Macédoine et Antiochus de Syrie furent écrasés successivement. En -168, Rome établit son protectorat sur le monde grec, mais cette fois sans haine. Elle avait eu peur de Carthage, elle n'avait pas eu peur des monarques hellénistiques. De leur côté, les Grecs considéraient les Romains comme leurs disciples et n'ont guère résisté à la cité du Latium.

D'ailleurs, la culture grecque s'imposa à Rome, comme Horace le constate : « La Grèce vaincue a conquis son noble vainqueur. » Les Romains chic prirent des précepteurs grecs. Rome fit venir philosophes, savants, pédagogues.

Ainsi la cité conquérante, la « ville » par excellence, réussit-elle à unifier le monde méditerranéen. Soulignons une date : en 63 avant Jésus-Christ, Jérusalem fut conquise par les Romains. L'Égypte hellénisée des Ptolémées restait apparemment indépendante; en fait, c'était un protectorat.

Pour la première et unique fois – mais pour des siècles –, la Méditerranée, centre du monde, était dominée par un seul État.

Rome eut ainsi un rôle capital : elle donna à l'hellénisme la durée qui lui avait toujours manqué. La culture grecque pourra durer et, plus tard, le christianisme trouver un espace!

Un seul État, une seule civilisation : l'unité du monde méditerranéen est réalisée pour très longtemps.

Cela n'alla pas sans mal pour Rome : sa république n'était pas conçue pour diriger le monde. Rome, qui vit sa population décupler, devint la ville la plus importante jamais connue jusque-là. Un ou deux millions d'habitants : chiffre énorme pour l'Antiquité, où n'existaient pas les transports de masse. Pourtant, le blé des Romains venait depuis la mer Noire ou l'Égypte.

L'inadaptation des institutions, l'explosion de la population, entraînèrent des guerres civiles qui déchirèrent la cité pendant un siècle : la guerre des Gracques (vers -122), qui prétendirent défendre les droits du peuple; celle de Marius contre Sylla (vers -88), qui transforma l'armée romaine, jusque-là armée de conscription, en armée de métier.

L'étonnant est que ces troubles ne nuisirent pas à la domination romaine. Il y eut certes la révolte des esclaves, en Italie, dirigée par Spartacus. Si l'on veut avoir une idée du monde romain de l'époque, de sa gloire, de sa cruauté, il faut lire le livre consacré à Spartacus par Howard Fast.

Il y eut aussi des révoltes en Espagne et en mer Noire (Mithridate, roi du « Pont »; le Pont-Euxin, c'est la mer Noire); des inquiétudes se firent jour, mais l'hégémonie ne fut pas remise en cause.

De ces craintes témoigne la lettre envoyée par un officier de la deuxième cohorte de la légion Augusta (en Algérie) à son cousin Tertullus resté à Rome, cité par Suétone. Ce texte traduit bien l'état d'esprit des Romains, leur conviction (héritée d'Alexandre) d'apporter avec eux la civilisation. Il aurait pu être écrit par un officier français de la guerre d'Algérie :

« On nous avait dit que nous partions en Afrique défendre les droits que nous confèrent tant de citoyens installés là-bas, tant d'années de présence, tant de bienfaits apportés à des populations qui ont besoin de notre civilisation. Nous avons pu vérifier que cela était vrai. Nous avons payé pour cela l'impôt du sang.

« Nous ne regrettons rien, mais on me dit que dans Rome se succèdent cabales et complots, que beaucoup vilipendent notre action.

« Je ne puis croire que cela soit vrai. Je t'en prie, rassure-moi. Écris-moi que les citoyens nous soutiennent comme nous soutenons la grandeur de Rome.

« S'il devait en être autrement, si nous devions laisser en vain nos os blanchir sur les pistes du désert, alors que l'on prenne garde à la colère des légions ! »

Le général vainqueur de Mithridate, Pompée, n'osa pas prendre seul le pouvoir; il forma, en l'an 60 avant

Jésus-Christ, un « triumvirat » avec le banquier Crassus et le patricien César.

Jules César surgit alors dans l'histoire. D'une vieille famille aristocratique, la *gens* Julia, il aurait pu se contenter de faire carrière au Sénat. Mais il comprenait les nécessités du temps et entreprit sa marche vers le pouvoir, auquel il voulait être porté par le consentement du peuple.

Il lui fallait un grand commandement militaire pour égaler la gloire de Pompée. Il obtint celui de la Provence (*Provincia*), qui reliait l'Espagne à l'Italie, mais cela ne suffisait pas à sa renommée. Il entreprit alors la conquête de la Gaule.

Cette immense région était peuplée de Celtes qui parlaient le gaélique (ancêtre du breton). Agriculteurs expérimentés et guerriers farouches, ils vivaient toutefois encore dans l'anarchie du néolithique. Leurs innombrables tribus se battaient entre elles. Il fut facile à César d'intervenir dans leurs querelles. En sept ans, la Gaule fut conquise et, en -52, enfermé à Alésia, le chef gaulois Vercingétorix dut se rendre au général romain, qui le fera mettre à mort.

La rapidité de cette conquête, que César raconta dans un livre de propagande, *La Guerre des Gaules*, surprend.

Mais nous avons souligné que les tribus gauloises vivaient encore dans la préhistoire ; César, lui, représentait la modernité. Il ne s'agissait donc pas d'une guerre entre égaux, comme celle qui avait opposé Carthage et Rome, mais d'une conquête coloniale, au sens moderne du terme.

Les Gaulois, malgré tout leur courage, ne vivaient pas à la même époque que les ultra-modernes Romains. On ne saurait comparer la situation de César en Gaule à celle d'Hannibal ou d'Alexandre, qui se battaient contre des gens aussi modernes qu'eux. En revanche, on peut la comparer à celle d'un Lyautey, au XX^e^ siècle, qui soumit le Maroc avec très peu de moyens et dans le même laps de temps. Encore les Marocains formaient-ils un seul État, et un État historique, mais le « décalage chronologique » (notion que nous retrouverons souvent) est le même ; les forces aussi. César et Lyautey ont disposé d'environ 30 000 hommes : de trois à cinq légions.

Pour les Gaulois, les Romains étaient un peu des Martiens. Les guerriers celtes ne pouvaient qu'être vaincus par une civilisation techniquement très supérieure à la leur. Moralement, artistiquement, les Gaulois (comme les Marocains) étaient très développés. Mais que pouvaient-ils faire contre ces envahisseurs venus de l'avenir ?

Contrairement aux Marocains, ils furent d'ailleurs rapidement assimilés à la culture romaine et perdirent leur langue (les Français parlent en effet une sorte de latin). César fonda sur le Rhin la ville de Cologne (*Colonia*, « Colonie ») et fit une incursion outre-Manche en Grande-Bretagne.

Puis, avec ses légions, il revint à Rome et franchit le Rubicon, petit torrent italien. La Constitution romaine interdisait aux généraux de franchir en armes cette rivière. Il la bafoua en prononçant le fameux : *Alea jacta est*, « Le sort en est jeté ». À Rome il, s'empara du pouvoir, non sans batailles cependant. Pompée s'opposa à lui, mais il fut vaincu au cours d'une guerre civile autour de la Méditerranée, puis assassiné. En Égypte, à Alexandrie, César courtisa pour des raisons politiques la descendante des Ptolémées, la fameuse Cléopâtre, dont il eut un fils qui ne survécut pas longtemps (Césarion). César resta le seul maître du monde méditerranéen.

À cause de l'opinion publique romaine, il n'osa pas prendre le titre de roi. Mais il fut vraiment le chef, *l'imperator*. Il incarne tellement le pouvoir que beaucoup de peuples donneront le titre de César à leurs rois : *tzar* en russe, *Kaiser* en allemand... « César » sera d'ailleurs le nom générique de tous les empereurs romains : *Ave Caesar...*

Mais il restait à Rome beaucoup de républicains, et César fut assassiné en 44 avant Jésus-Christ, aux ides de mars, par Brutus, un fils adoptif, d'où le fameux : « Toi aussi, mon fils », hurlé en plein Sénat – en latin ou en grec, on ne sait.

Avec César, les Romains avaient dépassé les limites du monde méditerranéen, allant jusqu'au Rhin, jusqu'en Angleterre, et la crise institutionnelle de Rome fut surmontée.

# L'empire romain ou le premier apogée historique

Lieutenant de César en Gaule, Antoine, après l'assassinat de son chef, dut faire face au jeune Octave, vingt ans, petit-neveu du grand général, qui se posait en héritier désigné du dictateur. Il essaya de le circonvenir en formant avec lui et un certain Lépide le deuxième triumvirat. Ces trois-là firent exécuter Brutus et des partisans de la République. Mais cela n'empêcha pas une guerre civile entre Antoine et Octave. Antoine s'appuya sur l'Égypte et Cléopâtre.

Après la bataille navale d'Actium (-31), Antoine, réfugié à Alexandrie, se donna la mort; quant à Cléopâtre, elle se suicida également, mettant ainsi fin à la dynastie des Ptolémées. L'empire était définitivement établi. Octave se fit appeler Auguste et gouverna jusqu'en l'an 14 après Jésus-Christ, soit pendant quarante-quatre ans.

Du point de vue constitutionnel, le régime est spécifique. Comme les Romains avaient la phobie de la monarchie, l'empire n'en fut jamais une (il ne le deviendra qu'avec les Byzantins). Simplement, le pouvoir était concentré sur la tête d'un seul : le pouvoir consulaire (l'empereur se faisait nommer consul), le pouvoir des tribuns et le pouvoir militaire (l'empereur est *imperator*, chef des armées.) Mais l'empereur ne porta pas de titre royal. On l'appelait seulement, comme aujourd'hui en Angleterre, le « Premier » (*princeps*, d'où vient le mot « prince »).

Le Sénat subsistera toujours, et la fiction du pouvoir populaire aussi : les lois n'étaient pas promulguées au nom de l'empereur, mais « du Sénat et du peuple romain », *Senatus Populusque Romanus*. Ces initiales forment le sigle SPQR que les licteurs brandissaient devant les légions en déplacement, et qui se trouve encore gravé sur les plaques d'égout de la Rome actuelle.

Pour se souvenir des noms des empereurs romains des deux premiers siècles de notre ère, on utilisait jadis une comptine mnémotechnique : « Cesautica – Claunégalo – Vivestido – Nertraha – Antmarco », ce qui donne : César, Auguste, Tibère, Caligula, Claude, Néron,Galba, Othon, Vitellius, Vespasien, Titus, Domitien, Nerva, Trajan, Hadrien, Antonin, Marc Aurèle !

On peut estimer que l'empire romain fut l'État le plus considérable que les hommes aient jamais bâti. Certes, celui des Perses, celui d'Alexandre, plus tard celui de Gengis Khan ou l'empire britannique furent plus grands, mais ils durèrent infiniment moins longtemps. La Chine elle-même lui était inférieure. Et pourtant, à la même époque, elle était unifiée par la dynastie des Han. Les deux empires de l'ancien monde se connaissaient, commerçaient par la route continentale de la soie, échangeaient des diplomates. Quant aux royaumes indiens de l'Indus et du Gange, ils restèrent presque toujours divisés, même si leur civilisation gagna la Birmanie, la Thaïlande et l'Indonésie (aujourd'hui encore, l'île de Bali est hindouiste). Les Perses, sous le nom de Parthes, avaient bien reconstitué un État, mais plus petit.

Les Romains, eux, régnèrent cinq siècles durant, de l'Écosse à l'Arabie, de la Crimée à l'Afrique du Nord. Ils se sont autolimités, contrairement à Alexandre. Ils ne s'emparèrent que du sud de la Germanie, et ils évacuèrent volontairement l'Écosse, trop pluvieuse pour eux, se contentant d'édifier au nord de l'Angleterre une « muraille de Chine » (encore visible) pour contenir les Barbares. Cette ligne fortifiée, le *limes*, entourait d'ailleurs l'Empire entier. Il y avait un *limes* germanique au nord et un *limes* saharien au sud, dont témoignent les ruines de Timgad.

L'Angleterre, la France, la Belgique, l'Allemagne du Sud, la Suisse, l'Espagne, le Portugal, l'Italie, l'Autriche, la Hongrie, la Croatie, la Serbie, l'Albanie, la Bosnie, la Grèce, la Bulgarie, la Roumanie (« terre des Romains »), la Turquie, la Syrie, le Liban, la Palestine, la Jordanie, l'Irak du Nord, l'Égypte, la Libye, la Tunisie, l'Algérie et le Maroc faisaient partie de l'Empire (sans compter, bien sûr, toutes les îles méditerranéennes). Autour de l'Empire, on trouvait seulement des tribus préhistoriques de bédouins ou d'éleveurs, sauf vers l'Orient où l'État perse (parthe) le séparait des Indes.

On évalue la population impériale entre 50 et 100 millions d'habitants : le tiers de la population mondiale de l'époque.

Les frontières de l'Empire ont marqué l'histoire. Par exemple, la différence entre Anglais et Écossais est seulement que les premiers furent romanisés. Des siècles plus tard, quand des problèmes de religion les opposèrent, les Allemands se séparèrent selon le tracé de l'ex-*limes* : ceux qui gardaient le souvenir de Rome se soumirent naturellement à l'autorité de l'Église « romaine », et les autres devinrent protestants. La frontière actuelle entre les Allemands catholiques et les Allemands luthériens conserve en gros le tracé du *limes* impérial.

Cela prouve l'inexactitude du slogan à la mode : « Les frontières sont dépassées. » Fernand Braudel a écrit au contraire qu'une frontière ne disparaît jamais. Une frontière ressemble à une vieille cicatrice : elle ne fait pas souffrir, mais parfois elle se rouvre. Le passé laisse sa trace et explique bien des caractéristiques du présent.

L'impérialisme romain inaugura une idée très originale : l'« assimilation ».

Rome était impérialiste (le mot vient d'elle), mais pas raciste. Elle pratiqua très tôt l'assimilation complète des peuples conquis – tout au moins de leurs élites. Tous les notables indigènes pouvaient espérer acquérir la citoyenneté romaine (l'apôtre Paul, ce rabbin juif, était romain de naissance par son père), et même gouverner : il y aura des empereurs gaulois, espagnols et arabes.

Les Romains avaient compris que la force seule ne garantit pas la durée. Talleyrand le redira : « On peut tout faire avec des baïonnettes, sauf s'asseoir dessus. »

Nous avons déjà souligné qu'une certaine adhésion des gouvernés est nécessaire au gouvernement. Rome faisait venir à elle les richesses du monde, prélevait l'impôt et dominait, mais en contrepartie elle assurait la « paix romaine » : la loi, la sécurité, l'ordre, une certaine liberté locale (les « cités » gardaient leurs municipalités et leurs règlements propres).

On a tort de dire que les États-Unis sont la Rome d'aujourd'hui. Ils ne sont pas une nation impériale, comme le fut l'Italie romaine (et comme le furent aussi la France et l'Angleterre), mais une nation « hégémonique ».

Pour qu'il y ait empire, il faut qu'il y ait un échange – inégal certes –, dans lequel le dominant prend beaucoup aux dominés, mais leur rend aussi un peu. Or les Américains ne se sentent pas responsables de cette manière-là. Ils sont hégémoniques en Amérique latine depuis deux siècles, mais ne sont en rien troublés qu'une guerre, en Colombie, puisse faire périr un million de personnes en trente ans. L'Angleterre était une nation impériale et l'on ne parlait pas à tort d'empire britannique. Elle pressurait certes les Indes, mais il eût été impensable qu'une guerre y fît des milliers et des milliers de morts, pendant des années, sans que l'armée de Sa Gracieuse Majesté intervînt.

Nous l'avons dit, les Romains ont inventé le droit. Dans les Actes des Apôtres, on peut lire à ce sujet une histoire significative :

Paul prêchait à Éphèse, grande ville d'Asie Mineure, qui abritait le temple de la déesse mère méditerranéenne (culte toujours célébré à Marseille sous un vernis catholique celui de la « Bonne Mère »). Les marchands du temple virent d'un mauvais œil l'annonce du Dieu unique, qui ferait péricliter leurs affaires. Une émeute éclata. La foule s'empara de Paul. Le gouverneur romain dit alors aux émeutiers (Actes XIX, 35) :

« Éphésiens, que faites-vous là ? Si vous avez quelque chose à reprocher à ce Paul, il existe des lois, des tribunaux, portez plainte. Sinon, ce que vous faites sera considéré comme sédition », et il congédia la foule.

Tout Rome est là-dedans ! Nous savons que Paul, en difficulté avec les autorités de son peuple, en appela à l'empereur. Comme il était citoyen romain (ce dont il était fier), il fut acheminé, à grands frais, vers la capitale. En 212, l'édit de Caracalla accorda la citoyenneté romaine à tous les hommes libres.

Les Romains ont aussi inventé l'idée de la primauté du pouvoir civil sur le pouvoir militaire. *Cedant arma togae*, proclamaient-ils : les armes le cèdent à la toge (la toge étant l'habit civil). Jules César lui-même était sénateur. Rome donnait le commandement de ses armées à des civils.

Rome dominait le monde méditerranéen avec une grande économie de moyens. Elle ne disposa en général que de trente légions. Chaque légion correspondait à nos actuels régiments. On s'y engageait à vingt ans, pour vingt ans. Les légionnaires n'étaient donc plus de jeunes gens, mais plutôt de vieilles troupes. Après quarante-cinq ans, pour leur retraite, ils recevaient un lopin de terre et un petit capital.

Chaque légion portait un nom (comme nos sous-marins nucléaires). Il y avait la « Fulminante », la « Triomphante », l'« Augusta » (nous avons cité la lettre d'un officier de cette légion), etc.

Il est vrai que l'armée romaine, savante et disciplinée, était la meilleure du monde. Une légion pouvait parcourir cinquante kilomètres à pied par jour (José-Maria de Heredia évoque « le piétinement sourd des légions en marche ») et construire pour le bivouac des fortifications imprenables.

Il est vrai aussi que les Romains se montraient impitoyables. Ils voulaient bien faire participer les indigènes à leur gouvernement, mais ils réprimaient les rébellions de manière terrifiante. En l'an 70 de notre ère, Titus, futur empereur, écrasa ainsi la révolte des juifs en détruisant Jérusalem. En souvenir de cet exploit, il fit édifier à Rome un arc de triomphe qui existe toujours, et sur les bas-reliefs duquel on peut voir le chandelier à sept branches, ramené comme butin.

Plus tard, l'empereur Hadrien fera disperser les israélites.

Le judaïsme changea alors de nature. C'était une religion centrée sur son Temple, avec un clergé, il devint une religion sans sacrifice, unie dans la dispersion autour de ses maîtres spirituels, les rabbins. Jérusalem restant toutefois une obsession : « L'an prochain à Jérusalem ». Quand la télévision nous montre aujourd'hui les événements de Palestine, ce sont les ruines du Temple détruit par Titus que l'on voit.

Nous disions, en commençant, l'importance de l'histoire : comment comprendre les conflits de Palestine sans savoir que les juifs en ont été arrachés et « interdits de séjour » par Titus puis Hadrien ?

L'apogée de l'Empire se situa au IIe siècle de notre ère, avec les grands empereurs Trajan (117-137), Hadrien (131-161), Antonin (161-181) et Marc Aurèle (161-180) – quatre empereurs pour un siècle. Ce n'étaient pas de jeunes gens. On devenait empereur autour de quarante-cinq ans, et pour une vingtaine d'années.

La mort de l'empereur posait toujours problème : n'étant pas une monarchie, l'Empire ne connaissait pas de succession héréditaire et, pour désigner un nouvel empereur, un fragile équilibre intervenait entre le Sénat, l'armée (les prétoriens) et les « prolétaires » (la plus basse catégorie d'hommes libres).

Cet apogée romain fut aussi un apogée historique, et il coïncida avec l'apogée de la Chine et des Indes.

Rome faisait régner la paix dans cet immense espace avec seulement 200 000 hommes et 30 légions. Il y avait une seule légion en Afrique du Nord. C'est le plus beau rapport qualité-prix de l'histoire : le minimum de force pour le maximum d'effet.

Cet apogée fut aussi une époque d'intense urbanisation. Pour les Romains (comme pour les Grecs leurs éducateurs), la ville en vint à être le lieu de la « civilisation » (le mot vient de *civis*, « cité »). Situation paradoxale pour d'ex-soldats-paysans ! D'ailleurs, l'Empire laissa péricliter ses paysanneries ; l'agriculture s'y fragilisa.

La capitale était une énorme agglomération. Il reste dans la Rome actuelle de magnifiques ruines et monuments de ce temps : le Colisée, le Forum, le Panthéon, les arcs de triomphe, et les aqueducs.

Car les Romains adoraient se baigner : les thermes, immenses, luxueux et ouverts à tous les citoyens, étaient le lieu social par excellence. Les gens y passaient, chaque jour, au moins une heure ou deux. Il y fallait amener de l'eau en grande quantité et de fort loin. Les aqueducs sont donc le symbole de la civilisation latine (le pont du Gard).

Partout autour de la Méditerranée, Rome a semé des villes, construites sur le même plan (un axe nord-sud, le *cardo*, et un autre est-ouest, le *decumanus*), avec des arènes, des temples, des forums, des théâtres et des thermes.

Paris, qui s'appelait alors Lutèce, n'était qu'une petite ville. Cependant, Lutèce possédait des thermes et des arènes, qu'on y voit encore.

On peut toujours admirer, autour de la mer intérieure de l'Empire (*Mare nostrum*, disaient les Romains : « Notre mer »), des architectures magnifiques et grandioses – sur le modèle grec, mais en plus tape-à-l'œil : Pétra en Jordanie, Palmyre en Syrie, Djamila et Cherchell en Algérie, Leptis Magna et Sabrata en Libye, Ségovie en Espagne, Arles et Nîmes en France, Split en Croatie, Éphèse en Asie Mineure, pour ne citer que les plus célèbres. Partout, de grandes routes sur lesquelles pouvaient se déplacer commerçants et soldats. Les voies romaines, des « murs posés sur la plaine », convergeaient vers la capitale.

L'Empire a duré parce que, prenant beaucoup, il a aussi beaucoup apporté.

L'administration y était efficace, malgré les distances. Lorsqu'il arrivait quelque chose dans l'actuel Irak, trois semaines plus tard l'empereur était au courant. Deux mois après l'événement, les ordres atteignaient le *limes*. Aujourd'hui, où nos communications ne vont plus à la vitesse du marcheur (50 kilomètres par jour au maximum) ni du cheval (100 kilomètres) mais à celle de la lumière, il est rare qu'une décision soit exécutée sur le terrain avant des mois...

Les notables romains gardèrent longtemps l'idée qu'ils avaient des devoirs. Pour en témoigner, nous disposons des notes personnelles de Marc Aurèle. Ces notes n'étaient pas destinées à la publication. L'empereur écrivait (en grec) « pour lui-même ». Que pensait « l'homme le plus puissant du monde » (titre que les Américains aiment à décerner à leur président, mais qui exprime plus justement ce que pouvait être un Marc Aurèle) ? On lit dans ces notes retrouvées par hasard :

« Conserve-toi simple, bon, intègre, sérieux, ami de la justice, bienveillant, amical, mais résolu dans l'accomplissement de tes devoirs.

« Vénère les dieux, viens en aide aux hommes. Sois en tout un disciple d'Antonin [l'empereur précédent]. Imite son énergie à agir conformément à la raison, sa constante égalité de caractère, la sérénité de son visage, sa douceur, son dédain de la vaine gloire, son ardeur au travail. Il n'abandonnait jamais un problème avant de l'avoir résolu et d'avoir décidé. Il supportait les reproches injustes. Il n'avait de précipitation en rien. Il repoussait la calomnie. Il étudiait avec attention les caractères et les actes. Il n'injuriait personne. Il n'était ni timide ni soupçonneux. Il se contentait de peu pour lui-même. Il était magnanime. »

Quel plus beau portrait de gouvernant a jamais été écrit ? Surtout quand on sait que Marc Aurèle n'écrivait pas ses lignes pour la propagande ou pour son image, comme le fit César avec sa *Guerre des Gaules*, mais pour lui-même...

Rome a laissé un formidable héritage : le droit romain, le bon gouvernement, une certaine dignité célébrée par ses penseurs, le stoïcisme (Marc Aurèle était stoïcien).

Nous appelons les jours de la semaine de noms latins : lundi, le jour de la Lune (en anglais *monday*) ; mardi, le jour de Mars ; mercredi, le jour de Mercure ; jeudi, le jour de Jupiter ; vendredi, le jour de Vénus ; samedi, le jour de Saturne (*Saturday*) ; dimanche, le jour du Soleil (*Sunday*).

Pour l'essentiel, notre calendrier date de l'Empire : dix mois, septembre étant le septième et octobre le huitième, auxquels les Romains rajoutèrent deux mois, pour arriver à douze : juillet, le mois de Jules César, et août, le mois de l'empereur Auguste (ce qui est encore plus visible en langue anglaise : *august*).

Jamais, ni avant ni après, la paix et l'ordre ne régnèrent sur la Méditerranée comme pendant tous ces siècles. C'est aussi la seule époque de l'histoire où la Méditerranée fut unie. Elle ne l'est plus. Aujourd'hui, on change d'univers quand on change de rive. À cette époque-là, d'Antioche à Naples ou à Nîmes, c'était la même civilisation, bornée au sud par le Sahara, au nord par le Rhin, le Danube et les forêts germaniques, reliée à l'Inde et à la Chine par les Iraniens. L'hellénisme a triomphé du temps grâce aux Romains. Cependant, cette formidable grandeur avait aussi ses ombres et ses abîmes.

Cette civilisation ignorait la pitié. Elle était extraordinairement cruelle. Au moment même où l'empereur Marc Aurèle écrivait les lignes sublimes citées plus haut, il se rendait (par obligation, en ce qui le concerne, davantage que par plaisir) aux jeux de l'amphithéâtre où des centaines d'hommes s'entrégorgeaient pour flatter le sadisme des spectateurs : *Morituri te salutant*, « Ceux qui vont mourir te saluent »... Pour réprimer la révolte de Spartacus, Rome avait fait dresser des croix de Naples jusqu'en ses faubourgs, sur la voie Appienne – des milliers de croix sur lesquelles étaient exposés des suppliciés.

La croix était la manière de mettre à mort les esclaves : Rome réservait le glaive à ses ennemis et le poison à ses patriciens.

Il y a quelque chose d'incompréhensible dans ce sado-masochisme à grand spectacle, assez bien rendu par le film de Ridley Scott, *Gladiator* – incompréhensible pour nous du moins, marqués que nous sommes par le judéo-christianisme. Même les nazis, hommage du vice à la vertu, cachaient leurs camps d'extermination et d'humiliation. Les Romains, eux, en faisaient du grand guignol. La philosophe Simone Veil, qui mourut en « Française libre » à Londres, n'hésitait pas à comparer les Romains aux nazis. Excessive, cette comparaison n'en recèle pas moins une part de vérité.

Et puis il ne faut pas oublier l'esclavage. Certes, les esclaves domestiques étaient bien traités, souvent affranchis, et alors ils pouvaient accéder aux plus hautes charges. Mais Rome a connu une servitude de masse qu'ignorait la Grèce ancienne, avec des milliers de morts-vivants dans ses latifundia et ses mines – son « goulag » à elle.

Toutefois, malgré ces horreurs, l'impérialisme romain n'a pas laissé un trop mauvais souvenir.

## Le judéo-christianisme

Nous avons souligné que les juifs ont imposé durablement l'idée d'un Dieu unique, l'idée de personne, et celle de progrès. La femme aussi, puisque leur Dieu est un amant et, surtout, puisque l'image de Dieu est pour eux à la fois masculine et féminine : « À l'image de Dieu Il les créa, homme et femme Il les créa. »

En découla une nouvelle conception des rapports de l'homme avec la nature. L'homme est fait pour dominer la nature ; il y contemple les beautés de la création, mais il s'en distingue, échappant ainsi aux engluements de la magie. On comprend ici qu'une certaine écologie refusant cette distinction entre l'homme et la nature menace notre héritage judéo-chrétien. Pour toutes les sociétés traditionnelles, l'homme fait partie de la nature pour le meilleur et pour le pire (le « Yin » et le « Yang » chinois). Pour l'Hébreu, il s'en distingue.

En résultèrent aussi les « dix commandements » – l'idée d'une loi, non plus juridique comme celle des Romains, mais morale et surtout universelle : les « droits de l'homme » en sont issus. Ils auraient été inconcevables dans une autre religion que le judaïsme.

On saisit ici combien les religions changent notre vision du monde.

Pour cette raison, certains veulent enseigner les religions à l'école laïque. L'intention est bonne ; mais ces penseurs ne se rendent pas compte à quel point est oubliée l'histoire générale elle-même. Si l'on est incapable de les situer dans la chronologie, comment comprendre les religions ? Il faut en vérité les étudier en racontant l'histoire générale – ce que nous essayons de faire.

Installés en Palestine autour de Jérusalem et du Temple, depuis leur retour de Babylone, les juifs avaient depuis longtemps l'habitude d'émigrer. Sans être des navigateurs, ils furent de grands émigrants et la « diaspora » existait déjà. Dans toutes les villes romaines, on trouvait des synagogues et des communautés israélites. On en rencontrait aussi sur le plateau iranien, et jusqu'en Chine et en Afrique orientale – d'où le premier royaume noir venait de sortir de la préhistoire, sur les montagnes du Tigré, en Éthiopie.

Mais le judaïsme avait ses contradictions.

Yahvé restait encore un peu une divinité nationale : Dieu a choisi un seul peuple. Les dix commandements sont une morale universelle, mais la Loi n'est faite que pour les juifs. Surtout, on confondait en Israël les rituels – rituels de purification, rituels alimentaires (*casherout*) – avec le fond des choses.

Jésus de Nazareth fut l'un de ces rabbins qui essayèrent de lutter contre le ritualisme. Né au temps du roi Hérode (un roitelet soumis aux Romains) en -6 ou -7, il prêchait dans les années 20 de notre ère en Palestine. Il aimait le lac de Tibériade, étendue bleue qu'entourent des montagnes fauves, et ses disciples appartenaient aux classes simples : artisans, patrons pêcheurs (un percepteur tout de même). Il parlait trois langues : l'hébreu, la langue liturgique de la synagogue; l'araméen, la langue populaire dans laquelle il prêchait; et le grec, la langue impériale.

Pieux, « pratiquant », il ne voulait cependant pas se laisser enfermer par le ritualisme. « Lequel d'entre vous, si son âne tombe dans un puits le jour du Sabbat, ne va pas l'en repêcher? » À une non-juive qui lui disait : « Vous prétendez qu'il faut prier Dieu à Jérusalem, mais nous le prions sur le mont Garizim », il répondit : « Dieu est Esprit, on peut le prier n'importe où » – ce qui ne plaisait guère aux prêtres du Temple.

Les interdits alimentaires de la *casherout* lui semblaient particulièrement ineptes : « Ce qui souille l'homme, ce n'est pas ce qu'il mange. Ce qu'il mange descend dans son ventre, puis va aux lieux d'aisance. Ce qui souille l'homme, c'est la haine qui sort de son cœur. » Il enseignait qu'on peut manger n'importe quoi, en particulier du porc (Matthieu XV, 16).

Il soulageait ainsi l'homme d'un poids très lourd. Comme d'autres prophètes avant lui, il croyait que « la vraie religion est celle du cœur ». Il stigmatisait les cléricaux : « Ils lient de pesants fardeaux sur les épaules des hommes, sans les bouger eux-mêmes du bout des doigts » (Matthieu XXIII, 4).

Il refusait de jeter la pierre (lapidation) aux femmes adultères, criant même à tous les hypocrites : « Les prostituées vous précéderont dans le Royaume des cieux. » Pour lui, le seul vrai péché était le mépris.

Ces transgressions irritèrent les prêtres du Temple de

Jérusalem, qui le firent mettre à mort par les Romains (la Croix). Israël, n'étant plus indépendant, n'avait plus en effet le droit de vie et de mort. Mais ce destin est semblable à celui du philosophe Socrate, qui fut lui aussi exécuté par les chefs de son peuple – et personne ne songe à imputer aux Grecs la mort de Socrate ! Jésus fut donc crucifié le 7 avril 30.

Jésus est le résumé et le paroxysme du judaïsme, comme Socrate est le résumé et le paroxysme de l'hellénisme. Ni l'un ni l'autre n'ont jamais quitté leur pays ; ils accédèrent à l'universel par l'approfondissement.

Peut-être n'y a-t-il pas, dans l'histoire, d'homme de religion plus séduisant que le Christ. Bouddha n'est qu'un moine, Socrate un philosophe, Marc Aurèle un bon dirigeant, Confucius un sage conformiste. Seul Jésus de Nazareth a pu dire :

« Heureux ceux qui ont une âme de pauvre... Heureux ceux qui ont faim et soif de la justice, car ils seront rassasiés... Heureux ceux qui pardonnent, on leur pardonnera... Heureux les purs, car ils posséderont la Terre » (Matthieu V, 3).

Dans l'histoire parfois sombre et tragique de l'humanité, les « Béatitudes » sont un rayon de lumière. Après la mort de Jésus, des juifs crurent en lui et affirmèrent qu'il était ressuscité. Mais Jésus resta un prophète juif. La « terre » dont il parlait était celle d'Israël, *Eretz Israël;* son enseignement ne sortait pas du judaïsme. D'autres prophètes avaient été tués. D'autres rabbins avaient dit presque les mêmes paroles que Jésus à la même époque (Gamaliel). Les disciples de Jésus, surnommés « chrétiens » dans la ville d'Antioche à cause du Christ (Christ signifiant « béni, Messie »), étaient tous des juifs.

Ils prêchèrent en Palestine puis, tout naturellement, dans les communautés juives de la diaspora.

Dans l'Empire, ils eurent du succès.

Il faut savoir qu'un certain nombre de Gréco-Latins, lassés de leurs religions traditionnelles, étaient tentés de se convertir au judaïsme. Dans la Bible, on les appelle les « craignant-Dieu ». Le judaïsme acceptait (et accepte toujours) des convertis issus d'autres peuples que le peuple hébreu.

Cependant, la plupart des « craignant-Dieu » étaient arrêtés sur ce chemin par l'obligation de se faire circoncire. La circoncision, qui consiste chez les mâles à couper la prépuce de la verge, était considérée comme absolument obligatoire par les rabbins. Or elle semblait inacceptable aux Grecs et aux Romains. Leur civilisation, qui exaltait les beaux corps, ne pouvait la comprendre. Rares étaient donc les « craignant-Dieu » qui devenaient juifs.

C'est sur ce point que les juifs disciples de Jésus se séparèrent des autres juifs.

L'artisan de cette divergence était pourtant rabbin (en même temps que citoyen romain) : le fameux Paul ou Saul, dont nous avons déjà parlé. Il eut l'idée de demander aux disciples de renoncer à imposer la circoncision aux païens qui voulaient se convertir. Le prophète Isaïe n'avait-il pas écrit, des siècles auparavant, que « la vraie circoncision était celle du cœur »? Sa proposition fut acceptée par les apôtres, lors de ce qu'on appelle le concile de Jérusalem.

À partir de ce moment, vers 50, le christianisme commença de diverger du judaïsme. Mais, en l'an 67, quand Néron voulut trouver des boucs émissaires pour leur faire porter la responsabilité de l'incendie de Rome, l'empereur-poète ne distinguait certainement pas les chrétiens des autres juifs. C'est pourtant à cette occasion que furent crucifiés Paul et Pierre, le chef des disciples.

Paul avait écrit dans sa lettre aux Corinthiens :

« L'amour est patient, l'amour est serviable ; il n'est pas envieux, ne fanfaronne pas, ne se gonfle pas, ne cherche pas son intérêt, ne s'irrite pas, ne tient pas compte du mal, ne se réjouit pas de l'injustice, mais se réjouit de la vérité. L'amour supporte tout, croit tout, espère tout. »

Page admirable, certes, écho de l'enseignement de Jésus ; mais, nous l'avons dit, l'hymne à l'amour était déjà commun chez les Prophètes et dans la Bible (le Cantique des Cantiques). Cependant, progressivement, les chrétiens d'origine païenne devinrent beaucoup plus nombreux dans les communautés de disciples que ceux d'origine juive.

Surtout, les penseurs chrétiens furent tous des Grecs ou des Latins, dont le célèbre Augustin, évêque d'Hippone en Afrique romaine, qui écrivit les *Confessions* où l'on peut lire cette phrase magnifique en latin : *Non jam amabam, sed jam amare amabam,* plus belle encore traduite en français : « Je n'aimais pas encore, mais j'aimais à aimer. »

Ainsi les Romains en arrivèrent-ils à savoir distinguer les chrétiens des israélites ; le christianisme, entièrement juif pendant des années, était sorti du judaïsme.

Beaucoup de Gréco-Latins se convertirent, et les communautés chrétiennes devinrent plus nombreuses que les communautés juives de la diaspora. Elles s'en distingèrent, et bientôt s'opposèrent à elles. Ce mouvement fut accentué par la destruction de Jérusalem accomplie par Titus, en l'an 70. Jérusalem, centre du judaïsme, était aussi le centre du judéo-christianisme. Jérusalem détruite, le centre du christianisme devint naturellement la capitale de l'Empire, où étaient morts Pierre et Paul. L'évêque de Rome devint alors le chef de l'Église, désormais différente de la Synagogue et bien plus « missionnaire » ou prosélyte.

Dès le IIe siècle, le gouvernement impérial se mit à persécuter les chrétiens. Ce ne fut toutefois pas une extermination systématique. Au début, les empereurs se montrèrent très prudents. On connaît à ce sujet une lettre du gouverneur romain d'Asie Mineure, Pline le Jeune, qui conseille la modération à son chef (et ami) l'empereur Trajan. Puis les persécutions devinrent plus sanglantes. Mais toujours elles restèrent davantage des sortes de « pogroms » que des persécutions de type nazi. (On appelle « pogroms » les massacres de juifs perpétrés dans la Russie des tsars, avec la bienveillance de la police).

Marc Aurèle, dont on a cité les admirables réflexions, fut aussi persécuteur de chrétiens. L'empereur Dèce, en l'an 250, fit délivrer des certificats d'apostasie (*libelli*). Les apostats (*lapsi*) furent nombreux.

Posons-nous la question : pourquoi donc Rome a-t-elle persécuté le christianisme ? Nous devons rappeler que les Romains (à l'exemple d'Alexandre le Grand) se voulaient très tolérants envers les religions. S'ils avaient détruit Jérusalem sous Titus et expulsé les juifs de Palestine sous Hadrien, ce n'était nullement pour des raisons religieuses, mais pour de pures raisons politiques : Israël s'était révolté contre Rome et voulait son indépendance.

Ce problème réglé par l'exil, les communautés juives de la diaspora ne furent pas inquiétées. Le plus beau monument de Rome, encore intact, est d'ailleurs un temple « à tous les dieux » : le Panthéon.

Le christianisme n'a donc pas été persécuté par Rome pour sa théologie. Il le fut à cause de ses idées subversives.

D'abord, la laïcité. Jésus ayant séparé la religion de la politique (Dieu de César), les chrétiens, tout en se voulant – à l'image de l'apôtre Paul – bons citoyens, refusaient de rendre un culte à l'empereur. Or ce culte au « divin César » était le fondement idéologique de l'Empire. C'est sur ce point que Trajan et Pline se consultèrent.

Ensuite, la place de la femme. Nous l'avons dit, Jésus a été le plus féministe des hommes de religion. Il a inventé – les prophètes précédents l'avaient, il est vrai, conseillé – l'égalité des hommes et des femmes. Même si les Églises chrétiennes sont redevenues misogynes, il en reste quelque chose. Il suffit de voyager dans des pays qui n'ont pas été marqués par le christianisme pour s'en rendre compte. Partout, la femme y est dominée et méprisée. Aux Indes, on brûlait les veuves. En Chine, les villageois tuent encore les nouveau-nés de sexe féminin. Toutes les religions traditionnelles enferment la femme. C'était le cas des Grecs, avec leur gynécée, et des Latins. Même si les filles de notables à Rome étaient éduquées et délurées, quand les chrétiens se réunissaient entre hommes et femmes pour l'eucharistie, les Romains y voyaient de la pornographie !

Enfin, la question de l'esclavage. Là, c'était particulièrement grave, car la société romaine tout entière reposait sur l'esclavage. Pourtant, les responsables chrétiens se montrèrent très prudents sur ce sujet. Déjà, ils pratiquaient la casuistique : en principe tous les hommes sont égaux, mais en pratique les esclaves doivent continuer à servir leurs maîtres (on trouve cela dans les épîtres de Paul). Mais le principe même d'une égalité universelle était impensable pour les Romains. Dire que les esclaves étaient des êtres humains comme leurs maîtres sapait les fondements de l'ordre social. La « Déclaration universelle des droits de l'homme », écrite beaucoup plus tard et par des incroyants, au nom de la Révolution française, n'aurait pas été possible hors d'un contexte chrétien. Pour les brahmanes du système des castes, encore aujourd'hui, les hommes ne sauraient être tous égaux. Les Romains pensaient ainsi.

Cependant, on sait depuis Tertullien que « le sang des martyrs est une semence de chrétiens ». Pour réussir, une persécution doit être un génocide; sinon, elle aboutit au résultat inverse de celui recherché par le persécuteur.

Vers l'an 300, les chrétiens étaient devenus tellement nombreux, y compris chez les officiers des légions (voir l'histoire de saint Martin qui partage son manteau), que l'empereur Constantin, par l'édit de Milan (313) crut habile de promulguer une loi de tolérance et de faire semblant de s'être rallié lui-même à la nouvelle religion. En 320, Constantin fonda sur les bords du Bosphore la ville qui porta son nom jusqu'au XX^e^ siècle, Constantinople, et y transféra la capitale.

Le premier empereur vraiment chrétien fut Théodose (379-395). Au cours d'un séjour à Milan, il se vit excommunier par Ambroise, l'évêque de la ville, pour avoir ordonné le massacre de 7000 habitants de Thessalonique insurgée (390). Il se soumit et fit pénitence. Pour la première fois, l'État romain s'inclinait devant le christianisme, et la cruauté d'État devant le droit des gens.

Théodose accomplit un autre acte de grande conséquence : en 395, il partagea l'Empire entre l'Orient et l'Occident, pour des motifs de décentralisation. Cette séparation ne sera jamais réparée. Aujourd'hui encore, la ligne de fracture subsiste précisément à Sarajevo, en Bosnie. À l'ouest, les gens sont latins et utilisent l'alphabet latin; à l'est, ils sont orientaux et utilisent l'alphabet cyrillique. Sur cette frontière, où persiste une zone de fragilité, il y aura souvent des drames. (La guerre de Bosnie est le dernier, mais celle de 14-18 a éclaté justement à Sarajevo.)

Ainsi l'Empire a-t-il fini par devenir chrétien.

Ce faisant, il a peut-être perdu son âme, sa *virtus*. Le christianisme a probablement ramolli Rome.

Cependant, l'Empire a été le lieu de formidables mutations.

L'esprit grec était enfermé dans la cité, et l'esprit juif tournait en rond autour du Temple. Rome répandit l'un et l'autre sur le monde. L'Empire a été l'instrument d'une synthèse entre la civilisation grecque et le génie sémite, entre l'Athénien Socrate et le Nazaréen Jésus.

Et puis les idées romaines étaient usées. Le christianisme, plein de jeunesse et d'inventivité, allait assumer l'héritage du vieux monde. D'ailleurs, on se mit progressivement à compter les années à partir de Jésus-Christ, alors que les Romains les comptaient depuis la fondation de Rome. Certes, d'autres computs subsistèrent (en Chine, au Japon, chez les juifs) et d'autres seront inventés (le calendrier musulman), mais le décompte chrétien est aujourd'hui le calendrier universel.

# Les temps barbares ou l'implosion

Depuis le début des temps historiques, le progrès de l'humanité avait été continuel. L'être humain n'avait pas changé, mais, avec Socrate, Jésus et les sciences chinoise et grecque, le monde avait « progressé » ; cette notion n'impliquant aucun jugement de valeur. Successivement étaient apparus l'alphabet, la géométrie, la philosophie, le droit romain, enfin la tendresse évangélique.

Or, en l'an 410 de notre ère, se produisit un événement incroyable.

Cette année-là, Rome fut prise par les Barbares.

La chute de Rome ouvrit une période terrifiante de l'histoire qui va durer six siècles.

Il faut comprendre que ce que nous appelons le Moyen Âge commence seulement vers l'an 1000. Les spécialistes donnent comme date repère celle du couronnement du roi de France, Hugues Capet, en 987. On dit souvent, pour évoquer une régression, que « l'on revient au Moyen Âge ». C'est stupide ! Le Moyen Âge, ce sont les cathédrales, la puissance et la gloire. On ferait mieux de se référer aux temps mérovingiens, où les rois fainéants régnaient sur des tribus éparses.

De fait, entre 410 et 987, si l'on regarde Paris, il n'y a pas grand chose. Rien entre les thermes de Cluny et les premières abbayes. Pendant six siècles, on n'y a plus construit de monument, d'école, de lieu de culte.

On pourrait croire que toute civilisation avait disparu jusqu'au Xe siècle : affirmation à peine exagérée. L'Empire s'était bien écroulé.

Pas partout, néanmoins. Il subsistait dans les Balkans et en Anatolie, autour de Constantinople. On donne à cette survivance orientale de l'Empire le nom d'empire « byzantin », pour le différencier de l'Antiquité proprement dite. Mais les Byzantins, conscients de la continuité historique, se nommaient eux-mêmes les « Romains ». « Romain » fut aussi le nom de certains de leurs empereurs. Cet empire sera grand : il suffit d'évoquer Justinien (527-565), rassembleur de lois (le code Justinien) et bâtisseur de l'admirable coupole de la basilique Sainte-Sophie (l'architecte en fut Anthémios de Tralles) ; Romain Lécapène (920-944), ou le terrible Basile II le Bulgaroctone (« Tueur de Bulgares ») (958-1025).

L'empire byzantin durera jusqu'aux invasions turques du XVe siècle. Mais, en dehors du monde égéen, qu'il protégea, une vague de barbarie emporta tout. Même la Chine fut alors submergée par les nomades : les « seize royaumes des cinq Barbares ».

L'expression « Invasions barbares » suggère la ruée d'innombrables guerriers, « le couteau entre les dents ». Les Romains et les Chinois appelaient « Barbares » les gens vivant au-delà du *limes* ou de la Grande Muraille. En réalité, ils étaient peu nombreux : des tribus de chasseurs et surtout d'éleveurs qui se déplaçaient de la Baltique à la Mongolie dans la grande steppe eurasienne.

Les Huns, de race jaune, en plein élan vers l'Occident, provoquèrent dans leur ardeur des mouvements en chaîne. Tout le monde a retenu le nom du plus célèbre de leurs chefs : Attila (395-453). Les Huns expliquent les noms et les traits asiatiques de certains Européens : les Hongrois, les Bulgares, quelques Russes (Lénine avait aussi les yeux bridés). Les « Gitans », c'est autre chose : ce ne sont pas des guerriers, mais des sans-caste venus des Indes et qui ont toujours vécu en symbiose au sein des sociétés agricoles.

Rome avait, des siècles durant, su contenir ces tribus. Les Barbares étaient d'ailleurs fascinés par elle. Ne pouvant la conquérir, ils y immigraient. Au IVe siècle, ils s'engageaient dans l'armée romaine, où ils devenaient d'excellents défenseurs de l'Empire.

Pourquoi, alors, la catastrophe de 410? Événement extraordinaire qui fit une impression profonde sur saint Augustin. Rome, en effet, n'avait pas été conquise depuis l'irruption très ancienne des Gaulois, huit siècles plus tôt.

Il faut comprendre qu'à l'époque la supériorité militaire des « civilisés » tenait seulement à leur organisation (à leur « modernité »). Une légion romaine utilisait les mêmes armes que les Barbares germains, mais son commandement et sa discipline lui assuraient à tout coup le succès. Individuellement, les Barbares étaient meilleurs. Et cette supériorité individuelle des nomades sur les sédentaires perdurera jusqu'à l'utilisation par ces derniers, au XVe siècle, de la poudre et des canons.

Qu'une société sédentaire se désorganise, et elle était à

la merci des envahisseurs. Tant qu'elle fut organisée, Rome, avec ses trente légions, repoussa facilement les Barbares dans les ténèbres extérieures. Elle était la plus grande puissance du monde. Elle n'avait pas d'ennemis à sa mesure (si l'on excepte les Perses-Parthes, ennemi héréditaire). L'Empire s'est écroulé parce qu'il s'est autodétruit.

En effet, dès le IIIe siècle, Rome entra en décadence. Nous savons que cette notion est très critiquée, mais nous ne voyons pas par quoi la remplacer.

La décadence fut d'abord civique. Si riche et corrompue fût-elle, la classe dirigeante romaine garda longtemps le sens du bien public, comme nous l'avons constaté en lisant les notes de l'empereur Marc Aurèle. À partir du IVe siècle, elle le perdit. Or, aucune classe dirigeante ne peut résister à l'égoïsme individualiste. Les gouvernants doivent au moins donner l'impression qu'ils s'occupent du bien commun ; mieux, ils doivent s'en occuper réellement s'ils veulent justifier leurs privilèges. Chateaubriand l'a écrit, dans ses *Mémoires d'outre-tombe* d'une manière définitive :

« Une classe dirigeante connaît trois âges successifs : l'âge des supériorités, l'âge des privilèges, l'âge des vanités. Sortie du premier, elle dégénère dans le deuxième et s'éteint dans le troisième. »

Quand une classe dirigeante s'écroule, cela peut entraîner l'écroulement de la société si des dirigeants de remplacement ne sont pas prêts à prendre sa place. Quand la noblesse s'écroula lors de la Révolution française, la bourgeoisie était prête à (et désireuse de) assumer l'État. Rien de tel dans la Rome du Ve siècle.

Les vertus qui avaient fait la puissance de l'Empire et

de ses patriciens – le respect de la loi, le courage militaire, le sens de la grandeur – s'étaient évanouies. L'armée n'existait pour ainsi dire plus. Les Barbares, ne trouvant plus personne devant eux, passèrent le *limes* – non plus comme immigrés, mais en conquérants – et se mirent à violer et à tuer. Ce fut une formidable régression de la civilisation, une espèce d'implosion.

Il faut comprendre que le progrès n'est pas automatique.

Pendant trente-cinq siècles, depuis les pharaons, l'humanité avait progressé ; chaque siècle ayant été plus « moderne » que le précédent. Mais, après 410, tout s'écroula. Quand il n'y eut plus d'État, il n'y eut plus de sécurité. Les paysans, qui ont besoin de paix pour cultiver, fuirent les champs. La famine s'installa. Et, comme une agglomération urbaine ne peut fonctionner sans surplus agricole, les villes si belles de l'empire romain se transformèrent en champs de ruines.

Soulignons que les ruines ne sont pas « naturelles ». On pense trop souvent que les ruines sont le fait de l'usure du temps. Il n'en est rien. Tant qu'une civilisation est vivante, elle entretient ses monuments. Certains temples hindouistes sont toujours en bon état après cinq mille ans. Notre-Dame a été construite il y a sept siècles et paraît « comme neuve ». Les monuments sont éternels quand on les répare. Il y a toujours un échafaudage sur Notre-Dame. Le jour où la cathédrale tombera en ruine, cela voudra dire que notre civilisation aura disparu.

Les magnifiques ruines romaines qui parsèment le bassin méditerranéen ont donc une signification tragique : elles nous rappellent l'implosion de l'Empire. Il est difficile d'imaginer ce que fut la régression des temps barbares.

L'anarchie triompha. Or l'anarchie tue beaucoup plus que la guerre.

Les guerres puniques furent terribles, mais elles n'affectèrent en rien la civilisation. La chute de Rome entraîna la ruine de la société occidentale.

L'anarchie – quand le voisin assassine le voisin, quand il devient impossible de circuler sur les routes sans se faire couper en morceaux – est beaucoup plus destructrice que les batailles rangées.

On sait faire aujourd'hui de la démographie historique. Par exemple, la photographie aérienne nous donne une idée juste des implantations humaines. Or, la Gaule romaine avait environ 10 millions d'habitants. Au VIIe siècle, sous les Mérovingiens, elle n'en comptait plus que 3, et cela sans grande guerre ni épidémie ! La population avait régressé de 70 %. L'insécurité implique la famine, la mort des villes et du commerce.

Quelque chose de semblable se passe peut-être aujourd'hui dans certaines régions d'Afrique. L'ex-Zaïre est extrêmement riche. On y trouve de tout : de l'eau douce en abondance avec le fleuve Congo ; de l'électricité produite par d'immenses barrages ; les agricultures les plus diverses (de plaine ou de montagne) ; une foule de minerais (or, diamants, cuivre), et beaucoup de pétrole. Or ce pays est en train de sombrer dans la misère. Au Rwanda voisin, les Hutus et les Tutsis se sont massacrés sans armes modernes. Partout, à la « courbe du fleuve », l'anarchie a entraîné famine et disparition des écoles.

Il en fut ainsi en Europe (à l'exception de l'empire

byzantin) aux temps mérovingiens. Cette époque est cependant intéressante à connaître.

Si les luttes de Brunehaut et de Frédégonde (VIe siècle) comme les vagues royaumes d'Austrasie et de Neustrie n'ont aucune importance, les Barbares ont laissé leur empreinte sur le monde actuel.

Ils ont donné leurs noms aux nations d'Europe : Huns, Germains et Slaves.

Les Francs, tribu germanique, occupèrent la Gaule, qui s'appelle aujourd'hui la « France », même si le fond de la population y reste celte et si l'on y parle encore une langue latine. Les Vandales déferlèrent jusqu'en Afrique du Nord. Leur nom témoigne de la réputation détestable qu'ils acquirent : destructions et pillages.

Les Angles et les Saxons furent des Germains qui débarquèrent en Grande-Bretagne. Or, aujourd'hui, il est impossible de lire un journal sans y trouver référence aux « Anglo-Saxons », et l'anglais est une langue germanique – très latinisée, il est vrai. L'« Angleterre » naquit à ce moment. Certains Grands-Bretons, afin de fuir les Saxons, allèrent à l'ouest des Gaules pour fonder la petite « Bretagne », y sauvant le gaulois (le breton). L'« Allemagne » perpétue le nom des Alamans. Les Burgondes laissèrent le leur à la Bourgogne, et les Lombards à la Lombardie.

Nous avons déjà évoqué la Hongrie et la Bulgarie asiatisées. Les Slaves léguèrent leur langue à l'est de l'Europe et jusqu'en Bohême.

Certains Barbares n'étaient pas des éleveurs, mais des marins. Les Vikings méritent l'attention. Les Normands – les « hommes du Nord », (*Northmen*) – étaient aussi pilleurs que les autres. « Du péril normand préservenous, Seigneur », dit une prière du temps. Mais ils avaient su perfectionner la galère méditerranéenne. Leurs drakkars, galères à proue de serpent, étaient les navires les plus performants de l'époque. On distingue parmi eux les Suédois, les Norvégiens et les Danois.

Les Suédois vont réussir à remonter puis à descendre les grands fleuves des espaces qui leur faisaient face. Ils leur donneront un nom. On appelait les Suédois les « Rouss », et le pays deviendra la « Russie ». Le commerce entre la Baltique et la mer Noire fut longtemps leur monopole. À Constantinople, sous le nom de « Varègues », ils formeront la garde d'élite de l'empereur byzantin.

Les Danois eurent une immense importance historique. À chaque fois que les commentateurs, à propos de l'Union européenne, qualifient le Danemark de « petit pays », ils montrent qu'ils ignorent tout de l'histoire de l'Europe.

Descendant naturellement vers le sud, les Danois s'établirent dans la province qui porte leur nom, la « Normandie », le pays des hommes du Nord, lequel leur sera concédé par un roi carolingien au traité de Saint-Clair-sur-Epte en 911. Toute la toponymie de Normandie est d'ailleurs danoise, tantôt clairement – le cap de la Hague (et Copenhague) –, tantôt de façon plus camouflée : *Floor* fut latinisé en « fleur », et Honfloor devint Honfleur ; *Beck* en « bec », d'où Caudebec.

Christianisés, les Danois feront plus tard avec Guillaume le Conquérant, en 1066, la conquête de l'Angleterre sur leurs cousins anglo-saxons. La tapisserie de Bayeux, grande BD du temps, raconte cet épisode ; on y voit les drakkars sur le départ. Ils avaient appris le français. Plus tard encore, ils s'établiront en Sicile et en Italie du Sud, où ils fonderont des royaumes. Bien plus : au moment des Croisades, ces farouches Normands deviendront le fer de lance de la chrétienté, et on les retrouvera à Jérusalem !

Les Norvégiens eurent moins de chance. À côté de leur pays ne s'étendaient ni la Russie ni l'Europe, mais les immensités atlantiques. Par le nord, cependant, naviguant d'île en île, ils réussirent à dominer le grand océan.

En Arctique, l'Atlantique se resserre en de multiples rivages. Les Norvégiens, par les îles Féroé, s'installèrent à partir de 865 en Islande, terre déjà connue des navigateurs grecs et romains (*Ultima Thule*), mais inoccupée – à l'exception de quelques moines. Ils y sont toujours, et les Islandais sont leurs descendants. Les Norvégiens avaient amené avec eux des esclaves celtes et de petits chevaux.

D'Islande, un explorateur norvégien, Erik le Rouge, découvrit en 982 une terre immense où il attira quelques centaines de familles. Il la nomma *Groenland*, « Terre verte » – ce qui fut longtemps considéré comme de l'humour noir, jusqu'à ce que les historiens comprennent qu'à cette époque le climat était beaucoup plus chaud qu'aujourd'hui : ce qu'on appelle l'« optimum climatique médiéval ». De fait, les Vikings purent élever des vaches au Groenland et y faire les foins, ce qui serait impossible de nos jours malgré le « réchauffement ». D'ailleurs, il y eut ensuite un « refroidissement », et les Vikings ne purent se maintenir au Groenland, où les Eskimos les remplacèrent.

Du Groenland, les Islandais gagnèrent naturellement

le Labrador, l'estuaire du Saint-Laurent, et peut-être les Caraïbes. Au XVI^e^ siècle, l'empereur aztèque Montezuma racontera à Cortès que les Espagnols avaient été précédés au Mexique, longtemps auparavant, par de grands marins blonds « dont les bateaux avaient des têtes de serpent ». Comment ne pas penser aux drakkars ? Ce sont donc les Norvégiens qui ont découvert l'Amérique, cinq siècles avant Colomb. Mais cette découverte tomba à plat. Bons navigateurs, mais nuls en géographie générale, les Vikings ne virent dans ces côtes que de nouveaux rivages. L'Europe, en pleine anarchie, n'était pas non plus préparée à les suivre. Cependant, les navigateurs se transmirent ces récits dans leurs « portulans » et il semble bien que Colomb en eut connaissance. On constate ici qu'une découverte n'est rien sans un bon environnement mental et économique.

Trop peu nombreux, les Vikings furent absorbés, ou tués par les tribus indiennes. Chassés du Groenland par le refroidissement du climat, les Norvégiens ne purent se maintenir qu'en Islande – où ils tombèrent d'ailleurs rapidement sous la domination danoise, dont les Islandais ne se libérèrent qu'en 1941.

L'effondrement de la civilisation, aux temps barbares, ne fut pas un effondrement définitif. Nous le verrons : dès le IX^e^ siècle, la civilisation renaîtra en Europe occidentale. Car il subsistait l'empire byzantin, qui conservait à Constantinople le trésor de la culture grécoromaine. Il subsistait aussi, en Occident même, l'Église catholique.

Posons seulement une question : si le monde implosait aujourd'hui, qui le reconstruirait ? Où est notre empire byzantin ? où sont nos églises ? Qui conserverait, dans un possible écroulement, le savoir? qui pourrait transmettre le flambeau à de nouveaux mondes?

La civilisation est un miracle; sa reconstruction, un plus grand miracle encore!

Les temps barbares, ces siècles d'anarchie et de massacres, sans écoles ni commerce, presque sans villes (Rome elle-même subsistait, mais ne comptait plus guère que 10 000 habitants, au lieu d'un million, et le Colisée y servait de carrière), ont été une époque épouvantable. Cela ne signifie pas que les hommes y aient toujours été malheureux : le bonheur individuel, celui de petits groupes (comme les Vikings), peut s'accommoder du malheur collectif. Mais ce dernier était grand.

Ce malheur aurait très bien pu ne jamais prendre fin. Encore une fois, soulignons que le progrès n'est pas quelque chose d'automatique.

Il y a une leçon à tirer de l'implosion de l'empire romain : quand une civilisation perd ses raisons d'exister, de combattre, d'avoir des enfants, de les éduquer, de leur transmettre, à eux ou aux immigrants, ses convictions et sa culture, elle peut s'écrouler comme un arbre mort, qui a encore belle apparence mais qu'une simple pichenette suffit à abattre.

Il y eut, au Moyen Âge, une ultime vague d'invasions venues des steppes : celles de Gengis Khan (ou Temudjin) et des Mongols. Gengis, païen nomade, réussit à unir les rapides et redoutables cavaliers de Sibérie, pour la durée de son règne (1115-1227) à partir de Karakorum en Mongolie. Son petit-fils s'installa sur le trône de Chine (où le voyageur vénitien Marco Polo le rencontrera). Mais les Mongols échouèrent devant l'Europe, alors sortie depuis longtemps de l'anarchie.

Ils étaient porteurs du dernier rêve des Barbares (avant l'invention de la poudre à canon). Gengis, à l'inverse de ses prédécesseurs – les chefs nomades germains ou slaves –, n'était pas fasciné par Rome. Il voulait transformer le monde en un immense terrain de chasse. Ce ne fut qu'un songe fulgurant. Son petit-fils Kubilay, devenu grand khan sur le trône de Pékin, se muera en empereur chinois. Quant au rêve de l'« empire des steppes », il se dissipa tout à fait lorsque les canons du tsar de Russie dispersèrent les cavaliers de la « Horde d'or » : avec l'artillerie, les sédentaires avaient définitivement vaincu les nomades!

# Le temps de l'islam

Au nord de l'empire romain vivaient les Germains, les Slaves, les Huns et les Mongols ; sur la rive sud du monde méditerranéen se trouvaient seulement des tribus de Bédouins, en particulier les Arabes de la péninsule Arabique.

Du sud comme du nord, tous ces nomades étaient influencés par l'Empire. Ceux du nord contrôlaient la route des caravanes vers la Chine ; ceux du sud, la route commerciale maritime des Indes au Yémen, puis également caravanière de l'Hadramaout au *limes*.

Mais leurs invasions furent absolument différentes. Pourquoi ?

Les Barbares du nord ne pratiquaient que des religions « faibles ». S'ils contribuèrent au suicide de l'Empire, leur seule idée était de devenir romains (ou chinois à l'Est).

Les Arabes, eux, avaient une religion « forte ». (Les termes « faible » ou « fort » n'impliquant pas de jugement de valeur : par exemple, en physique nucléaire, on parle aussi d'attractions « faibles » ou « fortes ».) Ils ne voulurent pas devenir romains, mais créer un monde nouveau. Leur action fut donc beaucoup plus durable.

En 571 était né à La Mecque, ville caravanière, un homme qui devint entrepreneur de caravanes pour le compte d'une riche veuve, Khadidja.

Vers la quarantaine, cet homme, Mahomet, eut une crise mystique. Il ne supportait plus les idolâtries des gens de La Mecque. Dans ses voyages il avait connu des juifs et des chrétiens, et la religion de ses ancêtres ne lui convenait plus du tout. Il était devenu monothéiste. Il essaya en vain de convertir les habitants de l'oasis. Mal reçu, il prit la fuite avec une dizaine de compagnons, à travers le désert, vers Médine. Là, il put convertir les citadins.

Ce départ de la ville idolâtre pour le désert, au nom du Dieu unique, s'appelle l'Hégire. C'est aussi l'origine de la chronologie musulmane, qui commence donc avec l'Hégire en l'an 622. Mahomet est l'auteur (direct ou indirect) du livre saint de l'islam, écrit sous la dictée de Dieu : le Coran.

En 630, le Prophète revint victorieux à La Mecque.

Les Mecquois idolâtres adoraient en cette ville une pierre noire, objet de profitables pèlerinages. Mahomet eut l'intelligence de récupérer ce culte païen (exactement comme l'Église catholique récupéra les temples des idoles). Ainsi, au cœur sacré du monothéisme le plus rigoureux, on continue de vénérer une ex-idole.

Mahomet mourut en pleine gloire, à La Mecque, en juin 632.

Le génie du Prophète fut de présenter une sorte de « kit » de judéo-christianisme.

Mahomet, quoique venu mille ans après lui, ressemble en effet beaucoup au prophète Abraham. Les deux hommes vivaient sur les rives du même désert –

Our en Chaldée, La Mecque au Hedjaz –, et l'idée d'un Dieu unique naît plus facilement au désert que dans la forêt polythéiste. Ils quittèrent l'un et l'autre la ville idolâtre à l'appel de Dieu. *El* est un nom sémitique de Dieu : *Alleluia* juif, *Allah* musulman.

L'islam est une sorte de judaïsme des origines, universalisé cependant puisque sa loi n'est pas destinée à un seul peuple, mais à tout l'univers. Du christianisme, Mahomet retint l'histoire de Jésus, considéré comme un prophète, et de Marie, vénérée. L'islam se présente ainsi comme le successeur du judaïsme et du christianisme. Pourtant, Mahomet vivait dans un temps mental très antérieur à celui des prophètes juifs, *a fortiori* à celui des « Béatitudes ». Cette annexion du judéo-christianisme fut son coup de génie.

Mahomet sut créer une religion simple. Il est facile de devenir musulman. Il suffit de prononcer devant témoin la *chahada* (profession de foi) : « J'atteste qu'il n'y a de dieu que Dieu et que Mahomet est son prophète. » Du judaïsme, l'islam a repris les interdits alimentaires (le *hallal* remplaçant la *cacherout* dans la même obsession de la viande de porc), en y ajoutant toutefois la prohibition de l'alcool (un mot arabe pourtant !).

Mahomet fut le seul fondateur de religion qui ait été en même temps un chef politique et un chef de guerre, les trois fonctions étant habituellement séparées. Il fonda non seulement une religion, mais encore un État, unifiant les tribus arabes jusqu'alors toujours divisées, et il commanda les armées.

Nous avons constaté que la supériorité des sédentaires sur les nomades résidait seulement dans l'organisation. Or, outre une forte idéologie, Mahomet donna aux

Arabes l'organisation. De plus, dans l'islam, l'empereur est en même temps le pape. On y ignore la séparation des pouvoirs civil et religieux. La « lutte du sacerdoce et de l'empire » y est inconcevable. Aujourd'hui encore, par exemple, le sultan du Maroc est aussi le « commandeur des croyants ».

Le Coran estime légitime de conquérir à la vraie religion de nouveaux espaces par les armes. La « guerre sainte », le *djihad*, est bien originelle à l'islam – de nombreux versets du Coran l'attestent. Certes, on y trouve aussi : « Pas de contrainte en religion », mais cette tolérance ne concerne que les croyants des religions reconnues par Mahomet : juifs et chrétiens, qui peuvent garder leur foi sous commandement musulman à condition d'accepter un statut inférieur (celui de *dhimmi*) et de payer l'impôt. Mais aucune place n'est prévue pour les polythéistes et les païens.

Mahomet divisait le monde en trois parties : le *Dar el-islam* (le monde sous commandement musulman, celui de la paix) ; le monde de la trêve (possible avec les chrétiens et les juifs), et le monde de la guerre (avec les païens). La guerre sainte est de fondation dans l'islam. Ses théologiens et ses mystiques ont su expliquer plus tard que le *djihad* pouvait être aussi une ascèse spirituelle. L'islam est une religion de héros (plus que de martyrs). Immédiatement après la mort du Prophète, la formidable force qu'il avait créée va se lancer à la conquête du monde.

Après Mahomet, le pouvoir fut assumé par les premiers califes – dans l'ordre : Abou Bakr, Omar, Othman et Ali (ce dernier avait épousé Fatima, l'une des filles du Prophète). Mais l'hérédité du pouvoir califal fut contestée. En janvier 661, Ali fut assassiné : une partie des musulmans voulurent rester fidèles à sa lignée, provoquant ainsi le schisme chiite.

Ensuite, la capitale arabe se transporta en Syrie, conquise sur les Byzantins, avec la dynastie des Omeyyades (qui régna de 650 à 750). L'Égypte avait été occupée en 639, et Le Caire fondé près de l'ancienne Memphis. L'Afrique du Nord fut soumise dès 707 (avec la construction de Kairouan). En 712, les Arabes passèrent en Espagne. Le détroit de Gibraltar n'est autre que le Djebel el-Tarik, du nom d'un chef berbère. Bientôt, les cavaliers d'Allah dépassèrent les Pyrénées à l'ouest.

À l'est, les armées arabes subjuguèrent facilement la Perse sassanide. Cependant, le monde iranien, voulant garder son originalité, adopta le chiisme et réussit à iraniser quelque peu l'islam.

Les cavaliers arabes semblaient invincibles, d'autant plus qu'ils n'apportaient pas avec eux l'anarchie, mais un ordre nouveau.

Ils se souciaient peu de conserver le passé. Par exemple, les magnifiques villes romaines de Libye ou de Syrie (Leptis Magna, Palmyre) furent abandonnées. Les monuments égyptiens aussi. L'architecture pharaonique était restée « comme neuve » jusqu'à leur arrivée au VIIe siècle. Malgré la perte de son indépendance, l'Égypte avait gardé jusque-là sa civilisation. Les rois grecs, les empereurs romains ou byzantins y construisaient des temples à l'identique. Tout s'écroula avec les nouveaux maîtres. Non qu'ils fussent indifférents à l'art : à Damas, à Cordoue, à Grenade, ils édifièrent des mosquées et des palais sublimes, mais ils méprisaient tout ce qui s'était passé avant Mahomet.

Avec eux, comme l'a souligné l'historien Henri Pirenne, le monde méditerranéen, uni pendant cinq siècles par l'empire romain, se cassa en deux – et il le reste aujourd'hui ! On peut même dire qu'il existe aujourd'hui trois Méditerranées : deux au nord (la latine catholique à l'ouest et la byzantine orthodoxe à l'est) et une au sud (l'arabo-musulmane, qui ne parle plus le grec ou le latin, mais l'arabe).

De nos jours, la Méditerranée est une mer d'affrontement, et non plus une mer d'unité.

La chevauchée arabe semblait irrésistible. Elle fut cependant arrêtée au VIIIe siècle.

D'abord, devant Constantinople, en l'an 717, par l'armée et la marine byzantines. Les Byzantins repoussèrent les Arabes jusqu'aux monts Taurus (où la frontière s'établit pour des siècles), non sans subir l'influence musulmane – dont témoigne la querelle de l'iconoclasme. L'islam prohibe en effet le culte des images. Les empereurs byzantins furent tentés d'en faire autant, jusqu'à ce que leur théologiens leur fassent remarquer que, Dieu s'étant fait homme en Jésus, il était légitime de représenter les visages.

Ensuite, aux environs de Poitiers, en 732, par la cavalerie lourde des envahisseurs francs. Les combats de Poitiers (même si on les situe approximativement et s'ils ne constituèrent pas l'immense bataille que les chroniqueurs des deux camps grossirent par souci de propagande) ne sauraient être contestés.

Les Francs l'emportèrent. Pourquoi ? Parce que ces Germains montaient de lourds chevaux de labour (des percherons) et qu'ils utilisaient les étriers. Les Arabes, qui montaient encore à l'ancienne sur de petits chevaux, vinrent s'écraser contre le « mur de fer » de la cavalerie de Charles Martel (« mur de fer » : l'expression est tirée des chroniques arabes).

Il est vrai aussi que les Francs combattaient près de la Somme et du Rhin, alors que les Arabes se trouvaient fort éloignés de l'Arabie. Clausewitz expliquera que l'armée qui combat loin de ses bases est désavantagée.

Il serait d'ailleurs inexact d'interpréter la victoire du chef franc Charles Martel comme une victoire de la civilisation sur la barbarie.

À cette époque encore mérovingienne, les Francs étaient certainement plus barbares que les Arabes (seulement, ils étaient intimidés par la civilisation romaine – contrairement aux Arabes). Poitiers fut en fait la bataille des Barbares du nord contre les nomades du sud, unifiés par l'islam.

À partir de 750, le risque diminua pour l'Occident chrétien. En effet, la dynastie des Omeyyades perdit le pouvoir, et celle des Abbassides (descendants d'El-Abbas, un oncle de Mahomet) lui succéda. Or, les Abbassides transférèrent la capitale de l'empire de Damas à Bagdad, sur le Tigre : l'adversaire s'éloignait. Les Abbassides, qui régnèrent de 751 à 945, furent d'ailleurs moins guerriers que les Omeyyades. Leur souverain le plus connu fut le célèbre Haroun el-Rachid, qui gouverna Bagdad de 768 à 809 en un long règne fastueux (c'est l'époque des *Mille et Une Nuits*).

L'empire arabe connut là son apogée, malgré quelques dissidences (par exemple, l'Espagne musulmane resta omeyyade) et malgré aussi quelques dissonances. En vertu du statut de « dhimmitude » à eux accordé par le Prophète, juifs et chrétiens restèrent nombreux dans le *Dar el-islam.* Ils le sont encore aujourd'hui au Proche-Orient (des millions), en Égypte (les coptes), en Syrie, en Palestine, en Irak (le ministre des Affaires étrangères de Saddam Hussein était chrétien). Obstinément attachés à leur culture, les Iraniens continuèrent (et continuent) à parler persan. Ainsi l'islam se dissocia-t-il de l'arabité.

L'arabe est la langue sacrée et liturgique, mais aujourd'hui la grande majorité des musulmans ne sont plus arabes et ne parlent plus arabe.

Cependant, au IXe siècle, le *Dar el-islam* s'étendait des Pyrénées à l'Afghanistan. Les invasions musulmanes commencèrent aux Indes vers l'an 1000.

À cette époque, Mahmoud de Gazni (en Afghanistan) entreprit la conquête de tout le bassin de l'Indus, le fleuve originel des Indiens, puis celle de la vallée du Gange, le fleuve sacré de l'hindouisme.

Cette conquête-là fut extraordinairement violente. Elle fut l'œuvre de Tamerlan ou Timour Lang (1336-1405). Acclamé empereur musulman, il envahit les Indes en 1398. Pourquoi cette violence? Parce que le Coran n'avait pas prévu de statut pour les hindous, lesquels, selon les catégories musulmanes, n'étaient que des idolâtres!

L'empire moghol (à distinguer des Mongols de Gengis Khan, complètement païens) fonda aux Indes des villes comme Lahore et eut de grands souverains, comme Akbar (1542-1605), qui réussirent à unifier le sous-continent. Mais l'islam se heurta toujours au problème de l'hindouisme, qu'il ne savait comment traiter.

Religion « forte », et même très forte, l'islam n'est pas une religion « attrape-tout » comme le christianisme. Il suscite donc des allergies considérables à ses frontières. Aujourd'hui encore, les tensions sont extrêmement vives entre le Pakistan musulman et l'Inde hindouiste : guerre au Cachemire, attentats réciproques, massacres d'infidèles d'un côté et démolitions de mosquées de l'autre.

Il faut comprendre que le sous-continent met aux prises le monothéisme absolu de l'islam avec le polythéisme enveloppant, « fort » à sa manière, du brahmanisme. Il n'est pas étonnant que cela fasse des étincelles !

Il n'en fut pas de même en Chine. Jamais l'islam ne put s'y imposer. Et ce, pour une raison toute simple et presque triviale : la Chine est la civilisation du cochon, et jamais les Chinois ne renonceront à manger du porc ! Il y a certes des minorités musulmanes en Chine, mais sur les marges.

À l'issue de cette immense et séculaire aventure, nous pouvons constater la force d'entraînement de l'islam, sa force militaire aussi (partout, les conversions suivirent les cavaliers d'Allah – à l'exception de l'Indonésie, où la religion du Prophète fut transmise par des commerçants-navigateurs, dont l'archétype est Simbad le Marin), et sa grandeur qu'attestent de magnifiques monuments.

Cependant, l'islam fut une religion de rupture, entraînant l'oubli et le refoulement du passé, comme ce fut le cas en Égypte.

Il ne réussit pas non plus (à l'exception, encore une fois, du monde très particulier du commerce malais ou indonésien) à sortir durablement de sa « niche écologique » originelle, celle du Sahel, dont l'islam occupe l'écharpe géographique du Maroc au Penjab. L'humidité, la pluie, le faisaient reculer.

C'est l'un des grands enjeux de l'histoire contemporaine : l'islam va-t-il pouvoir rompre avec cette sorte de fatalité spatiale, aujourd'hui où l'immigration a mené des millions de musulmans en Europe du Nord et aux Amériques ? Le jeûne du Ramadan était prévu pour des pays où alternent le jour et la nuit (on ne mange pas le jour, on mange la nuit). Au nord du cercle polaire où il n'y a pas de nuit l'été, comment faire ? Or, certains théologiens musulmans ont trouvé une réponse à cette question – signe d'espoir.

Il ne faut pas oublier non plus que l'islam a connu un mouvement mystique : le soufisme. Al-Ghazali (1058-1111) fut le grand maître du soufisme, spiritualité surtout iranienne, mal vue et réprimée par les sultans sunnites.

Tout à fait en marge du *Dar el-islam*, au sud de l'Arabie, dans leurs montagnes élevées et bien arrosées, les Yéménites devinrent musulmans, mais en résistant opiniâtrement à tous les empires successifs de l'islam. Ils restèrent indépendants dans les massifs sauvages du Yémen, pourtant assez proches de La Mecque. On ne saurait, dans la même péninsule, trouver de contraste plus accusé qu'entre les Bédouins du désert (cavaliers d'Allah) et les montagnards yéménites, paysans exploitant des milliers de terrasses agricoles et bâtisseurs de belles villes préarabiques (très hautes maisons, pas de cour !). Entre les nomades de Mahomet et les montagnards qui maintinrent, sous un islam superficiel, la vieille civilisation sud-arabique de la reine de Saba, l'opposition est totale. Même les Turcs échouèrent devant Sanaa.

# Le Moyen Âge ou la reconstruction du monde. Les croisades

Au VIII^e siècle, en Occident, le désordre régnait. À Rome seulement la vie urbaine continuait, petitement, à cause de la papauté. Mais, au milieu de l'anarchie mérovingienne, l'Église catholique subsistait. Les envahisseurs germains ou slaves n'avaient pas, à l'inverse des Arabes de Mahomet, de « forte » religion ; très superstitieux, ils respectaient en général les religieux chrétiens, prêtres, moines et évêques, qu'ils assimilaient à leurs chamans. L'Église, qui conservait dans ses monastères les manuscrits de la culture antique et se proclamait « romaine », entreprit d'évangéliser les Barbares et de reconstruire la civilisation. Elle s'y employa par le haut et par le bas.

« Par le haut », en mettant la main sur les chefs. L'exemple le plus connu est celui du roi franc Clovis. On poussa dans son lit une belle chrétienne, Clotilde, et en l'an 498 l'évêque de Reims, Remy, baptisa le roi avec des centaines de ses guerriers. Ainsi les Francs devinrent-ils catholiques et protégés par la papauté.

Les Mérovingiens étant vraiment trop nuls, Rome encouragea la prise du pouvoir par Pépin le Bref, fils de Charles Martel, et surtout soutint à fond son successeur, le fameux Charlemagne (742-814). Ainsi les Carolingiens se substituèrent-ils aux Mérovingiens.

En l'an 800, le pape Léon III fit venir Charles à Rome, où il le couronna « empereur d'Occident ». Charles le Grand fit la conquête de l'Europe de l'Ouest jusqu'à l'Oder. Il gouvernait depuis sa villa d'Aix-la-Chapelle. Mais, après sa mort, le domaine fut partagé entre ses petits-fils comme s'il se fût agi d'une propriété privée.

En l'an 843, Louis le Pieux, par le traité de Verdun, le divisa en trois : Louis le Germanique reçut la Germanie à l'est du Rhin ; Lothaire, les pays situés entre la mer du Nord et Rome (où le pape avait obtenu un État, embryon des États pontificaux qui dureront jusqu'en 1870) ; et Charles le Chauve, à l'ouest de la Meuse, de la Saône et du Rhône, la région qui s'appela ensuite la France, le traité de Verdun en étant l'acte de naissance officiel.

Ces Carolingiens n'avaient pas le sens de l'État. Charlemagne restait un Barbare à demi illettré. Sa bonne réputation, qui lui vient de l'Église, est très exagérée.

Les fédéralistes européens ont tendance à comparer l'actuelle « Union européenne » et l'empire de Charlemagne. Ils pourraient trouver mieux ! Le domaine de Charles restait barbare. Quand Charlemagne voulut demander la main d'Irène, impératrice des Romains de Constantinople, ce fut un éclat de rire général à la cour byzantine : un peu comme si Mobutu avait demandé la reine d'Angleterre en mariage !

En fait, l'Église n'était pas dupe. Bien sûr, le roi de Germanie, Otton I^er^, continuait à rêver d'une reconstitution de l'empire carolingien. Il obtint du pape, en l'an

962, la couronne impériale, fondant ainsi le « Saint Empire romain germanique ». Mais ce titre impérial fut un malheur pour l'Italie, durablement divisée entre « Gibelins », partisans du roi allemand, et « Guelfes », opposés à cette espèce d'« Axe » médiéval. Surtout, l'idéal du Saint Empire a été un facteur de faiblesse pour les Allemands. À cause du rêve impérial, ils dispersèrent leurs forces en ambitions excessives au lieu de les consacrer à leur pays.

En réalité, l'Église préféra soutenir des monarchies locales. En 987, le duc de France, Hugues Capet, fut élu roi de France et choisit Paris pour capitale. Un siècle plus tard, en 1066, un seigneur viking francisé, Guillaume le Conquérant, devint roi d'Angleterre (voilà pourquoi la devise de la monarchie anglaise : « Dieu et mon droit », est en français). Les États nationaux émergeaient, avec leurs langues « vulgaires » (populaires) : le français, l'anglais, l'allemand, à côté du latin. En l'an 1000, Étienne Ier devint roi de Hongrie par choix du pape et, en 1034, Casimir Ier installa à Cracovie le royaume de Pologne.

Mais l'Église agissait surtout « par le bas », au niveau le plus local. Elle sut persuader les chefs germains ou slaves d'envoyer leurs enfants dans ses écoles. Là, les moines leur apprenaient à lire et à écrire en latin, et leur dispensaient une forte éducation civique : ne pas tuer les ecclésiastiques, ni les femmes et les enfants. Les moines firent comprendre à ces jeunes gens qu'il était plus habile de prélever des impôts sur les paysans que de manger leur blé en herbe, et plus rentable de taxer les commerçants que de les couper en morceaux. Les évêques ne dépréciaient pas la force virile de ces jeunes seigneurs ; ils leur enseignaient à mettre la force au service du bien – « de la veuve et de l'orphelin ». La transformation de ces brigands en « chevaliers » fut la grande réussite historique de l'Église catholique.

Le chevalier (qui chevauche un grand cheval de guerre, d'où l'expression « monter sur ses grands chevaux ») protège (dans l'idéal – en fait il y eut beaucoup de violences, mais l'idéal finit par conformer ceux qui le partagent) le paysan au lieu de le tuer. Cuirassé, appuyé sur ses étriers (une invention médiévale), il est invincible. Le chevalier honore les dames au lieu de les violer. Il a des droits (seigneuriaux), mais aussi des devoirs : rendre bonne justice, faire régner la paix dans son « ban ». La « banlieue » est le territoire dans lequel règne la loi (il est amusant de constater que ce terme évoque aujourd'hui le contraire !), le lieu du ban (et de l'arrière-ban). Le « forban » comme le « bandit » ou le « banni » sont exclus du ban.

Dans le château fort du seigneur, on distingue la « haute-cour », dans laquelle il rend justice, de la « basse-cour », accessible à tous. Le seigneur lui-même doit l'« hommage » au roi (de France, d'Angleterre, de Hongrie, etc.). À partir du monde rural, la féodalité restaure le droit. Comme les commerçants peuvent à nouveau commercer, les villes renaissent. Le pape réside à Rome ; les rois, à Paris, Londres, Cracovie... Le pouvoir politique est enfin distingué du pouvoir spirituel. La « querelle du sacerdoce et de l'empire », inconcevable pour un musulman, le prouve. Le prestige de la papauté était si grand qu'un empereur germanique, Henri IV, dut venir en chemise implorer le pardon du pape à Canossa (janvier 1077) – ce qui ne l'empêcha pas de continuer à s'opposer à l'Église par la suite.

Les papes de cette époque furent des géants : Grégoire VII (1073-1085), Innocent III (1160-1216), mais les rois furent fort laïcs. Les ordres religieux quittèrent leurs monastères pour s'en aller sur les grands chemins (la sécurité était revenue). Dominicains et franciscains contribuèrent efficacement à la transformation des mœurs. François d'Assise (1181-1226) retrouva notamment des accents presque évangéliques – « le seul disciple que le Christ ait jamais eu », dira de lui Nietzsche.

L'hégémonie (pas l'empire) appartenait à la couronne de France : à Bouvines, en 1214, Philippe Auguste (1165-1223) battit l'empereur germanique. Saint Louis (Louis IX, 1226-1270) incarna l'idéal du roi chrétien, rendant la justice et assurant la paix; Philippe le Bel (1285-1314), celui du souverain laïc et politique, dont les légistes se réclamaient du droit romain.

Ainsi, vers l'an 1000, les « temps barbares » sont terminés. Commence alors le « Moyen Âge », qui, contrairement au lieu commun, peut rivaliser en civilisation avec l'Antiquité. Mais, de la chute de Rome (410) au couronnement du premier Capétien (987), il avait fallu cinq siècles pour faire repartir la civilisation.

Le système féodal était, par certains côtés, inférieur au système romain : le sens de l'État y était moins fort, remplacé par les chaînes de vassalités qui allaient des petits seigneurs aux rois. Par d'autres, il lui était comparable ou même supérieur.

La reconstruction médiévale bénéficia d'ailleurs d'une longue période chaude et propice aux moissons que nous avons signalée à propos du Groenland. L'« optimum climatique » dura jusqu'à la fin du XIIIe siècle.

L'agriculture en profita, en même temps que de la sécurité revenue. Grâce à la paix, le commerce international reprit (les foires de Champagne). Les villes purent renaître et beaucoup de « villes neuves » virent le jour. Les capitales royales ou ecclésiastiques (Paris, Londres, Vienne, Rome) et les grandes cités marchandes (Gênes ou Venise) dépassèrent les 100 000 habitants. On en revint aux chiffres de l'Antiquité ; de même, la population globale explosa. La France médiévale compta entre 10 et 15 millions d'habitants.

Une extraordinaire architecture, digne de l'antique mais de conception nouvelle, naquit alors. D'abord copiée sur celle de Byzance, et pour cette raison appelée « romane » (romaine), elle trouva ses formules originales. Ce fut l'âge des cathédrales. Autour de Notre-Dame de Paris, on en recense des dizaines (75 en France et 350 en Europe) : Amiens, Sens, Chartres, Reims, Bourges, etc.

Quand on regarde la nef de Notre-Dame, au bord de la Seine, on comprend que la construction de tels monuments demandait la paix, beaucoup d'argent et d'immenses connaissances techniques. Au même moment, l'Europe se couvrait « d'une floraison de milliers et de milliers de blanches églises », disent les chroniques, mais aussi de châteaux forts, de halles et de palais. Nos paysages actuels, en Europe, restent aujourd'hui largement marqués par le Moyen Âge. Et ces architectures ne sont pas en ruine (à l'exception des châteaux forts démantelés par les rois pour des motifs politiques) : preuve que, depuis, la civilisation ne s'est pas à nouveau écroulée.

Au centre de Paris, par exemple, dans l'île de la Cité, le palais royal (aujourd'hui Palais de Justice) et la cathédrale. Au nord de la Seine, dans un marais asséché (le Marais), la cité des marchands et l'Hôtel de Ville. Sur la plage – la grève –, devant la maison commune, s'assemblaient les artisans et ouvriers mécontents, d'où l'expression « faire grève ». Au sud du fleuve, de vastes couvents et l'université, le Quartier latin (parce que les étudiants parlaient latin). Les évêques ouvraient en effet dans les grandes cités des écoles ecclésiastiques où l'on étudiait à nouveau les arts et les sciences. Les maîtres y étaient célèbres et savants, et les étudiants (les « escoliers ») nombreux et turbulents. Comme l'écrit Villon : « Eh! Dieu, si j'eusse estudié / Au temps de ma jeunesse folle / Et à bonnes mœurs dédié / J'eusse maison et couche molle. / Mais quoi? je fuyais l'escole / Comme fait le mauvais enfant. / En escrivant cette parole / A peu que le cœur ne me fend. »

Grâce aux universités, le Moyen Âge fut une époque de grandes découvertes scientifiques ou techniques. On y inventa la charrue à socle, qui remplaça avantageusement l'araire antique, car elle labourait plus profond. On y inventa la cheminée : si curieux que cela puisse paraître, les Romains ne la connaissaient pas et enfumaient leurs palais avec leurs braseros, d'où l'habitude de recenser la population par le nombre des cheminées : les « feux ». On y inventa l'assolement, qui consiste à alterner les cultures selon la longueur des racines.

L'agriculture médiévale se révéla plus productive, beaucoup moins « fragile », que l'agriculture antique. Le collier d'épaule permit d'utiliser la force des chevaux, que les Anciens attelaient par le cou – aussi ne pouvaient-ils tirer sans s'étrangler. L'étrier changea la cavalerie légère de l'Antiquité en cavalerie lourde, permettant au cavalier (chevalier) de charger sans être désarçonné.

Le Moyen Âge emprunta aux Chinois la boussole et la poudre. Il fondit les premiers canons. S'il exista un miracle grec, on peut aussi parler d'un « miracle médiéval ».

Le Moyen Âge fut supérieur à l'Antiquité pour les droits de l'homme. L'esclavage y subsistait, mais n'était plus que marginal. Contrairement aux idées reçues, les paysans – les serfs – n'étaient pas des esclaves : ils avaient beaucoup de devoirs, mais aussi des droits. La plupart des hommes du Moyen Âge étaient des hommes libres.

Mais, surtout, la chrétienté médiévale inventa la femme au XIII^e^ siècle.

L'idée de courtoisie, d'amour courtois, vient de la cour des châteaux forts. Les chevaliers avaient appris à « faire la cour » aux femmes, à les séduire, à obtenir leurs faveurs; le viol étant devenu un acte méprisable. Les romans de chevalerie sont illustrés d'amours platoniques, de *Lancelot du Lac* à *Don Quichotte.*

Voici donc la première civilisation dans laquelle la femme fait des études. Elle ne sert plus la table des hommes, elle la « préside ». Elle désigne même le vainqueur dans les « tournois ». Tout chevalier se doit de « rendre hommage » à la « dame de ses pensées ». Les lettres d'amour entre hommes et femmes s'écrivent enfin.

De plus, l'Église chercha à interdire le mariage précoce. Le Grec antique, nous l'avons dit, épousait une gamine illettrée de treize ans. Le notable médiéval, une fille de son âge, souvent cultivée. Nous avons souligné qu'en dehors du monde judéo-chrétien la femme était, et est aujourd'hui encore, opprimée. On la voile en Islam (où le mariage pubertaire est de règle), on la tue bébé en Chine.

L'exemple annonciateur de cette révolution (car c'en est une pour la moitié féminine de l'humanité) fut l'amour célèbre d'Abélard pour Héloïse – il faudrait d'ailleurs plutôt dire d'Héloïse pour Abélard. Celui-ci était le plus grand professeur de son temps et enseignait, en particulier à Paris, dans les premières années du XIIe siècle. Il avait trente-sept ans quand il séduisit une étudiante de dix-sept ans, Héloïse, chez l'oncle duquel il logeait. Héloïse, de bonne famille et immensément cultivée, lisait le latin, le grec et l'hébreu. Ils eurent un fils, « Astrolabe », mais Abélard voulut que leur mariage restât secret. Furieux, l'oncle tuteur paya des châtreurs de cochons pour émasculer Abélard (il fut condamné pour ce crime). Le professeur poursuivit son enseignement et Héloïse devint abbesse dans un couvent. Ils continuèrent à s'écrire. La lettre qui suit est une magnifique missive rédigée par Héloïse, longtemps après. L'envoi en est sublime – et le texte à l'avenant :

« À son seigneur, ou plutôt à son père – À son époux, ou plutôt à son frère – sa servante, ou plutôt sa fille – son épouse, ou plutôt sa sœur – À Abélard, Héloïse.

« Si Auguste, le maître de l'univers, m'avait jugée digne d'être son épouse, j'aurais trouvé plus précieux de pouvoir être appelée ta putain plutôt que son impératrice.

« Quel roi, quel savant pouvait égaler ta renommée? Quelle ville n'entrait en effervescence pour te voir? Tout le monde se précipitait et cherchait à te suivre des yeux, cou tendu, quand tu te montrais en public. Quelle femme mariée, quelle jeune fille ne te désirait en ton absence et ne brûlait en ta présence ? Quelle reine, quelle grande dame ne jalousait mes joies et mon lit ?

« Tu possédais un don qui manque totalement en général aux philosophes : tu savais composer des vers et les chanter. Tu as laissé de nombreuses chansons, plus universellement connues que des traités savants, par les illettrés eux-mêmes. Grâce à elles, le grand public connaît ton nom. Comme beaucoup de ces vers chantaient nos amours, ces chansons répandirent mon nom en même temps que le tien et excitèrent contre moi la jalousie de nombreuses femmes.

« Ces voluptés chères aux amants que nous avons goûtées ensemble me furent douces. Aujourd'hui encore, je ne puis les chasser de ma mémoire. Elles s'y imposent avec les désirs qui les accompagnent. En pleine liturgie, alors que la prière doit être la plus pure, je m'abandonne encore à elles. Je soupire après les plaisirs perdus. Je les revis... »

Il faut se rappeler que cette lettre fut écrite par une abbesse ! La religion médiévale n'était absolument pas puritaine. Villon a chanté Héloïse dans sa *Ballade des dames du temps jadis* : « Où est la très sage Héloïse / Pour qui fut châtré et puis moine / Pierre Abélard à Saint-Denis / [...] Mais où sont les neiges d'antan ? »

En Italie, Dante exalta la figure féminine de Béatrice dans son chef-d'œuvre métaphysique, la *Divine Comédie* (1516).

Ce siècle féminin fut aussi celui des croisades.

Les Arabes étaient devenus pacifiques (avec les Abbassides), mais, vers l'an 1000, des nomades asiatiques convertis à l'islam, les Turcs, prirent le pouvoir à Bagdad et redonnèrent aux musulmans l'ardeur conquérante des premiers temps. Les pèlerinages chrétiens devinrent difficiles à Jérusalem.

Surtout, en 1071, à Manzikert, les Turcs écrasèrent les armées byzantines et envahirent l'Anatolie, jusque-là préservée. L'Asie Mineure grecque devint alors la « Turquie ».

L'empereur d'Orient, Alexis Comnène (1081-1118) – dont la fille raconta la vie glorieuse dans une magnifique biographie, l'*Alexiade* –, appela fort naturellement à son secours les chrétiens d'Occident. Le pape Urbain II accéda à sa demande et prêcha à Clermont la croisade en 1095. (Ceux qui partaient portaient une croix.) La croisade des chevaliers, à laquelle les rois s'abstinrent de participer (Saint Louis et Frédéric Barberousse seront des exceptions), se mit en route sous le commandement de Godefroy de Bouillon et des ducs occitans et normands. Elle reconquit l'Anatolie occidentale pour le compte des Byzantins, puis, débouchant en Syrie, réussit à s'emparer de Jérusalem le 15 juillet 1099, en y massacrant les habitants. Un royaume latin de Jérusalem fut alors créé.

Les paysans syriens, musulmans ou chrétiens, ne furent pas chassés de leurs terres. Le royaume chrétien resta une affaire de chevaliers, et manqua vite de soldats. Pour y suppléer, on fonda ces ordres peu ordinaires de moines-guerriers que furent les Hospitaliers en 1113 et les Templiers en 1118. Ce sont eux qui firent construire les formidables châteaux forts que l'on peut toujours admirer en Syrie et en Jordanie – encore debout, car ils ne furent jamais pris d'assaut, mais évacués par traité, et il ne se trouva pas de roi pour les démanteler (comme en France). Signalons en particulier l'imposant « Krak des Chevaliers ». Mais le royaume latin, faute d'immigration européenne, resta fragile.

En 1187, le sultan ayyubide d'Égypte et de Syrie, Saladin (de son vrai nom Salah el-Din, 1138-1193), écrasa les croisés en Galilée, puis reprit la ville sainte, au nom de l'islam. Les rois d'Occident firent alors semblant d'intervenir, tels le Français Philippe Auguste et l'Anglais Richard Cœur de Lion. Mais ils ne pensaient qu'à leurs royaumes et les regagnèrent vite sans reprendre Jérusalem. Le seul motivé était l'empereur germanique, Frédéric Barberousse, qui se noya dans un fleuve de Cilicie en 1190.

Les croisades traînent avec elles une fort mauvaise réputation que leur fabriquèrent, non pas tellement les musulmans – Saladin et Cœur de Lion faisaient partie du même univers guerrier et se respectaient (Salah el-Din avait d'ailleurs fréquenté des écoles chrétiennes) –, mais les historiens de l'Europe moderne fascinés par l'islam, les « orientalistes ».

En réalité, la notion de « guerre sainte » n'a pas été inventée par le christianisme, mais, nous l'avons dit, par l'islam – le *djihad* – quatre siècles plus tôt. C'est ennuyeux, mais indiscutable. Et il fallut beaucoup de casuistique aux théologiens catholiques pour l'utiliser. De plus, rappelons que la première croisade fut une guerre défensive, à l'appel de l'empereur byzantin menacé et envahi – une contre-offensive victorieuse, plus exactement. D'ailleurs, en un siècle, l'Islam rétablit son pouvoir au Proche-Orient.

Si les croisades se couvrirent de honte, ce ne fut pas tant contre les musulmans, mais contre les juifs et les chrétiens d'Orient.

En l'an 1204, en effet, la quatrième croisade fut détournée du *Dar el-islam* par le doge vénitien Dandolo (âgé de plus de quatre-vingts ans) et s'empara de la superbe ville chrétienne de Constantinople que, cent ans auparavant, la première croisade était venue défendre ! Un éphémère empire latin y fut créé, avant que les Byzantins ne s'y réinstallent en 1261 avec Michel Paléologue.

L'Occident catholique a assassiné l'Orient orthodoxe. L'empire grec ne sera plus, après cela, que l'ombre de lui-même. L'Occident a oublié ce jour sinistre et refoulé sa part byzantine (si Belgrade avait été une ville catholique, elle n'aurait pas été bombardée à la fin du XXe siècle). L'orthodoxie se souvient. Il y a là une cicatrice profonde qui explique la réticence des chrétiens d'Orient à s'unir à Rome. D'autant plus que le sac de Constantinople par les croisés fut barbare et sanglant. 1204 est la véritable tare de l'aventure des croisades, sa honte ineffable – et non pas 1099, contre-offensive de la chrétienté unie contre les guerriers turco-arabes.

Les croisades eurent des effets collatéraux bénéfiques en Europe latine. Elles permirent aux rois, qui n'y participèrent que du bout des doigts (à l'exception, redisons-le, de Frédéric Barberousse et de Saint Louis qui y moururent, le premier dans les eaux d'un torrent anatolien en 1190, le second devant Tunis en 1270), de se débarrasser de leurs trop turbulents vassaux. La paix y gagna en Occident, l'autorité royale également.

D'ailleurs, le nouveau monde musulman et le nouveau monde médiéval étaient faits pour s'entendre, les seigneurs turcs ayant la même conception de l'honneur que les chevaliers. Les échanges culturels furent nombreux. L'empereur germanique Frédéric II, qui régna de 1220 à 1250, fit de Palerme sa capitale (loin de l'Allemagne, donc) et admira beaucoup les arts musulmans.

À ce sujet, ne craignons pas de rompre avec les idées reçues orientalistes qui attribuent à l'Islam un rôle exagéré. On ne diminue en rien la grandeur de la civilisation arabe en disant que l'Occident lui doit assez peu. L'Espagne arabe, l'« Andalousie » de Cordoue, fut certes éclatante, et celle de Grenade aussi (en partie d'ailleurs grâce aux juifs). Mais, séparées de la chrétienté par des zones de guerre, elles n'eurent pas l'importance qu'on leur attribue aujourd'hui.

L'influence principale qui ensemença la chrétienté catholique fut celle de Byzance, dont nous refoulons le rôle historique. C'est l'empire d'Orient qui sauvegarda la culture gréco-latine. C'est même lui qui civilisa les Bédouins de Mahomet quand, venus du désert, les cavaliers d'Allah eurent conquis la Syrie et l'Égypte ; car, sans sa médiation, comment ces nomades auraient-ils pu lire Aristote ou Platon ?

En réalité, sur cent informations assimilées par la chrétienté médiévale, la moitié proviennent de l'Église romaine catholique (elle-même influencée par Byzance, près de laquelle s'étaient tenus tous les conciles fondateurs du christianisme), une trentaine de Constantinople (les croisés y contribuèrent grandement, ne cessant de traverser les terres byzantines pour aller en Orient), et une vingtaine seulement de l'Islam – c'est déjà beaucoup. On peut discerner, sous l'exagération du rôle civilisateur de l'Islam, une sorte de « haine de soi » des Occidentaux. En tout cas, cela n'a rien de scientifique.

L'effet le plus important peut-être des croisades fut d'avoir rétabli la prépondérance maritime de l'Occident. Les cités marchandes et leurs galères y prirent une part essentielle. Venise et Gênes surtout. Nous avons évoqué le rôle malheureux du doge de Venise en 1204. Mais, dès le début, les marines italiennes jouèrent dans les croisades un rôle décisif.

Les deux villes sont opposées en tout, à l'image des rivages typiquement méditerranéens qui les abritent. À Gênes, c'est la montagne qui se jette dans la mer; à Venise, au contraire, c'est la lagune qui inonde les terres plates. Les deux cités furent concurrentes et se firent la guerre (la plus acharnée, la guerre de Chioggia, entre 1378 et 1381, vit les Génois s'installer jusqu'aux abords de la lagune vénitienne), mais Venise finit par triompher. On peut y voir un déterminisme géographique : les calanques génoises séparent les villages, poussant à la dispersion, alors que pour maîtriser les eaux traîtresses de la lagune un pouvoir fort et centralisé s'impose.

Après 1204, Venise domina un véritable empire maritime, une « thalassocratie » : la Dalmatie, Split, Zara, la Grèce et ses îles. Elle posséda la Crète et Chypre. Le Péloponnèse fut vénitien jusqu'au XVIII<sup>e</sup> siècle, et les îles Ioniennes jusqu'à ce que Napoléon les occupe. La Sérénissime commerçait de la Chine à la Baltique (Marco Polo était vénitien). Elle pratiquait la comptabilité en partie double, la lettre de change. Son arsenal, où se construisaient les galères de combat, fut longtemps la plus grande usine du monde. Dante en parle dans sa *Divine Comédie.* Gênes ne sut jamais dépasser les cols qui la surplombent ; Venise eut, au contraire, un vaste domaine terrestre (Vérone, Padoue).

Venise resta une république médiévale aristocratique : la « Sérénissime République dominante ». Nous l'appelons surtout la « Sérénissime » (très sage) ; les contemporains la nommaient plus généralement la « Dominante ». Cependant, son gouvernement était fort admiré. Le Sénat ayant notamment compris qu'il fallait payer honorablement les ouvriers, Venise ne connut pas les luttes sociales qui déchirèrent les autres cités médiévales. Elle échappa aussi à la tyrannie et resta « république ». Venise sut enfin inventer une architecture admirée par Froissart, lequel évoque « la plus triomphante cité » qu'il ait jamais vue.

Les marins italiens dominèrent ainsi la Méditerranée, comme les Phéniciens et les Grecs l'avaient fait deux millénaires auparavant.

L'apogée médiéval prit fin au XVe siècle.

Il y eut d'abord une gigantesque et meurtrière épidémie de peste. La « Grande Peste » ravagea l'Europe de 1347 à 1352, sans jamais disparaître tout à fait ensuite. D'elle datent les « danses macabres ». La moitié de la population européenne et peut-être asiatique (car l'épidémie arrivait de Chine) fut emportée en quelques années. On n'avait même plus le temps d'enterrer les morts, que l'on brûlait ou entassait dans des fosses communes.

Formidable catastrophe. Mais la chrétienté montra sa solidité en y survivant.

Au même moment – « Un malheur ne vient jamais seul », dit le proverbe (et peut-être en effet sont-ils liés) –, l'« optimum climatique » prit fin. Le climat général se refroidit, chassant les Vikings du Groenland. Commencèrent alors des météorologies plus rudes. Il s'agit de ce que les spécialistes appellent le « petit âge glaciaire » : pas vraiment une glaciation, mais un net refroidissement. La Seine gela l'hiver. Ce petit âge glaciaire durera six siècles – jusqu'à la guerre de 14-18. Le réchauffement climatique dont on nous parle beaucoup, non sans raison, ne commence vraiment qu'à partir de 1960.

Avec la peste, avec le froid, les temps heureux de la chrétienté médiévale étaient terminés. Mais nous pouvons aujourd'hui compter ces trois siècles parmi les plus féconds de l'humanité et comparer le « miracle gothique » au « miracle grec », en donnant même l'avantage au premier (la femme, les techniques) sur le second; d'autant plus que la courbe du progrès ne s'est plus arrêtée du Moyen Âge à nos jours.

# La naissance des nations.
# La guerre de Cent Ans

Le XIVᵉ siècle connut une autre catastrophe : la guerre de Cent Ans. À Hugues Capet avaient succédé en France des descendants directs jusqu'en 1328. À cette date, deux candidats au trône s'opposèrent : le fils d'un frère du roi défunt (un neveu donc), Philippe de Valois, et le fils de sa fille (un petit-fils), Édouard, qui était devenu roi d'Angleterre sous le nom d'Édouard III et qui revendiqua la couronne de France en 1337.

Le Moyen Âge avait inventé la légitimité monarchique héréditaire, supprimant ainsi l'un des grands sujets de trouble de l'empire romain : l'incertitude successorale. En monarchie médiévale, il n'existait plus de vacance du pouvoir : « Le roi est mort, vive le roi ! » disaient les légistes, affirmant par là que le décès d'un souverain entraînait automatiquement l'arrivée au pouvoir de son successeur.

Il y avait un ordre de succession. À la mort de Charles IV, en 1328, son plus proche parent par le sang était sa fille, mère d'Édouard III. En droit médiéval, la question ne faisait aucun doute. Mais les barons de France ne voulurent pas d'un roi « étranger ». Ils invoquèrent une loi franque, la « loi salique », qui écartait les femmes de l'ordre successoral. Ils avaient tort en droit féodal, mais raison pour l'opinion publique française. Ce fut le commencement de la guerre de Cent Ans. De simple querelle de succession qui concernait peu les peuples, elle devint une guerre franco-anglaise.

Le royaume de France, avec ses 15 millions d'habitants, était le plus peuplé d'Europe ; l'Angleterre n'en comptait que 4. Mais le paradoxe fut que la conception, à l'époque « progressiste », du « roi national » était défendue par une armée archaïque de chevaliers qui se battaient « chacun pour soi », alors que la conception « réactionnaire » du prétendant de Londres était soutenue par une armée très moderne de bourgeois disciplinés.

Les prétendants Valois subirent donc une série de défaites sanglantes qui décimèrent la chevalerie française : Crécy en 1346, Poitiers en 1356, où Jean le Bon fut fait prisonnier.

Avec le Valois Charles V et son général Du Guesclin, il y eut un relèvement, mais son fils Charles VI était un malade mental et les prétendants d'outre-Manche trouvèrent à cette occasion des alliés sur le continent ; en particulier le puissant duc de Bourgogne (1404-1419), qui depuis sa bonne ville de Dijon étendait sa suzeraineté jusqu'aux Flandres. La noblesse « bourguignonne », la plus à la mode de France, préférait nettement les souverains anglais au pauvre roi fou de Paris. Elle n'avait d'ailleurs aucun sentiment national (ce sera souvent le cas, en France, des classes dirigeantes).

Le 25 octobre 1415, ce qui restait de chevalerie fidèle aux Valois fut écrasé à Azincourt. Et, en 1420, le traité de Troyes mit une fin théorique à la querelle dynastique en reconnaissant le prétendant anglais comme roi de France sous le nom d'Henri V. Comme ce n'était alors qu'un petit enfant, un régent anglais, le duc de Bedford, s'installa à Paris.

Il restait bien un Valois, le malingre Charles, réfugié au sud de la Loire, mais la France la plus riche, de la Somme à la Loire, était occupée par les Anglais – et la Bourgogne, quasi indépendante.

C'était oublier l'opinion publique, celle des « bonnes gens » du royaume. Car la France commençait d'exister dans leur cœur. Cette fusion originale de la Méditerranée et des mers du Nord, créée comme accidentellement au traité de Verdun en 843, avait réussi. Elle était déjà « aimée ».

D'autant plus qu'à l'époque le seul pouvoir supranational existant, l'Église, était divisé par le « Grand Schisme » : plusieurs papes se disputaient le pouvoir ecclésiastique entre Avignon et Rome. Il fallut un concile en 1417, à Constance, pour mettre fin au schisme, mais le prestige de la papauté était ébranlé. En Bohême, un héros tchèque, Jean Hus (1369-1415), avait soulevé le peuple contre Rome. Et, un peu partout, le sentiment national prenait le pas sur celui de l'unité catholique.

Or, les prétendants anglais à la couronne de France avaient commis l'erreur de méconnaître ce sentiment national. Grands seigneurs féodaux dans le royaume (et parlant en outre le français), ils auraient pu utiliser des troupes françaises pour soutenir leur querelle. Pour des raisons de commodité (l'Angleterre leur était plus soumise) et de modernité (les soldats anglais, archers et fantassins, étaient plus disciplinés), ils préférèrent employer des soldats venus d'outre-Manche – que les paysans de France surnommèrent les « Goddons », parce qu'ils juraient en anglais : *God Damned!*

Cette erreur leur fut fatale et permit l'intervention d'une des figures les plus étranges de l'histoire : celle de Jeanne d'Arc. Les Français voulaient être gouvernés par des chefs partageant leur culture. Les Grecs de l'Antiquité avaient eu la même exigence, qui justifia leurs guerres contre les Perses. Mais le patriotisme n'avait encore jamais dépassé le cadre de la cité, les empires ayant été multiculturels. Le miracle français, l'historien Pierre Chaunu l'a souligné, fut de transférer à une réalité immense (pour l'époque) la ferveur qu'éprouvait le citoyen athénien qui pouvait contempler l'Acropole depuis sa maison ou son champ.

Née en 1412 à Domrémy, sur la Meuse, à la frontière même du royaume – d'où son surnom de « Lorraine » –, Jeanne était fille de notables paysans.

Dans ce pays, le capitaine local, à Vaucouleurs, restait partisan des Valois. Les paysans aussi. Au village, on était bien renseigné. Il n'y avait ni radio, ni télévision, ni journaux, mais les colporteurs, en même temps que leur pacotille, apportaient les dernières nouvelles. Jeanne s'intéressait davantage à la politique que la plupart des jeunes gens du même âge (seize ans) aujourd'hui. Elle déplorait « la grande pitié du royaume de France ».

Les petites gens fredonnaient ce refrain dans lequel on voit bien où allaient leurs sympathies : « Mes amis, que reste-t-il à ce dauphin si gentil ? » (« Gentil » veut dire ici « aimable »; il s'agit du dauphin Charles.) Et d'énumérer les rares terres qui n'étaient pas occupées par les

Anglais : « Orléans, Beaugency, Notre-Dame-de-Cléry, Vendôme. »

On comprend que la nouvelle du siège d'Orléans par les envahisseurs ait agité le village. Jeanne pensa qu'il fallait aller au secours du dauphin (nom de l'héritier de France : par coutume « seigneur du Dauphiné », comme l'héritier d'Angleterre est « prince de Galles »). Pensée banale, certes, pour une patriote. Mais ce qui est extraordinaire, c'est qu'elle ait cru qu'elle-même, jeune fille de dix-sept ans, pouvait libérer le pays. Cette idée s'imposant à elle (ses voix), elle alla en faire part au châtelain local, le sire de Baudricourt, lequel la renvoya chez son père. Mais elle insista tant et tant de fois (Vaucouleurs est à 10 kilomètres de Domrémy) que le capitaine lui fit donner une petite escorte et un cheval. Avec trois ou quatre chevaliers servants, elle entreprit en février 1429 d'aller rejoindre le dauphin.

Charles séjournait alors au sud de la Loire, à Chinon. Habillée en homme, Jeanne parcourut à cheval (elle montait très bien, comme une fille de notables), discrètement et souvent de nuit – pour échapper aux soldats anglais –, en plein hiver à travers la France occupée, près de 500 kilomètres en trois semaines. Elle arriva à Chinon le 8 mars 1429.

Charles la fit envoyer à Poitiers pour la faire examiner par des sages-femmes (examen de virginité) et des experts. La virginité de Jeanne n'est pas surprenante : elle n'avait que dix-sept ans et avait été fiancée. Son intelligence l'était davantage. Aux juristes du dauphin qui lui demandaient justement : « Si Dieu veut le départ des Anglais, qu'a-t-il besoin de soldats ? », elle répondit :

« Les gens de guerre combattront et Dieu donnera la victoire. »

Finalement, le dauphin se résolut à jouer avec Jeanne sa dernière carte. Elle eut la permission d'accompagner l'ultime armée française à Orléans. Cette armée était commandée par de solides gaillards. Dunois, le Bâtard d'Orléans, le duc d'Alençon, Gilles de Rais furent subjugués par cette jeune fille (« Pucelle », son surnom, veut simplement dire « jeune fille »). Orléans fut délivrée et, le 18 juin 1429, l'armée anglaise écrasée à Patay.

Mais Jeanne avait la tête politique et se rendait compte que la victoire militaire ne suffisait pas à fonder la légitimité du dauphin. Elle convainquit celui-ci d'aller se faire sacrer par l'archevêque de Reims, et l'accompagna.

La délivrance d'Orléans et la figure de Jeanne suscitèrent une espèce d'insurrection générale des paysans. Bien que Reims fût situé en France occupée, les Anglais, se trouvant en difficulté, se replièrent sur la Normandie. En juillet 1429, Charles fut sacré à Reims sous le nom de Charles VII. La partie politique était gagnée.

Dès lors, Charles VII ne protégea plus la Pucelle que de loin. Après avoir pris Compiègne, elle fut capturée par les Bourguignons et vendue aux Anglais. Ceux-ci, voulant la déconsidérer, la firent juger à Rouen comme sorcière. Son procès est l'archétype du procès politique. Jeanne fut brûlée le 30 mai 1431. Elle avait dix-neuf ans. Vingt ans plus tard, Charles VII, qui ne voulait pas tenir son trône d'une sorcière, fit organiser un procès de réhabilitation, au terme duquel la condamnation pour sorcellerie fut cassée.

André Malraux a écrit sur Jeanne une magnifique oraison funèbre :

« Jeanne était très féminine. Elle n'en montra pas moins une incomparable autorité. Les capitaines furent exaspérés par cette péronnelle, qui prétendait leur enseigner l'art de la guerre. Dans ce monde où Ysabeau de Bavière avait signé à Troyes la mort de la France en notant seulement sur son journal l'achat d'une nouvelle volière, dans ce monde où le dauphin doutait d'être dauphin, la France d'être la France, l'armée d'être une armée, elle refit l'armée, le roi, la France – il n'y avait plus rien : soudain, il y eut l'espoir – et, par elle, les premières victoires qui rétablirent l'armée. Puis, à cause d'elle et contre presque tous les chefs militaires, le sacre qui rétablit le roi...

« Vingt ans après sa mort, Charles VII, qui ne se souciait pas d'avoir été sacré grâce à une sorcière, ordonna le procès de réhabilitation.

« Sa mère vint présenter le rescrit du pape qui autorisait la révision. Tout le passé revint et sortit de la vieillesse comme on sort de la nuit. Un quart de siècle s'était écoulé. Les pages de Jeanne étaient devenus des hommes mûrs.

« Cette fille, tous l'avaient connue ou rencontrée. Le duc d'Alençon l'avait vue, une nuit, nue en train de s'habiller, quand avec beaucoup d'autres ils couchaient sur la paille :

« "Elle était belle, dit-il, mais nul n'eût osé la désirer." Devant les scribes attentifs, le chef de guerre se souvint de cette minute, il y a vingt-sept ans, à la lumière lunaire. »

L'histoire de Jeanne d'Arc n'est pas une légende. C'est la femme du Moyen Âge sur laquelle nous sommes le mieux documentés parce qu'il y eut deux procès, en condamnation et en révision. Deux « grands procès », ressentis comme tels par les hommes de loi du temps et sur lesquels nous gardons des centaines de pages de procédure, en plusieurs exemplaires : interrogatoires, témoignages, etc.

Cette extraordinaire et brève aventure est riche d'enseignements.

D'abord, l'importance de l'adhésion populaire (déjà signalée à propos de l'Athènes de Périclès) : Jeanne fut le porte-drapeau du peuple de France. Elle fit basculer l'opinion, et l'hostilité paysanne mit aussitôt les Anglais en difficulté.

Il est absurde d'abandonner la figure de Jeanne d'Arc à un Le Pen. Jeanne fut avant tout une résistante. Et si quelqu'un fut borné, c'est l'évêque Cauchon qui la condamna à Rouen, et non pas elle. Elle ne détestait d'ailleurs pas les Anglais ; elle désirait seulement les voir retourner dans leur pays.

Le rôle du prophétisme au Moyen Âge permet d'expliquer l'importance de Jeanne. Aujourd'hui, son histoire nous est incompréhensible. Jeanne ne serait pas reçue à l'Élysée. Les généraux ne lui obéiraient pas. Aussi des historiens fantaisistes tentent-ils de trouver à l'histoire de Jeanne des ressorts inavoués. Ils disent qu'elle était une parente cachée du dauphin, et autres fariboles. Tout cela est ridicule ! Les rois médiévaux croyaient que Dieu pouvait s'adresser à eux par la médiation de n'importe qui. Ils croyaient (comme l'Israël biblique) qu'il y avait des prophètes. Jeanne fut prophète du patriotisme français. *Vox populi, Vox Dei*, « La voix du peuple est la voix de Dieu », affirme un adage ecclésiastique.

Enfin, l'histoire de Jeanne confirme, après celle d'Héloïse (qui avait le même âge, mais qui était issue d'un milieu littéraire parisien, et non d'un milieu rural provincial), l'extraordinaire féminisme du Moyen Âge. Malgré les apparences, notre époque est beaucoup moins féministe que celle de Jeanne. N'oublions pas que ce n'était qu'une jeune fille de dix-sept ans, au moment de ses victoires, en 1429. Or, cette jeune fille a réellement changé l'histoire du monde ; la France et l'Angleterre, les plus vieilles nations d'Europe, étaient aussi les premières puissances du moment.

On pourrait ajouter que la faillite des élites est chose assez fréquente. Quand généraux, juristes, évêques et barons collaboraient ou se couchaient, une fille inconnue sut redresser la France.

# Les grandes découvertes et la mort des civilisations précolombiennes

Au XV^e siècle, la scène du théâtre change.

Ce changement de décor est annoncé par une mauvaise nouvelle pour la chrétienté : la prise de Constantinople par les Turcs le 29 mai 1453.

Certains historiens retiennent cette date comme mettant fin au Moyen Âge et inaugurant les « Temps modernes ». Nous avons vu les Turcs, ces nomades islamisés, s'emparer de Bagdad en l'an 1055 et placer leur sultan à la tête de l'Islam (dynastie seldjoukide), auquel ils redonnèrent la force conquérante qui déclencha la contre-offensive des croisades. Mais, l'empire d'Orient étant affaibli par le « hold-up » de 1204, les Turcs avaient repris l'offensive. Le sultan Mahomet II réussit à prendre Constantinople; le dernier empereur byzantin, Constantin XI, ayant trouvé une mort glorieuse lors de l'assaut.

Curieusement, l'Occident, à part quelques secours vénitiens et génois, sembla se désintéresser de la chute de Byzance. Pourtant, les Ottomans ne se contentèrent pas de Constantinople, mais firent la conquête des Balkans, sous un successeur de Mahomet II, Soliman le Magnifique (1494-1566). Les Turcs ne seront arrêtés que devant Vienne, en 1529, par les Autrichiens. On les verra encore attaquer Vienne en 1683 ; et l'empire ottoman ne sera détruit qu'en 1918. On ne comprend rien aux problèmes actuels des Balkans si l'on oublie l'empire ottoman.

La chute de Constantinople apparaît comme une grande victoire de l'Islam. Avec trois restrictions, cependant.

D'abord, la chrétienté, avec Gênes et Venise, gardait l'hégémonie navale en Méditerranée. Les Turcs étaient des fantassins. Ils n'avaient comme marins que les corsaires barbaresques (Alger, Tunis), cruels pour leurs prisonniers et gênants pour les ports de pêche, mais pas vraiment dangereux. Gênes et Venise, d'ailleurs, s'accommodèrent assez bien de la domination ottomane dans les Balkans (Venise y conservant les îles, le Péloponnèse, la Crète et Chypre). Ces négociants faisaient peu de cas de la religion et, en dehors des crises, ils commercèrent avec la « Sublime Porte » (nom officiel du gouvernement sultanien), qui à leurs yeux remplaçait simplement l'empire romain d'Orient.

Ensuite, les Byzantins, avant de perdre leur indépendance, avaient « transmis le flambeau » de leur culture et de l'orthodoxie à une nouvelle venue : la Russie. D'abord à Kiev, dont le roi Vladimir s'était converti au christianisme et avait épousé la sœur de Basile II en 988 ; puis, à partir du XIVe siècle, à Moscou, ou Ivan le Terrible (1530-1584) finit par prendre le titre impérial (tsar = César).

Enfin et surtout, les Européens ont laissé faire les Turcs parce que les Occidentaux tournaient désormais le dos à l'Orient classique : ils étaient partis à la conquête de la Terre. Les musulmans ne s'aperçurent pas que leur monde sahélien était contourné et devenu, en quelque sorte, « provincial ».

Paradoxalement, la chute de Constantinople déclencha ce qu'on appelle la « Renaissance ».

Pendant le siège, des centaines d'intellectuels et de dirigeants grecs avaient en effet fui la ville pour gagner l'Italie. Beaucoup y réussirent ; l'un d'entre eux, Bessarion (1400-1472), devint même cardinal à Rome et fonda la bibliothèque de Venise.

Ces intellectuels provoquèrent en Occident une vraie révolution.

On pourrait dire que le trait distinctif de la « modernité », ce qui la distingue des civilisations « traditionnelles », est l'exaltation de l'individu, de l'esprit critique et du changement. Trois caractères qui ne s'étaient jamais trouvés réunis jusque-là.

L'Antiquité en pratiquait deux : elle connut des individualités flamboyantes (Alexandre, Hannibal, César) et un sens critique poussé jusqu'au cynisme (Diogène), mais elle concevait mal le changement, sa vision du temps étant celle de l'« éternel retour » (que l'on retrouve jusque dans la Bible : « Rien de nouveau sous le soleil », écrit l'Ecclésiaste).

Le Moyen Âge, deux aussi : il fut propice aux individus (l'aventure extraordinaire de Jeanne d'Arc en témoigne) et aimait le changement. Nous avons vu combien d'inventions majeures (la boussole, le canon) purent s'épanouir à cette époque-là. Mais le Moyen Âge n'était pas très ouvert à l'esprit critique, à cause de l'influence de l'Église catholique.

Lorsque des centaines d'intellectuels grecs, fuyant les Turcs, affluèrent en Italie, ils y amenèrent précisément ce sens critique qui manquait – et toute une part oubliée de l'Antiquité (Platon notamment, idole du cardinal Bessarion).

Pour la première fois sur la Terre, les caractéristiques de la modernité se trouvèrent réunies : initiative individuelle, goût du changement et sens critique. Ce fut l'explosion.

Cela confirme ce dont nous avons eu l'intuition dès le début : l'histoire dépend infiniment plus des facteurs idéologiques que des facteurs économiques. Malgré les apparences, ce sont les idées qui mènent le monde.

Cette explosion eut comme acteurs principaux deux pays nouveaux : l'Espagne et le Portugal.

Depuis les invasions arabes, l'histoire de la péninsule Ibérique avait été celle de la lutte des petits princes chrétiens, qui gardaient leur indépendance près des Pyrénées, contre les musulmans – lutte appelée la *Reconquista*, la Reconquête.

En 1469, Isabelle de Castille, souveraine d'un royaume chrétien continental, épousa Ferdinand d'Aragon, un royaume maritime autour de Barcelone et de Valence. Cette union multiplia la force des « Rois Catholiques ».

En 1492, ils prirent la magnifique ville arabe de Grenade (le palais de l'Alhambra) et en chassèrent les musulmans (et aussi les juifs « séfarades », qui essaimèrent souvent dans l'empire ottoman). La *Reconquista* était terminée, et la puissance espagnole fondée.

La formidable infanterie ibérique, aguerrie par la Reconquête, s'apprêtait à envahir le Maroc et l'Algérie quand un événement imprévu détourna le cours du torrent espagnol : Isabelle de Castille encouragea l'expédition d'un marin génois (il y eut dès lors symbiose entre les marins génois et l'Espagne) qui voulait court-circuiter l'empire turc pour le trafic des « épices », ces marchandises précieuses (soie, poivre) qui arrivaient depuis des temps immémoriaux des Indes et de Chine. Or, entre les Indes, la Chine et l'Espagne, on trouvait l'empire ottoman, qui prélevait de lourdes taxes au passage.

Christophe Colomb avait lu les savants de l'Antiquité. Il croyait, comme les lettrés de l'Alexandrie hellénistique, que la Terre était ronde. Il avait probablement aussi connaissance des « portulans » vikings. Son idée était simple et géniale : gagner la Chine en naviguant vers l'ouest à travers l'océan.

Il pouvait réaliser cette idée, car la navigation avait fait de grands progrès. La caravelle, invention vénitienne, voguait depuis 1415 avec ses voiles et son gouvernail d'étambot. Et pour cause : Venise était en contact avec la Chine, où à cette époque naviguaient des jonques sans rameurs, équipées de douze voiles de soie. Mais seule la connaissance de la « mécanique des forces » permit aux Occidentaux de s'essayer à remonter le vent (toujours la prépondérance des idées !). Elle seule explique que l'on ne vit jamais les jonques chinoises arriver en Occident. Les Ibériques osèrent la navigation de pleine mer, « hauturière ».

Tout le monde sait que les trois caravelles de Colomb furent empêchées de gagner la Chine par un obstacle imprévu : l'Amérique.

Christophe Colomb y mit le pied le 12 octobre 1492.

Il ne se rendit pas tout de suite compte qu'il s'agissait d'un nouveau continent. C'est un géographe allemand qui le comprit et lui donna par erreur le nom d'un marin vénitien au service de l'Espagne, Amerigo Vespucci (Amerigo = Amérique). Voilà pourquoi Colomb, qui s'imaginait aux Indes, appela les indigènes « Indiens ». Il ne faut pas confondre les Indiens d'Amérique, les « Amérindiens », avec les habitants des Indes.

1492, année décisive qui vit la prise de Grenade et la découverte de l'Amérique. Au lieu de se répandre en Afrique du Nord, la force espagnole fut détournée vers le Nouveau Monde.

C'étaient cependant les Portugais qui avaient inventé la navigation hauturière.

Le Portugal était né un siècle auparavant. Tourné par sa géographie vers le large, il s'intéressa à l'Atlantique bien avant les Castillans et les Catalans. Le véritable initiateur des explorations de haute mer fut le prince portugais Henri le Navigateur (1394-1460). Depuis son palais du cap de Sagres, le « Finistère » portugais, il encouragea les expéditions navales. En 1445, les caravelles portugaises avaient doublé le cap Vert. En 1471, elles avaient dépassé le cap de Bonne-Espérance, contournant l'Afrique par le sud (comme l'avaient, dit-on, fait deux mille ans plus tôt les Phéniciens, mais en sens inverse). Après la mort d'Henri, l'expansion continua : en 1498, Vasco de Gama abordait à Calicut, aux Indes.

Si les Espagnols privilégièrent la route de l'ouest, les Portugais préférèrent la route de l'est. Ils fondèrent, depuis leur capitale Lisbonne, une gigantesque « thalassocratie » en semant des escales sur la route des Indes : au Cap-Vert, en Angola (et même au Brésil, la tempête les y ayant détournés), au Mozambique. Aux Indes, ils créèrent un comptoir prospère à Goa (qui restera portugais jusqu'en 1962), et en Chine celui de Macao (rétrocédé à la Chine seulement en 1999 !). Entre la Chine et l'Inde, ils contrôlaient aussi les détroits de Malaisie avec Malacca.

Cabral au Brésil (1500) et Albuquerque (1453, 1515) à Ormuz imposèrent la suprématie navale lusitanienne dans les océans Atlantique, Indien et Pacifique.

Les Portugais ont été les plus grands navigateurs de l'histoire. Même remarque ici que plus haut à propos du Danemark : le Portugal n'est pas un « petit pays ». Ce fut un État océanique, dont la langue est toujours parlée au Brésil et en Afrique, et jusqu'à Timor (en Indonésie).

Le sommet de cette navigation hauturière fut atteint par un Portugais, Magellan – commandité, il est vrai, par la monarchie espagnole.

Magellan prit donc la route espagnole de l'ouest. En octobre 1520, il réussit à contourner au sud l'Amérique par le détroit qui porte son nom. Le 28 novembre, il entra dans le plus grand océan de la Terre (qu'il nomma Pacifique parce que, par hasard, il n'y rencontra pas de tempête). Il fut tué au cours d'un accrochage avec les indigènes des Philippines (nommées ainsi à cause du roi d'Espagne, Philippe II). Un seul bateau revint en Espagne en 1522.

Le premier tour du monde était accompli. Il avait duré trois ans !

Ces grands navigateurs étaient beaucoup plus audacieux que nos astronautes actuels. Ceux-ci, en effet, sont en liaison constante avec leur base, qui les conseille en permanence. Les marins de Magellan, eux, n'avaient pendant des mois aucune liaison avec personne !

Mais le Portugal n'était pas assez puissant pour faire durer sa thalassocratie. C'est l'Espagne qui fonda un empire « sur lequel le soleil ne se couche jamais ». Les Portugais se contentèrent de « comptoirs »; les Espagnols, eux, allaient conquérir l'intérieur des terres. Aux navigateurs succédèrent les « conquistadores ».

Or, l'intérieur des terres américaines était occupé par de belles civilisations, dites « précolombiennes » (d'avant Colomb).

Nous avons signalé que les Amériques étaient depuis la préhistoire occupées par des hommes, passés à pied par le détroit de Bering et isolés depuis par la remontée de la mer. Voilà pourquoi ils parlent encore des langues de l'Asie du Sud-Est – ainsi l'apache est-il proche du khmer!

Ces hommes ont suivi, dans leur isolat américain, la même évolution que ceux de l'Eurasie, mais avec un grand « décalage temporel ».

Au nord du Rio Grande, ils étaient restés des chasseurs nomades; mais, au sud, ils avaient construit des civilisations agricoles développées.

Ce sont eux qui ont inventé ces plantes qui nous sont si familières : la pomme de terre est amérindienne, comme le chocolat (le cacao), le tabac et la coca, mais aussi le maïs et la tomate. On peine à imaginer aujourd'hui les Français sans pommes de terre et la Méditerranée sans tomates (qu'ignorait pourtant l'Antiquité gréco-latine).

Les Amérindiens avaient aussi, et pour les mêmes raisons que dans l'ancien monde, construit des États.

Les Mayas, déjà en décadence à l'arrivée des Espagnols, vivaient au Guatemala dans de petites cités-États comparables à celles des Grecs au temps d'Homère.

Les Aztèques, en pleine expansion au XV^e siècle, créaient au Mexique un État guerrier qui, par l'architecture, les sacrifices humains, le rôle de la guerre et la religion, ressemblait beaucoup à ce que pouvait être l'Assyrie de Sargon et d'Assurbanipal.

Les Incas, surtout, avaient édifié en Amérique du Sud un immense empire (de l'actuel Équateur jusqu'au Chili, en passant par la Bolivie et le Pérou), qui évoque à s'y méprendre l'Égypte ancienne.

L'Inca était une sorte de pharaon, un roi-soleil. Comme au bord du Nil, le Soleil était adoré. On retrouve les classes des scribes, des soldats ou des paysans qui existaient dans la vallée du Nil. Quant à l'architecture inca, elle est pharaonique à souhait : citadelles, routes, grands temples. Les Mayas et les Aztèques construisaient, eux, des pyramides. L'empire inca avait trois capitales, où le souverain résidait tour à tour : au nord, Quito ; au centre, Cajamarca ; au sud, la ville sainte de Cuzco – origine de la dynastie fondée par le roi Pachacuti en 1438, qui connut son apogée sous le grand empereur Huayna-Capac (1493-1527). Après la mort de celui-ci, ses fils se disputèrent le pouvoir dans une guerre fratricide dont triompha l'empereur Atahualpa.

Ces grandes civilisations savaient compter et venaient d'inventer l'écriture. Elles sortaient de la préhistoire et entraient dans un néolithique triomphant. Elles communiquaient entre elles, et avec les nomades des prairies nord-américaines, mais ignoraient l'existence du monde extérieur (à l'exception de quelques souvenirs légendaires). Elles étaient paysannes, l'océan étant pour elles ce qu'était pour nous l'espace interplanétaire avant les débuts de la conquête spatiale.

Le « contact » entre les civilisations précolombiennes et les Européens fut dévastateur. En 1519, le gouverneur espagnol de Cuba confia la direction d'une expédition au Mexique à un noble du nom de Cortés. Arrivé sans encombre dans la capitale aztèque de Tenochtitlan (Mexico), Cortés fut reçu par le roi Montezuma, qui le prit (quelques jours) pour un dieu. Cortés étant rappelé sur la côte, son lieutenant Alvarado en profita pour faire massacrer des dignitaires aztèques, provoquant un soulèvement dans lequel fut tué Montezuma. Les Espagnols furent obligés de quitter la ville le 30 juin 1520, dans la nuit (*Noche triste*). Cortés, revenu avec des renforts, assiégea Tenochtitlan ; il la prit le 13 août 1521 et permit des représailles terribles. Le royaume aztèque était subjugué ! Les Espagnols poussèrent jusque chez les Mayas au sud, jusqu'en Californie au nord.

En 1531, un autre capitaine espagnol, Pizarre, dirigea une expédition qui longea la côte Pacifique de l'Amérique vers le Pérou.

L'empereur Atahualpa savait, lui, que les Espagnols n'étaient pas des dieux. Curieux cependant de les voir, il les invita à venir le visiter près de Cajamarca, où il avait dressé son camp. Le 16 novembre 1532, il reçut les « visiteurs d'un autre monde », sur son trône, au milieu de sa garde de plusieurs milliers de soldats. Les Espagnols n'étaient que cent soixante-trois, avec une douzaine de chevaux et quelques petits canons. Le soir, en un geste d'une audace inouïe et d'une déloyauté absolue (il était l'hôte de l'Inca), Pizarre prit le monarque en otage et l'empire s'écroula.

Il s'agit d'une des pages les plus terrifiantes de l'histoire du monde.

Pourquoi cet immense empire inca, peuplé de 10 à 15 millions d'habitants, s'effondra-t-il si rapidement sous l'action d'une poignée de Castillans ?

Les armes ? La poudre n'explique rien : les arquebuses tiraient difficilement un coup par minute (les arcs des gardes impériaux étaient plus efficaces) et leur détonation n'effraya pas longtemps les Indiens.

Les chevaux ? Les Amérindiens ignoraient certes le cheval. Les Incas ne « montaient » aucun animal, utilisant seulement des lamas comme animaux de charge. On oublie facilement, quand on regarde chevaucher les Indiens des westerns, que le cheval a été amené en Amérique par les Européens. Mais, précisément, les indigènes cessèrent vite de craindre les chevaux et apprirent à monter avec maestria.

En fait, Atahualpa aurait pu faire égorger les Espagnols. Bien sûr, il en serait venu d'autres, mais, compte tenu de l'organisation inca et du grand éloignement des Espagnols de leur base, la lutte n'aurait pas été inégale.

Encore une fois, la réponse se trouve dans la psychologie des Indiens, dans leur « mental », dans leurs idées. C'étaient des gens très civilisés, mais fatalistes et collectivistes, pour lesquels l'initiative individuelle n'existait pas (l'empereur prisonnier, que faire ?). Leur civilisation était incapable de réagir à l'imprévu. La conduite de Pizarre leur était inimaginable ! Les Espagnols étaient pour eux des sortes d'« extra-terrestres » (ils venaient d'ailleurs réellement d'un « autre monde »).

Le « décalage temporel » était immense entre Espagnols et Amérindiens (beaucoup plus grand que le décalage constaté entre les Romains de César et les Gaulois de Vercingétorix !). Les Incas venaient à peine de sortir de la préhistoire. Les conquistadores étaient, eux, des commandos individualistes, des surhommes quasi nietzschéens (dirait-on malgré l'anachronisme) qui ne craignaient ni Dieu ni Diable et qui savaient exploiter l'imprévu.

Ainsi la modernité peut-elle tuer. Entre les Espagnols de Pizarre et les Incas d'Atahualpa, on peut dire qu'il y avait six millénaires de décalage. Ne craignons pas l'anachronisme pédagogique : nous l'avons souligné, l'empire inca évoque celui des pharaons. Eh bien ! si les Espagnols de la Renaissance avaient pu débarquer en Égypte au temps de Ramsès II, nous croyons que le choc aurait été comparable et que les Castillans auraient détruit l'Égypte des pharaons.

Les Espagnols furent certes cruels (quand ils combattaient les Français, ils ne l'étaient pas moins), mais ils n'étaient pas racistes. Les conquistadores épousèrent souvent des princesses indiennes. Si bien qu'aujourd'hui tous les « grands d'Espagne » ont du sang indien dans les veines. Les Espagnols étaient des « Martiens ». Les immenses civilisations amérindiennes disparurent comme par « enchantement » (ici, il faudrait plutôt parler de « maléfice »).

La modernité a tué les civilisations précolombiennes, mais les populations amérindiennes existent toujours. En Amérique centrale et en Amérique du Sud, les Indiens sont encore des millions (la majorité au Pérou et en Bolivie). Mais de leur passé glorieux ne restent que des langues locales (l'aymara et le quechua) et des superstitions populaires. Ils sont devenus catholiques et hispaniques ; ils parlent espagnol.

La catastrophe fut aggravée par ce que les médecins appellent le « choc microbien » (ou viral). Dans leur isolat, les populations d'Amérique ne s'étaient pas immunisées contre les microbes d'Eurasie. La rougeole et la grippe, auxquelles résistaient les Espagnols, eurent le même effet dévastateur sur les Indiens que la Grande Peste du XIVe siècle avait eu sur les Européens. Ils moururent par millions ; surtout les dignitaires, davantage en contact avec les envahisseurs. On sous-estime toujours le rôle historique des épidémies.

La conquête de l'Amérique fut ainsi une terrible tragédie – à l'insu des Espagnols eux-mêmes, qui comprenaient mal ce qui arrivait. Certains Espagnols se prirent d'ailleurs de sympathie pour leurs nouveaux sujets, tel le dominicain Bartolomé de Las Casas, qui écrivit au roi d'Espagne une *Très Brève Relation de la destruction des Indes* en 1542 – mais en vain.

Les Espagnols n'étaient évidemment pas meilleurs que les Indiens. On peut même penser que, du point de vue moral, les Incas étaient plus sympathiques. Mais les Espagnols étaient modernes. Les valeurs de la modernité – initiative individuelle, esprit critique, goût du changement – ont assuré au XVe siècle la victoire des Européens sur les autres peuples de la Terre. Ces valeurs sont-elles suffisantes pour donner un sens à la vie ? Sans doute pas.

Ce sont des valeurs d'action. Seules les religions ou les sagesses permettent de vivre. D'ailleurs, si les Espagnols agissaient « moderne », ils utilisaient, pour donner un sens à leur vie, les valeurs spirituelles du christianisme –

en quelque sorte, leur « capital moral ». Au XXI^e^ siècle, on peut penser que le monde moderne a dilapidé ce capital-là, gardant pour unique référence le bon plaisir individuel. Mais ceci est « une autre histoire », dont nous reparlerons.

## La Renaissance, Charles Quint, François Ier

Pendant que les Espagnols faisaient la conquête du Nouveau Monde, l'ancien monde explosait sur lui-même.

L'Italie fut l'épicentre de ce séisme culturel que l'on nomme la « Renaissance ». Nous avons souligné le rôle des intellectuels grecs exilés de Byzance – « Renaissance » parce que, par eux, les contemporains redécouvrirent en direct l'Antiquité.

L'Italie inventa tout : la finance moderne, la science moderne, l'art moderne et la vision moderne du monde.

Bien sûr, elle jouait encore un rôle politique et militaire (une grande partie du vocabulaire militaire est italien). Venise, en particulier, tint tête en 1509 à l'Europe entière coalisée contre elle (ligue de Cambrai) et sut anéantir, alliée à l'Espagne, la flotte turque d'Ali Pacha à Lépante, en 1571 : deux cents galères turques furent coulées au prix de la mort de centaines de patriciens vénitiens.

Mais le rôle décisif des cités italiennes a été culturel.

Florence était gouvernée par une riche famille de banquiers, les Médicis, dont Laurent le Magnifique fut le plus célèbre (1449-1492). Ces financiers extrêmement cultivés lisaient, en grec, Aristote et Platon. Mais ils se seraient sentis déshonorés s'ils n'avaient fait construire places, théâtres et fontaines pour le peuple. Ils pratiquaient le précepte : « Noblesse oblige. »

Sans porter de jugement moral, on peut penser que les financiers d'aujourd'hui ne ressemblent guère à ceux de Florence. Ils ne se sentent plus d'obligations sociales et sont en général assez incultes : quelle chute, des Médicis à Messier !

En 1532, un conseiller du gouvernement florentin, Machiavel, écrivit un traité politique toujours d'actualité : *Le Prince*. Réflexion cynique sur la manière de gouverner avec intelligence et ruse. La « raison d'État » permet à Machiavel de justifier, en certains cas, le meurtre et le mensonge – liberté de penser d'une témérité inouïe dans une époque encore chrétienne. Le « Prince » n'oublie cependant jamais que son pouvoir repose sur le consentement du peuple et qu'il est justifié par le bien public. Cette fin morale sachant recourir, il est vrai, à des moyens amoraux.

À Rome, la papauté était exercée par des pontifes peu chrétiens : Alexandre VI Borgia (1492-1502), Jules II (1503-1513) et Léon X (1513-1521). Cela démontre qu'une grande institution peut être dirigée par des individus ne croyant plus au message que cette institution diffuse. (Au XXI^e^ siècle, les dirigeants chinois croient-ils encore au communisme ?) En revanche, ces papes de la Renaissance étaient des humanistes et faisaient travailler pour leur compte les plus grands artistes : Raphaël, Léonard, Michel-Ange.

Michel-Ange, de son vrai nom Buonarroti (1475-1564), protégé d'abord par les Médicis (le *David* de la place de la Seigneurie), vécut ensuite à Rome (la *Pietà*). Le pape Jules II lui confia l'exécution des fresques de la chapelle Sixtine, puis de son plafond (le *Jugement dernier*). Michel-Ange peignit ce plafond sur le dos, au sommet d'un échafaudage : quand le pape s'impatientait de la durée des travaux, Michel-Ange lui jetait le contenu de son seau de peinture sur la tête. Et le terrible pontife ne protestait pas. En ces temps de mécénat, l'artiste avait tous les droits. Sculpteur, peintre, lettré (il aimait lire Platon), Michel-Ange fut un admirable architecte qui conçut la place du Capitole à Rome et l'extraordinaire dôme de la basilique Saint-Pierre, plus grand que celui édifié par Brunelleschi à Florence. Quand il mourut, à quatre-vingt-neuf ans, à la suite d'une chute de cheval (eh oui !), sa gloire était déjà consacrée par un livre de Vasari et une biographie de Condivi.

Michel-Ange est l'archétype des génies de la Renaissance, flamboyante époque qui vit se côtoyer Michel-Ange, Machiavel et Léonard de Vinci (comme, au temps de Périclès, se rencontraient au théâtre Sophocle, Aristophane et Thucydide.)

Léonard de Vinci, s'il vécut moins longtemps, fut un génie encore plus universel : à la sculpture, à la peinture et à l'architecture, il ajoutait en effet la mécanique et fut un ingénieur incomparable. Comme témoin de la variété de ses talents, nous pouvons lire un *curriculum vitae* qu'il adressa au prince Ludovic le More, duc de Milan, à l'âge d'environ trente ans :

« J'ai le moyen, écrit Léonard, de construire des ponts très légers, solides et robustes, et d'un transport facile, pour poursuivre et mettre en déroute l'ennemi, et d'autres plus solides qui résistent au feu et à l'assaut, aisés et faciles à enlever et à poser. Et des moyens de détruire et brûler les ponts de l'ennemi. Pour l'investissement d'une place forte, je sais comment chasser l'eau des fossés et construire une infinité de ponts, béliers, échelles d'escalade et autres engins relatifs à ce genre d'entreprise. Si une place ne peut être réduite par le bombardement à cause de la hauteur de son glacis, j'ai les moyens de détruire toute citadelle ou autre place forte, dont les fondations ne posent pas sur le rocher. J'ai aussi des méthodes pour faire des bombardes très commodes et faciles à transporter, qui lancent de la pierraille quasi comme la tempête, causant grande terreur à l'ennemi par leur fumée et grand dommage et confusion. Et si d'aventure l'engagement avait lieu sur mer, j'ai des plans pour construire des engins très propres à l'attaque ou à la défense des vaisseaux qui résistent au feu des plus grands canons.

« De même, je ferai des chars couverts, sûrs et inattaquables, qui rentreront dans les rangs ennemis avec leur artillerie, et aucune infanterie ne serait capable de les détruire, et les hommes d'armes pourront suivre ces chars impunément sans rencontrer d'obstacles. Au besoin, je fabriquerai des mortiers, très beaux, utiles, différents de ceux que l'on emploie communément. Là où l'usage du canon n'est pas possible, j'inventerai des catapultes, mangonnaux, trébuchets et autres machines d'une admirable efficacité. Bref, selon les cas, je fabriquerai un nombre infini d'engins variés pour l'attaque et pour la défense.

« En temps de paix, je crois pouvoir vous donner entière satisfaction, soit en architecture, pour la construction des édifices publics et privés, soit pour la conduite de l'eau d'un endroit à l'autre. Enfin, je puis exécuter des sculptures en marbre, bronze ou terre cuite.

« J'ajoute qu'en peinture mon œuvre peut égaler celle de n'importe qui ! »

La dernière phrase ne manque pas de sel, concernant l'auteur de *La Joconde*... Léonard termina sa vie sur les bords de la Loire, où le roi de France l'avait fait venir, après avoir conçu l'escalier à double révolution du château de Chambord.

Bref, au XVIe siècle, l'Italie était le centre de la puissance et de la gloire. On comprend pourquoi tous les souverains de l'époque voulaient la contrôler.

Et d'abord le plus puissant d'entre eux : Charles Quint (1500-1556).

Charles Quint avait réuni sur sa tête une fabuleuse succession : duc d'une Bourgogne il est vrai réduite aux Pays-Bas (la Belgique actuelle – mais ces Pays-Bas étaient fort développés), il hérita de sa mère, Jeanne la Folle, fille d'Isabelle de Castille et de Ferdinand d'Aragon, la couronne d'Espagne (et donc l'Amérique latine) et, de son père, Philippe le Beau, le domaine héréditaire des Habsbourg (l'Autriche actuelle). Le royaume de Naples et la Sicile s'ajoutant en prime à cet extraordinaire héritage. Charles se fit enfin élire empereur germanique.

Le titre impérial échoyait depuis longtemps aux Habsbourg. Mais, comme il s'agissait tout de même d'une « élection » (par les grands seigneurs allemands), Charles, cette fois-là, dut batailler contre la candidature du roi de France. Il ne l'emporta qu'en achetant les électeurs grâce à l'argent d'un banquier de Francfort, Jacob Fugger (dit le Riche).

Évidemment, après avoir repoussé les Turcs devant Vienne en 1529, Charles voulut dominer l'Europe – d'autant plus qu'après la disparition de l'empire d'Orient, il n'existait plus qu'une seule couronne impériale. Charles Quint fut un grand « Européen » (infiniment plus que le barbare Charlemagne). Il disait d'ailleurs : « Je parle français aux hommes, italien aux femmes, espagnol à Dieu et allemand à mon cheval. » Notons qu'il ignorait l'anglais...

Mais la couronne du Saint Empire était un fantasme. Elle obligea Charles Quint à disperser ses forces de la Castille à la Bohême. Son rêve impérial échoua. Deux ans avant sa mort, il se retira dans un monastère espagnol, à Yuste. Seul exemple – avec Dioclétien, qui avait pris sa retraite treize siècles plus tôt à Split (Spalato, le Palais) en Dalmatie – d'un empereur quittant de lui-même le pouvoir.

Le rêve européen de Charles disparut avec lui. Après sa mort, ses possessions furent raisonnablement divisées en deux : à Philippe II, son fils, les domaines espagnols ; à Ferdinand, son frère, l'Autriche et la couronne du Saint Empire. (L'empire restera dans la famille des Habsbourg jusqu'en 1918.)

L'Empire avait échoué à cause de l'opposition du royaume de France, lequel occupait une position stratégique au milieu des possessions des Habsbourg. Cette situation centrale obligeait les troupes impériales qui devaient aller d'Autriche en Espagne à effectuer de dangereux détours par l'Italie. Comme ces soldats étaient souvent des mercenaires allemands, les « lansquenets », l'empereur très catholique ne put les empêcher de piller

Rome en 1527. Ce fut un terrible saccage ! L'Empire ne put donc abattre la couronne de France.

La monarchie française avait gagné en puissance depuis Jeanne d'Arc. Le fils de Charles VII, Louis XI (1423-1483), avait réussi, en annexant la Bourgogne, à mettre au pas un dangereux vassal (1482) à force de ruse et de patience. Il avait aussi mis la main sur la Provence. Son fils, Charles VIII, épousa en 1491 Anne de Bretagne, faisant ainsi entrer ce duché très autonome dans son domaine, mais il reste surtout connu pour avoir commencé les « guerres d'Italie », attiré qu'il était par la lumière des cités de la péninsule. Il ne put se retenir d'y chevaucher en 1495. Louis XII, son successeur, fit de même.

François Ier (1494-1547) devint roi de France en 1515. Il prit avec force la suite de ses prédécesseurs : la célèbre victoire de Marignan en 1515 (la seule date connue des Français) lui ouvrit l'Italie et assura la France du soutien militaire des Suisses, vaincus mais apprivoisés (les mercenaires helvétiques formeront encore la garde de Louis XVI à la veille de la Révolution). Ayant manqué la couronne impériale, François Ier s'opposa à l'Empire. Il fut battu par Charles Quint en 1525 à Pavie, mais la France, finalement, réussit à faire échouer le rêve hégémonique des Habsbourg. La nation triomphait de l'Empire, François Ier n'hésitant pas – au grand scandale des cléricaux – à s'allier avec le Grand Turc (Soliman le Magnifique) contre l'empereur très catholique. Le traité du Cateau-Cambrésis mit fin en 1559 aux guerres d'Italie.

François Ier fut un roi flamboyant, bel homme, cultivé et « renaissant » en diable. (C'est lui qui fit venir en

France Léonard de Vinci.) L'Italie était à la mode depuis Charles VIII. Les châteaux de la Loire sortirent de terre : Amboise en 1498, Chenonceaux en 1520, Chambord (avec l'escalier de Léonard) en 1526 – le fait que cet admirable édifice ne soit qu'un « pavillon de chasse » donne une idée de la puissance de la monarchie française à ce moment. On construisit Fontainebleau en 1528 et l'on fit, à Paris, transformer le vieux château du Louvre en palais Renaissance (1549).

La France s'enflamma de la lumière italienne.

Surgirent alors de très grands écrivains, dont le plus fameux, Rabelais (1494-1553), docteur en médecine, moine, père de deux enfants et curé de Meudon, créa les fabuleux personnages de *Gargantua* (1523) et de *Pantagruel* (1531), débordant de sagesse, d'optimisme et de paillardise, qui « grattent l'os pour trouver la substantifique moelle ».

François Ier avait rendu par l'édit de Villers-Cotterêts, en 1539, l'usage du français obligatoire dans les actes juridiques. Les poètes de la « Pléiade » donnèrent à cette langue son éclat littéraire : Ronsard (1524-1585), gentilhomme vendômois, courtisan, auteur un peu leste (« Ah ! maîtresse, approche-toi / Tu fuis comme un faon qui tremble / Au moins souffre que ma main / S'ébate un peu dans ton sein / Ou plus bas si bon te semble »), et le nostalgique Du Bellay, son ami depuis 1547, chantre de la grandeur de la nation (« France, mère des arts, des armes et des lois »), qu'il préférait à l'Italie (il avait été diplomate à Rome) et à toutes ses gloires : « Plus mon Loir gaulois que le Tibre latin / Plus mon petit Liré que le mont Palatin / Et plus que l'air marin, la douceur angevine. »

La Renaissance ne concerna pas seulement l'Italie, l'Espagne, l'Allemagne et la France. Elle réveilla aussi l'Angleterre avec Henri VIII Tudor et Thomas More, la Hollande (Érasme, *Éloge de la folie*, 1509) et même la Pologne.

À Cracovie, en effet, un astronome, Copernic, publia en 1523, en latin, un livre subversif, *La Révolution des astres*, dans lequel il affirmait que la Terre n'était pas le centre de l'univers, que ce n'était pas le Soleil qui tournait autour d'elle, mais la Terre qui tournait autour du Soleil. Révolution totale de la manière que les hommes avaient de considérer le cosmos (y compris les savants hellénistiques). « Révolution copernicienne » de notre vision du monde.

Signalons enfin – mais cela, tout le monde le sait – la généralisation de l'imprimerie après Gutenberg. La première Bible fut imprimée en 1455. En remplaçant les parchemins écrits à la main (manuscrits) par des livres reliés et imprimés, l'imprimerie donna aux penseurs et aux savants les moyens techniques d'une diffusion de leurs écrits bien plus large qu'auparavant, les imprimeurs sortant cent livres dans le temps qu'il fallait aux copistes pour en recopier un !

# Les Réformes et les guerres de religion

Les mœurs des papes de la Renaissance, qui avaient maîtresses et enfants (César et Lucrèce Borgia) et qui vivaient de manière bien peu évangélique, scandalisaient quand même beaucoup de croyants, d'autant qu'à l'évidence l'Église avait grand besoin de réformes.

L'Église catholique en avait déjà connu, et sans rupture : la réforme grégorienne, la réforme franciscaine. Si les chrétiens d'Orient détestaient ceux d'Occident, c'était moins pour des questions de mœurs ou de dogmes qu'en raison du pillage de Constantinople par les marins vénitiens et les chevaliers latins en 1204, lequel laissa de forts ressentiments.

Au XVI^e^ siècle, la réforme entraîna des schismes. Mais ce n'était pas écrit d'avance. Prenons conscience de la déformation optique qui est la nôtre : nous en connaissons la fin, mais la plupart des événements auraient pu tourner autrement ! Rien n'est écrit et les historiens s'amusent, depuis qu'ils existent, à réécrire l'histoire. « Si le nez de Cléopâtre avait été plus court... »

Un moine allemand, en particulier, trouvait scandaleux ce qui se passait à Rome. Surtout les trafics auxquels se livraient les papes transformés en marchands du temple, par exemple le commerce des indulgences (rémissions de peines moyennant finance). Martin Luther (1483-1586) afficha donc le 31 octobre 1517, sur les portes de l'église du château de Wittenberg, quatre-vingt-quinze thèses pour condamner ce trafic. Les pressions les plus diverses ne purent l'amener à se rétracter ; au contraire, il publia en 1520 un manifeste *À la noblesse de la nation allemande* et brûla la bulle du pape qui le condamnait.

Sa protestation était parfaitement fondée, les papes de la Renaissance ressemblant fort peu à Jésus de Nazareth. Le malheur fut que les pontifes ne prirent pas Luther au sérieux (trois siècles auparavant, Innocent III avait su recevoir François d'Assise qui lui faisait la leçon). D'où la rupture et la naissance d'une réaction évangélique à laquelle on donna le nom de « protestantisme ». Il faut noter que Luther avait tiré de l'Évangile le goût de la pureté, mais pas celui de l'égalité : lorsque éclata en Allemagne une révolte des paysans, en 1525, il choisit le parti des princes quand ceux-ci décidèrent de réprimer cette jacquerie dans le sang.

La nation allemande prit conscience d'elle-même avec Luther, lequel traduisit d'ailleurs la Bible en allemand. Luther joua pour les Allemands le rôle qu'avait joué Jeanne d'Arc pour les Français – avec cette différence que Jeanne avait le souci des pauvres, alors que Luther était passionnément « réactionnaire ». L'identité nationale allemande en gardera trace. Le côté obéissant et discipliné que l'on reconnaît aux Allemands, leur côté sombre (les mauvaises langues disent « germanique ») doit beaucoup au luthéranisme.

L'Allemagne se sépara en deux, au nord et au sud de l'ancien *limes* romain, entre catholiques et protestants.

Beaucoup de princes allemands y trouvèrent prétexte pour s'affranchir de Rome et confisquer les biens d'Église. L'empereur catholique Charles Quint, malgré le bannissement de Luther à la diète de Worms, ne put arrêter la Réforme et fut contraint au compromis. Le grand maître, catholique, de l'ordre militaire des Chevaliers teutoniques, Albert de Brandebourg, prit prétexte de sa conversion au protestantisme pour créer, en 1525, le duché de Prusse (la Prusse entra ainsi dans l'histoire) ; il fonda l'université de Königsberg (Kaliningrad). Beaucoup d'autres princes devinrent luthériens, dont les rois de Suède et de Danemark. En 1530, la Confession d'Ausbourg énonça la règle : *Cujus regio, ejus religio.* Les sujets doivent avoir la même religion que celle de leur prince. Une réaction de liberté contre le pape et l'empereur, maîtres lointains, s'était transformée en aggravation de l'asservissement aux « princes », maîtres trop proches !

En 1534, le roi d'Angleterre Henri VIII (1491-1547), qui voulait divorcer malgré le refus du pape (refus politique, et non religieux : Henri était marié à la tante de Charles Quint, l'empereur catholique), trouva dans le luthéranisme un exemple commode. Il rompit avec Rome et fonda l'« anglicanisme ». En fait, un catholicisme schismatique, l'Église anglicane – surtout la « haute Église » – restant de style « catho ».

Dès 1588, un théâtre puissant naissait à Londres avec Shakespeare : *Richard III* fut joué en 1592. L'Angleterre fit ainsi (presque en même temps que la Prusse) une entrée fracassante dans la compétition culturelle. Mais

Henri VIII se heurta dans son royaume à un fort parti fidèle à Rome et dut faire exécuter son chancelier Thomas More, ami d'Érasme, en 1535.

En France, Jean Calvin (1509-1564) adhéra à la Réforme et s'exila en Suisse, d'où il écrivit en 1539 *L'Institution de la religion chrétienne*. De 1541 à sa mort, il fut le dictateur de la ville de Genève, où il appliqua un protestantisme beaucoup plus radical que celui de Luther : le calvinisme.

À Genève, sous Calvin, une espèce de police religieuse des bords du lac Léman vérifiait que les fidèles ne prenaient pas de plaisir ici-bas, allant jusqu'à goûter les plats des auberges afin de vérifier qu'ils n'étaient pas trop bons ; sinon, c'était l'amende ou la prison. Les Talibans n'ont rien inventé. Les protestants, que la bien-pensance contemporaine présente aujourd'hui comme des chrétiens éclairés, furent souvent des fanatiques (à la manière des sectes fondamentalistes américaines). D'ailleurs, en 1553, Calvin (par ailleurs essayiste génial : son *Institution* est un chef-d'œuvre de la langue française) n'hésita pas à faire monter sur le bûcher son ami Michel Servet, suspect de déviationnisme !

Ainsi, au milieu du XVIe siècle, l'Europe latine était en pleine crise : une bonne part avait quitté l'Église catholique en se ralliant aux luthériens ; l'Angleterre avait fait schisme et, en France, les calvinistes essayaient, depuis Genève, de pousser le pays au protestantisme. Il était évident que la partie allait se jouer en France. Si celle-ci basculait vers la Réforme, le protestantisme s'imposerait ; si elle demeurait catholique, la Réforme resterait « régionale », car la France était alors la plus grande puissance du monde (et le resterait jusqu'à Waterloo).

Le calvinisme fit beaucoup d'adeptes en France, surtout parmi les nobles éclairés. Dans la nuit du 23 au 24 août 1572, la régente Catherine de Médicis, après avoir tenté de faire assassiner l'amiral de Coligny, chef du parti réformé, arracha au roi Charles IX, son fils, l'ordre de massacrer les chefs protestants réunis à Paris pour le mariage d'Henri de Navarre avec Marguerite de Valois (la reine Margot). Il y eut plus de trois mille morts, dont Coligny. Les « guerres de religion » se déchaînèrent alors entre protestants et catholiques. Le roi, influençable et fragile, ne survécut que quelques mois. (Henri II, son père, le mari de Catherine, était mort dans un tournoi d'un coup de lance malheureux, treize ans auparavant.)

Henri III, frère de Charles IX, avait davantage de bon sens. Personnage complexe, cultivé, homosexuel, accordant trop de crédit à ses « mignons », il gardait cependant le sens de l'État.

Le parti catholique devenant puissant sous la direction des Guise (la Ligue), Henri III profita de la réunion des États généraux à Blois en 1588 pour convoquer dans sa chambre le duc de Guise, chef de la Ligue. Ce dernier s'était laissé aller à des paroles imprudentes, donnant à entendre qu'on allait remplacer le roi et qu'il ceindrait la couronne. Il n'en eut pas le loisir : les gardes d'Henri III le tuèrent. Il s'agit là davantage d'une exécution que d'un assassinat, bien qu'on parle en général de l'« assassinat du duc de Guise ». Le souverain légitime fit exécuter un rebelle – catholique, certes, mais séditieux. Le pauvre Henri III sera, lui, réellement assassiné par un moine ligueur l'année suivante.

Selon l'ordre de succession monarchique, les fils de Catherine de Médicis n'ayant pas laissé de descendance, la couronne devait échoir à Henri de Navarre. Or, celui-ci était protestant.

Deux principes se sont affrontés à ce moment décisif : le principe de religion (celui de Luther : *Cujus regio, ejus religio*) et le principe de légitimité (celui des juristes). Car, si Henri était protestant, il était incontestablement le roi légitime. Les catholiques « éclairés » en convenaient. Mais les masses populaires de France restaient obstinément catholiques.

Henri de Navarre eut l'intelligence de le comprendre : il abjura le protestantisme et put ainsi, en 1594, entrer à Paris. On lui prête ce mot : « Paris vaut bien une messe. » S'il ne l'a pas prononcé, il l'a certainement pensé. En 1598, devenu roi et sacré, Henri IV promulgua le fameux édit de Nantes qui accordait aux protestants une certaine liberté religieuse.

Si l'édit reste prudent, ses conséquences idéologiques sont immenses. À partir de sa promulgation, on put dissocier religion et citoyenneté. Le protestant renégat se révéla ainsi infiniment plus progressiste que Luther et Calvin ! On pourrait dire que la conception française de la laïcité n'est pas née, comme on le croit, en 1905, mais en 1598...

Henri IV fut un grand roi qui, avec de sages ministres, tel Sully, rétablit la loi et l'ordre, donc la prospérité. On connaît son souhait que tous les Français puissent manger paisiblement leur « poule au pot » (la « fracture sociale », déjà !). Bon vivant, bon amant (« Vert galant »), bon dirigeant, il mourut assassiné le 14 mai 1610 par un fanatique catholique du nom de

Ravaillac. Mais le catholicisme (un catholicisme tolérant) avait, grâce à lui, gagné la partie en Europe. La France n'avait pas basculé.

Cette victoire de l'Église fut d'autant plus grande qu'elle avait enfin compris les leçons de Luther et entreprenait de se réformer. Ce fut la « Contre-Réforme ». De 1544 à 1563, le concile de Trente, réunissant les principaux évêques et théologiens, jeta les bases de cette Réforme catholique.

L'Église ouvrit de multiples « séminaires » (par un paradoxe étrange, on nomme aujourd'hui « séminaires » des réunions civiles souvent commerciales) qui surent former un nouveau clergé, digne et cultivé, opposable aux pasteurs protestants.

Les papes se remirent à avoir la foi (Pie V). De nombreux héros catholiques surgirent, dont Ignace de Loyola (1491-1556), espagnol mais qui fonda son ordre à Montmartre. Le 15 août 1534, il y créa les Jésuites, religieux modernes, savants, lettrés, et surtout entièrement dévoués à la papauté. Très souples, un peu machiavéliques, ils surent employer des moyens intelligents « pour la plus grande gloire de Dieu » (*Ad majorem Dei gloriam*). Les *Exercices spirituels* de saint Ignace ont été un best-seller.

Beaucoup de missionnaires furent jésuites. Car l'Église catholique voulait évangéliser le monde. Les Amériques et les Philippines étant déjà catholiques par le fait de la conquête espagnole, le jésuite François Xavier se rendit en 1549 au Japon, où le catholicisme connut un grand succès (brisé au siècle suivant par les persécutions). Un autre jésuite, Matteo Ricci, jeta les fondements du christianisme en Chine et devint le premier

« sinologue ». À Pékin, capitale de la Chine depuis le siècle précédent, il admira beaucoup les raffinements en usage à la cour des empereurs Ming. De nombreux lettrés chinois se convertirent, Ricci adoptant envers les rites confucéens une attitude conciliante qui ne fut pas toujours comprise à Rome (querelle des « rites chinois »). Ricci se voulait une sorte de mandarin catholique. Aux Indes, un autre missionnaire, Nobili, s'habillait comme un brahmane et se voulait gourou. Au Paraguay, les jésuites réussirent efficacement à protéger les Indiens guaranis de la rapacité coloniale (voir le film *Mission*).

Mais en Europe aussi l'Église catholique regagnait du terrain.

Certes, l'Angleterre, devenue une grande puissance navale avec la reine Élisabeth Ire (1558-1603) – l'Angleterre « élisabéthaine » –, lui échappait. En 1588, une immense flotte envoyée contre elle par le très catholique roi d'Espagne Philippe II, l'« Invincible Armada », fut dispersée – davantage, il est vrai, par le mauvais temps que par les marins anglais (Drake). Seuls 63 vaisseaux sur 130 regagnèrent Cadix. Cette bataille marqua le début de la suprématie navale britannique.

Mais l'Irlande restait obstinément fidèle au pape et le catholicisme triomphait en Europe centrale et orientale (Pologne).

Et, surtout, de nombreux génies lui faisaient honneur. Des évêques progressistes : Charles Borromée (1538-1583) à Milan, François de Sales (1567-1622) à Annecy. Des mystiques d'un extraordinaire talent littéraire : Thérèse d'Avila, la *Madre* (1515-1582), et son ami Jean de la Croix (1542-1591), réformateurs des Carmes, furent de grands poètes. Le *Livre des demeures* de Thérèse et *La Nuit obscure* de Jean, publiés en 1588 (année de la défaite de l'Armada : les vraies victoires sont idéologiques !), restent des chefs-d'œuvre de la littérature castillane et spirituelle. Comme quoi Charles Quint n'avait pas tort de vouloir s'adresser à Dieu en espagnol ! Au même moment, Philippe Neri fondait à Rome l'ordre de l'Oratoire.

Alors que le protestantisme, quelque peu « iconoclaste », ne réussissait pas à s'inventer une architecture, les jésuites lancèrent une mode qui fera fureur : celle du « baroque ». Inauguré à Rome, en 1568, avec l'église du Gesù, le baroque triomphera de Salamanque à Cracovie et jusqu'au Mexique...

Ces événements ont laissé des traces. Le président américain Bush Junior est un fondamentaliste protestant. En revanche, l'Union européenne reste si catholique que son drapeau est celui de la Vierge Marie et qu'on a pu parler d'« Europe vaticane ».

Si la Renaissance fut une période d'humanisme et de gloire, elle fut aussi une période de tragédie : les civilisations précolombiennes en sont mortes et elle a connu les « guerres de religion ».

Rien n'étant plus effrayant que les guerres de religion, on doit remercier le bon roi Henri d'y avoir jadis mis un terme. Puissent-elles ne pas resurgir aujourd'hui !

# Le grand XVII$^{e}$ siècle

À la mort d'Henri IV, la régence fut exercée en France par Marie de Médicis, au nom de son fils Louis XIII. Aux États généraux de 1614, elle dut faire des concessions à la noblesse. Peu intelligente, influencée par un entourage détestable (les Concini), elle voulut garder le pouvoir à la majorité du roi. Mais elle eut l'immense mérite de faire entrer Richelieu au Conseil.

La régente disgraciée, Louis XIII garda Richelieu. C'était en 1624. Le roi avait vingt-quatre ans; le ministre, devenu cardinal, trente-neuf. Louis XIII était un homme de petite allure, au physique ingrat, bègue, mal à l'aise avec les femmes (il mit treize ans à faire un enfant à la sienne, Anne d'Autriche).

Ce roi timide fut cependant capable, parce qu'il en reconnaissait le talent, de conserver le cardinal comme ministre pendant vingt ans. Armand du Plessis avait le sens de l'État. À l'intérieur, il lutta contre tout ce qui pouvait entraver l'autorité monarchique. Les protestants ayant profité de la mort d'Henri IV pour ouvrir aux Anglais La Rochelle qu'ils dominaient, Richelieu fit jeter une digue devant le port charentais et contraignit les gens de la RPR (Religion prétendue réformée) à obéir, tout en respectant leur liberté religieuse. Il poussa le roi à châtier les « grands » séditieux. Ce n'était pas facile : « Les quatre pieds carrés du cabinet du roi ont été pour moi plus difficiles à conquérir que les champs de bataille d'Europe », disait Richelieu. Louis XIII n'était pas une « potiche ». Mais Montmorency et Cinq-Mars furent décapités.

En Europe, Richelieu pratiqua une politique habile pour restaurer la prépondérance française, n'hésitant pas à s'allier aux princes protestants contre les Habsbourg catholiques, ce qui scandalisait les dévots. Il subventionna le roi de Suède, Gustave-Adolphe, pour le faire intervenir en Allemagne. La Suède connut alors soixante ans de grandeur militaire.

Efficace et fructueuse, cette politique eut des conséquences désastreuses en Allemagne. La guerre de Trente Ans, de 1618 à 1648, qui se termina avantageusement pour la France et la Suède au traité de Westphalie (1618), a été pour l'Allemagne une terrible tragédie (destructions, morts), dont elle mettra longtemps à se relever; la Prusse et les États héréditaires des Hasbourg (l'Autriche) étant épargnés.

Richelieu intervint aussi dans le domaine culturel : il fonda l'Académie française en 1634, fit bâtir l'église de la Sorbonne et le Palais-Royal à Paris. De santé fragile, malgré son énergie farouche, il mourut en 1642, et son roi, tuberculeux, quelques mois plus tard en 1643.

À cette époque, un événement étrange survint en Angleterre : la proclamation d'une république, en 1649, après la décapitation du roi Charles. (Eh non! les Français n'ont pas été les premiers à couper la tête de leur roi!) Olivier Cromwell, devenu le dictateur (le « lord-protecteur ») de cette république, la dirigea d'une main de fer jusqu'à sa mort (3 septembre 1658). Il en profita pour faire la conquête de l'Écosse et de l'Irlande, restées quasi indépendantes jusque-là.

Les partisans du lord-protecteur s'appelaient les « puritains », protestants rigides. Le nom est resté. L'annexion de l'Écosse, protestante comme l'Angleterre, fut assez facile (malgré des révoltes). Elle sera validée par un traité d'Union en 1765. Raison pour laquelle on parle depuis du « Royaume-Uni ». Celle de l'Irlande catholique fut sanglante. Cromwell y envoya ses puritains, qui s'approprièrent les meilleures terres volées aux gentilshommes catholiques (beaucoup d'entre eux se réfugièrent en France). Il en résulta une haine séculaire des Irlandais envers les Anglais, qui conduira l'Irlande en 1920 à devenir indépendante. Pendant la Seconde Guerre mondiale, elle restera neutre, malgré Hitler, par détestation de l'Angleterre.

Les Anglais, regroupés en Ulster, conservèrent toutefois le quart de l'Irlande. Cette survivance explique les combats de l'IRA – dont on peut espérer voir la fin, un armistice étant aujourd'hui conclu. Il est probable que ce conflit séculaire (dans lequel les États-Unis jouent maintenant le rôle d'arbitre, de nombreux Américains étant des catholiques d'origine irlandaise, tel le président Kennedy) aboutira à la réunification de l'île, les protestants de l'Ulster devant choisir entre devenir vraiment irlandais ou retourner dans le pays d'où leurs ancêtres sont venus.

Cela dit, contrairement à la française, la République anglaise ne dura pas. Dès la mort de Cromwell, la monarchie fut rétablie en Grande-Bretagne. Elle y subsiste encore.

Louis XIII mort, son épouse Anne d'Autriche, écervelée jusque-là, se hissa à la hauteur des circonstances. Elle commença par conserver le premier ministre que Richelieu avait choisi comme successeur : Giulio Mazarini, dit Mazarin, un diplomate pontifical que Richelieu avait « repéré » et embauché. Mazarin, souple en apparence, avait en fait beaucoup de caractère. Il en eut besoin. À la mort de Richelieu et de Louis XIII, les nobles se révoltèrent. On appelle « Fronde » cette dernière sédition des « grands », à l'origine peut-être du divorce qui existe en France entre le peuple et les élites. Les frondeurs n'hésitèrent pas à s'allier aux ennemis extérieurs ; le fameux « parti de l'étranger », déjà !

Mazarin et Anne d'Autriche formèrent un couple solide. Ils n'étaient pas amants (bien que Mazarin fût un cardinal laïc, l'union d'un roturier et d'une descendante de Charles Quint était impensable), mais très amis. Ils firent front. Fuyant quand il le fallait (aussi le jeune dauphin, futur Louis XIV, eut-il une enfance tourmentée), ils revenaient toujours. En 1653, la Fronde était écrasée. L'État avait été sauvé par deux étrangers : une Espagnole et un Italien. Le traité des Pyrénées, signé en 1659, mit également fin aux hostilités extérieures. Mazarin, bien qu'il ait confondu le trésor public avec sa cassette privée (aujourd'hui, on l'inculperait d'« abus de bien social »), a bien mérité de la patrie.

Avec Richelieu et Mazarin, le prestige intellectuel de la France éclipsa celui de l'Italie. René Descartes, installé en Hollande – par commodité plus que par prudence – mais passionnément lu et commenté en France, avait publié en 1637 son fameux *Discours de la méthode.* Il revint d'ailleurs trois fois à Paris, où il rencontra un autre génie, Blaise Pascal, un physicien exceptionnel auteur d'études savantes sur le vide, la pesanteur et la mécanique des fluides. Les deux hommes avaient en commun la « méthode expérimentale » ; Pascal était en outre un mystique, plus connu pour ses célèbres *Pensées* que pour son *Traité du triangle arithmétique.*

À la mort de Mazarin – son parrain et son maître en politique –, en 1661, le roi Louis XIV avait vingt-quatre ans. Tant que le cardinal vécut, il avait laissé faire. Personne ne savait ce qu'il avait dans la tête (à l'exception de Mazarin, qui jugeait grandes les capacités de son filleul et élève). On pensait à la cour qu'il continuerait ses amours (le jeune homme, très beau, étant fort amateur de dames) et laisserait gouverner sa mère.

Pendant que l'Europe se réformait, que se passait-il en Asie ?

Dans l'empire ottoman et en Chine, on peut répondre : rien !

Certes, les Turcs restaient militairement puissants : ils parurent devant Vienne pour la dernière fois en 1682, et livrèrent à la république de Venise une guerre de vingt-cinq ans (1644-1669) à propos de l'île de Crète. Mais leur État était très mal administré, ce qu'aggravait la taille de l'empire : il allait de la Serbie à l'Arménie, de La Mecque à l'Algérie (le Maroc lui échappa toujours). Il entamait sa longue décadence.

La Chine était, elle, bien administrée par ses mandarins, mais elle restait fermée (à l'exception du commerce précieux des routes de la soie). Elle connut à cette époque le dernier cycle – toujours recommencé depuis des millénaires – d'une conquête par les nomades de la steppe et de la sinisation rapide de ces conquérants. Pour le reste, elle persistait dans sa majestueuse immobilité. En 1644, les nomades mandchous s'installèrent à Pékin. Ils y devinrent chinois et la dynastie mandchoue durera jusqu'en 1911.

Le Japon, lui, s'était fermé en persécutant ses chrétiens.

Aux Indes, un empereur moghol, quoique musulman, Akbar le Grand (1542-1605), essaya de fonder une religion nouvelle, *Din-i-ihali*, en syncrétisant l'islam, le christianisme et l'hindouisme (les trois religions du sous-continent). Mais il échoua et son fils Sélim se révolta. En raison de cet échec, Aurangzeb, le dernier grand souverain moghol (de 1658 à 1707), fut un musulman fanatique qui fit détruire quantité de temples de Siva et persécuta les hindouistes : 90 % de la population du sous-continent lui était donc hostile, ce qui favorisera grandement les entreprises ultérieures des Européens.

En Perse, en revanche, on assista à cette époque, avec la dynastie safévide, à une renaissance de la vieille culture iranienne traditionnelle. Certes, les Safévides restaient officiellement musulmans, mais ils l'étaient en fait fort peu. Abbas le Grand (1571-1629) modernisa son armée avec l'aide de conseillers anglais et fit évoluer son pays en tenant compte de ce qui se passait en Europe. Il établit sa capitale à Ispahan, ville à la romaine, avec un *cardo* et un *decumanus*, de grandes avenues, des places magnifiques, des mosquées, certes, mais surtout des palais. Il encouragea (hérésie pour l'islam !) la peinture et les courses de polo. Au Shehel Sotoun, on peut encore admirer les fresques : de jeunes princes s'y font verser du vin par de jolies jeunes femmes. On y voit aussi de belles sculptures. Tolérant, Abbas installa dans sa capitale de nombreux chrétiens arméniens, dont il appréciait la science et l'artisanat. « Ispahan, c'est la moitié du monde », disait-on. Il s'évertua à envoyer de somptueuses ambassades aux souverains d'Europe, leur proposant une alliance de revers contre les Turcs qu'il détestait. Tous les shahs de la dynastie l'imitèrent (Napoléon recevra ainsi une ambassade perse en Pologne, au cours de l'hiver 1807).

À Paris, cependant, le beau Louis XIV réunissait son Conseil pour la première fois depuis la mort de son parrain. Il dit aux ministres :

« Messieurs, jusqu'à maintenant, j'ai bien voulu laisser le soin de gouverner mes États à feu le cardinal Mazarin. Dès aujourd'hui, il n'en sera plus ainsi, je ne prendrai pas de premier ministre et gouvernerai moi-même. Je solliciterai vos conseils quand j'en aurai besoin. Vous pouvez disposer. »

En même temps, il faisait arrêter par ses mousquetaires le puissant surintendant des Finances, Nicolas Fouquet, qui lui faisait de l'ombre. Arrestation injuste, certes, mais dictée par la « raison d'État » chère à Machiavel. Le fastueux surintendant, constructeur du château de Vaux, mourut ignoré dans la citadelle royale de Pignerol.

Ce véritable coup de théâtre révélait une énergie que son parrain Mazarin avait su discerner. Le roi avait succédé à son père en 1643 (« Le roi est mort, vive le roi ! »), mais c'est en cette année 1661 que commença un règne personnel qui durera cinquante-quatre ans, et qui fut grand.

Seule la Hollande réussit à contenir vraiment Louis XIV. La Hollande, cette portion des Pays-Bas, avait trouvé dans le protestantisme, en l'occurrence calviniste, un prétexte pour s'affranchir de la domination pesante de l'Espagne. En 1609, l'Espagne avait reconnu l'indépendance du nord des Pays-Bas, conservant pour elle le sud. Voilà pourquoi les Flamands, qui parlent hollandais, sont catholiques. Dès 1648, Amsterdam enlevait à Venise la suprématie maritime.

Les Hollandais envoyèrent de nombreux colons au sud de l'Afrique, au Cap (ils y sont toujours, et les « Afrikaners » parlent encore le néerlandais). Ils firent la conquête du grand archipel d'Indonésie, qui restera à eux jusqu'en 1945. Ils fondèrent en Amérique, à l'embouchure de l'Hudson, la « Nouvelle-Amsterdam », qui deviendra New York quand les Anglais succéderont sur les mers à la Hollande.

On sous-estime toujours le rôle des Hollandais.

Sur le plan culturel, ce rôle fut capital. Amsterdam avait abrité Érasme, et Descartes y vécut. Spinoza (1632-1677) en a été la figure dominante. Excommunié par la Synagogue pour son rationalisme, il alla vivre à La Haye, où il écrivit l'*Éthique* tout en polissant des verres de lunettes. En même temps qu'une peinture flamande, il y eut une peinture hollandaise.

La guerre franco-hollandaise (1672-1678) se solda par un match nul. Les républiques bataves avaient confié leur défense à un prince allemand, également seigneur de la ville d'Orange en France (d'où son titre de Guillaume d'Orange), qui galvanisa leur résistance et sauva les Hollandais en ouvrant les digues (une partie du pays se trouve au-dessous du niveau des hautes mers). Après la paix de Nimègue (1678), Guillaume fut appelé en Angleterre, dont il devint roi (voilà pourquoi les protestants royalistes du nord de l'Irlande, en Ulster, se nomment aujourd'hui « orangistes »). L'orange est toujours la couleur hollandaise.

Partout ailleurs, Louis XIV fut victorieux. Il avait créé, avec son ministre de la Guerre Louvois, la meilleure armée d'Europe, et la plus nombreuse (400 000 hommes, davantage que n'en eut jamais l'empire romain). Parfois, les guerres furent rudes. Celle dite de « succession d'Espagne » faillit mal se terminer et Louis XIV fut obligé d'en appeler à la bonne volonté de ses sujets, par une lettre lue dans toutes les paroisses de France. Cet épisode est significatif. Il démontre que, malgré les apparences, le Roi-Soleil restait fidèle à la tradition capétienne et s'appuyait sur le peuple. La victoire fut française à Denain en 1712 et Louis réussit à installer un petit-fils sur le trône d'Espagne, mettant ainsi fin à une rivalité séculaire. Les Bourbons détiennent aujourd'hui encore la couronne espagnole : Juan Carlos descend de Louis XIV.

Malgré leur coût financier et humain, ces guerres, menées par une armée de métier, à la périphérie du royaume, furent davantage des actes de propriétaire désireux d'arrondir son champ que des aventures conquérantes. Louis XIV n'aurait pas eu l'idée saugrenue d'aller occuper Berlin ! De fait, il acheva presque de dessiner notre actuel hexagone en annexant au royaume l'Artois, les Flandres (Lille), l'Alsace, la Franche-Comté et le Roussillon.

À l'intérieur, sa seule erreur fut d'avoir aboli, en 1685, l'édit de Nantes. Beaucoup de Français protestants émigrèrent alors en Prusse ou en Afrique du Sud hollandaise. Ce fut une lourde perte pour le pays – mal compensée par l'arrivée de catholiques irlandais.

Pour le reste, sa politique fut efficace (l'édit de Nantes fut d'ailleurs remis en vigueur par ses successeurs). Louis XIV avait gardé de son enfance sous la Fronde une profonde méfiance envers la noblesse. Il faut comprendre que la construction de Versailles fut un acte hautement politique. Inauguré en 1682, Versailles n'était pas seulement le plus beau palais du monde, imité dans l'Europe entière; c'était une machine à domestiquer les « grands »; tous les « importants » étant quasi obligés d'habiter la ville nouvelle pour faire leur cour au roi. Il faut imaginer les nobles assemblés dans la galerie des Glaces et un garde criant : « Messieurs, le roi! » Tous se courbaient...

Ce palais de glaces, sublime et fragile, nous montre aussi à quel point l'ordre intérieur régnait : ce château était, en effet, indéfendable en cas d'émeute – la Révolution le prouvera. L'ordre extérieur est attesté, lui, par le fait que le Paris de Louis XIV (qui restait la capitale) n'avait pas de murailles. Le « mur murant Paris [qui] rend Paris murmurant » n'était qu'un mur d'octroi orné de belles portes : Saint-Denis, Saint-Martin. La paix française rendait inconcevable une attaque ennemie. Ce n'est qu'au siècle suivant que Paris retrouvera des fortifications.

C'est à son entourage qu'on reconnaît un dirigeant : les petits chefs ne supportent pas le talent des autres et choisissent des incapables; les grands chefs savent que la gloire de leurs conseillers ne leur porte pas ombrage, mais rejaillit sur eux.

De ce point de vue, Louis XIV est bien Louis le Grand : *Nec pluribus impar* était sa devise – « À nul autre pareil ». C'est aujourd'hui la devise officielle des États-Unis (et le jugement officieux de la France à propos d'elle-même).

Autour du Roi-Soleil, on rencontrait l'architecte Mansart, le musicien Lully, le paysagiste Le Nôtre, et une pléiade d'hommes de lettres : Corneille, Racine, La Fontaine, Molière, Boileau, La Bruyère.

Il faut s'arrêter au cas de Molière. Jean-Baptiste Poquelin (1622-1673) avait renoncé au barreau pour les planches. Louis XIV le nomma « comédien ordinaire du roi », avec une pension et la création de la Comédie-Française. Surtout, il le laissa écrire et jouer des pièces séditieuses, aujourd'hui encore scandaleuses – songeons à *Tartuffe*, impitoyable satire des Talibans de tous les temps. À la fin de sa représentation, les bien-pensants vexés affichaient un silence glacial ; le roi battit très fort des mains, déclenchant les applaudissements des courtisans. On pouvait, devant Louis XIII ou Louis XIV, laisser dire à un personnage du *Cid* : « Pour grands que soient les rois, ils sont ce que nous sommes. Ils peuvent se tromper comme les autres hommes », et les rois d'applaudir.

Il faut souligner le génie de Racine et de Corneille qui, en quelques milliers de mots, en s'imposant des règles extrêmement strictes, disent tout sur tout, explorent avec une incroyable précision l'âme humaine, la découpant au scalpel comme jamais et condensant en quelques actes les passions de l'homme (l'amour, la haine, l'ambition, la gloire, l'avarice, l'hypocrisie, la peur). On approche là du génie des anciens Grecs : Racine, c'est Sophocle ; Molière, Aristophane !

La simplicité « classique » exprime la complexité des choses. Le dépouillement suggère le brillant, la légèreté révèle la profondeur. Ce génie classique, Boileau le résume : « Ce qui se conçoit bien, s'énonce clairement. » C'est le génie même de la France, la capacité d'accéder à la grandeur dans la mesure. Tout le style Louis XIV est là. « Hé bien ! connais donc Phèdre et toute sa fureur. J'aime », écrivait sobrement Racine.

Si l'on considère le gouvernement, la France en connut peu de plus éclatants. Nous avons cité Louvois à la Guerre. Mais on pense évidemment à Colbert, ministre des Finances, de l'Intérieur, de l'Économie. Le roi fit édifier de célèbres manufactures, dont certaines existent toujours, tels les Gobelins, ou ont donné naissance à de grandes entreprises capitalistes, tel Saint-Gobain. L'« État colbertiste » a vraiment existé. Il marque encore le style de gouvernement français – harmonieux mélange, quoi qu'on en dise, d'initiative privée et d'intervention publique.

Vauban fut le plus caractéristique de ces grands commis français. Vauban, on le sait, fit édifier en France d'innombrables forteresses de conception nouvelle, capables de résister au canon. On se souvient moins qu'il fut un grand fiscaliste. D'une certaine manière, on pourrait lui attribuer la création de l'INSEE, car il avait l'obsession des recensements.

Chaque grande nation européenne a marqué un siècle : le XVe siècle est italien ; le XVIe, espagnol. Les XVIIe et XVIIIe siècles sont français. La langue française était universelle : à Austerlitz, tous les souverains, ennemis de la France, parlaient le français entre eux. Au XIXe et au XXe siècle, l'anglais s'imposera ; d'abord à cause de l'Angleterre, ensuite à cause de l'Amérique.

Le roi « très chrétien » était un bon vivant. Il eut d'innombrables maîtresses, dont trois ont marqué les étapes du règne. Mlle de La Vallière fut la femme des débuts triomphants ; Mme de Montespan, celle de la maturité glorieuse, et Mme de Maintenon, la femme du soleil couchant. Cette dernière fonda la maison d'éducation pour jeunes filles de Saint-Cyr. Mais ces maîtresses ne décidaient en rien des affaires publiques. Louis XIV montait à cheval et chassait le loup ou le cerf deux heures de suite ; le soir, il présidait les dîners entouré de jolies femmes, mais c'était d'abord un travailleur, acharné à faire son « métier de roi » (comme il disait), étudiant les dossiers à son bureau dix heures par jour.

Outre Versailles, il nous a laissé de magnifiques monuments. Toutes les villes de France lui doivent des bâtiments publics de belle allure. Paris, que l'on imagine à tort négligé parce que la cour était à Versailles, doit à Louis XIV trois grands hôpitaux, situés en ligne sur le boulevard sud : les Invalides (pour les vieux soldats blessés), le Val-de-Grâce et la Salpêtrière, avec les dômes de leurs chapelles.

Les Invalides, peut-être le plus beau monument de Paris, n'étaient qu'un hôpital. Mais ils disent davantage en faveur de Louis XIV que n'en dit Versailles. Quand on veut juger de la grandeur d'une civilisation, il ne faut pas regarder les demeures des riches, mais les hospices destinés aux pauvres !

Tous les souverains d'Europe, adversaires ou alliés, voulaient imiter le roi de France.

Près de Vienne, l'empereur de Habsbourg faisait construire son propre Versailles à Schönbrunn.

En Russie, à l'autre bout de l'Europe, le tsar Pierre le Grand, délaissant Moscou l'orthodoxe, fit bâtir, tournée vers l'Occident, une nouvelle capitale de style classique, Pétersbourg, ce rêve d'Europe au fond de la Baltique. Il modernisa son pays avec violence (comparé au tsar Pierre, Louis XIV fut un doux). Sous le règne de Pierre le Grand (1672-1725), la Russie devint enfin une puissance du concert européen.

Quand Louis XIV mourut « vieux et rassasié de jours », l'ex-électeur de Brandebourg, devenu roi de Prusse en 1701, ouvrit à Berlin son Conseil des ministres en disant seulement, en français : « Le roi est mort. » Il n'eut pas besoin de préciser de quel roi il parlait.

Et le peuple français, dans tout cela ? Nous avons noté que c'est vers lui que Louis XIV s'était retourné pendant la guerre de Succession d'Espagne, et que le peuple avait répondu à son attente (contributions, volontaires, vaisselle, etc.).

Les protestants (qui reviendront nombreux dans le royaume quand la monarchie aura rétabli l'édit de Nantes) le détestaient, et beaucoup de nobles aussi (tel le duc de Saint-Simon). Mais les bourgeois l'aimaient. Quant aux 20 millions de paysans, ils n'ont pas été aussi malheureux, sous le règne solaire, qu'une certaine école historique contemporaine l'affirme. Ils bénéficièrent de la paix (à l'exception des régions du Nord-Est et de l'Est) et d'une bonne administration. Dans les derniers temps, cependant, la fiscalité – qui, de façon injuste, pesait essentiellement sur eux – devint écrasante. Guerres, bâtiments, diplomatie : tout cela coûtait cher. À la fin de ce long – un peu trop long – règne, les paysans n'en pouvaient plus. La mort du grand roi fut pour eux une délivrance, ainsi que pour les « importants » maintenus depuis un demi-siècle sous sa main de fer.

# Le siècle des Lumières

Une série de morts tragiques ayant élagué l'ordre de succession au trône (et assombri les dernières années de Louis XIV), la couronne échut en 1715 à un arrière-petit-fils – encore enfant – du défunt roi, et la régence à son neveu Philippe d'Orléans (de 1715 à 1723).

C'était comme un ressort qu'on décomprime. Les notables explosaient de joie. La Régence fut une fête, qu'illustre bien le film de Bertrand Tavernier, *Que la fête commence.*

Philippe d'Orléans aurait pu se contenter de laisser s'échapper la vapeur. Mais il commit une faute grave : il rompit la séculaire alliance des Capétiens et du peuple.

Louis XIV, son oncle, s'était bien gardé de gouverner avec les nobles, réduits à leur fonction militaire. Or, Philippe leur donna le pouvoir dont le Roi-Soleil les avait écartés. Il nomma des nobles dans des commissions dont l'avis était nécessaire sur toute chose : la « Polysynodie ».

Les bourgeois (classes moyennes), à qui les rois capétiens faisaient confiance, en furent mécontents (on touche là l'une des causes lointaines de la Révolution) et le gouvernement devint assez inefficace.

En fait, le XVIIIe siècle a commencé en 1715, à la mort de Louis XIV. La durée séculaire est adaptée à la psychologie, à la durée de la vie humaine. Un siècle, ce sont quatre générations. Un homme âgé peut avoir encore son père, et déjà ses petits-fils. Mais le début et la fin conventionnels des siècles ne correspondent pas aux faits historiques.

Le XVIIe siècle avait commencé, en 1610, avec l'assassinat d'Henri IV, et il dura jusqu'en 1715. Le XVIIIe débute en 1715 et se terminera cent ans plus tard, en 1815, sur le champ de bataille de Waterloo.

En Europe centrale et orientale, les souverains continuèrent de pratiquer la monarchie absolue de Louis XIV (leur pouvoir étant toutefois limité par les franchises municipales, les privilèges des nobles et du clergé).

En Prusse régnait le grand Frédéric II (1712-1786). À la tête d'une armée efficace et agressive, le roi stratège agrandit la Prusse, qui devint une puissance militaire, au détriment de ses voisins. Dans l'empire – augmenté vers l'est de la Hongrie, après des victoires sur les Turcs –, Marie-Thèrese (1740-1780), qui partagea le pouvoir à partir de 1765 avec son fils Joseph II, construisit l'empire des Habsbourg qui durera jusqu'en 1918.

En Russie, Catherine II (1762-1796) réussit, toute femme qu'elle était, à garder la main de fer de Pierre le Grand.

Prusse, Russie et Autriche s'entendirent pour se partager le malheureux royaume de Pologne, qui disparut en 1772 du nombre des États indépendants (et ne ressurgira qu'en 1918).

Mais, au Royaume-Uni, la monarchie devenait « constitutionnelle ». Après Walpole de 1721 à 1742, les Pitt seront premiers ministres (le premier de 1757 à 1760 et le second de 1783 à 1789) sous une dynastie issue du Hanovre.

En France, Louis XV, devenu majeur, ne gouverna pas vraiment, accaparé par les plaisirs et ses maîtresses (la Pompadour et la Du Barry). Ses premiers ministres furent médiocres, à l'exception du cardinal Fleury (1726-1743). Louis XVI, reconnu roi à la mort de Louis XV en 1774, n'aura pas de maîtresse et sera de mœurs austères ; il se montrera cependant tout aussi indécis que son prédécesseur.

Le XVIIIe siècle fut marqué par la rivalité navale franco-anglaise.

En effet, si l'Angleterre avait rapidement remplacé la Hollande sur les océans, la France disposait également d'une bonne marine. Les chênes plantés par Colbert dans les forêts domaniales étaient devenus, au siècle suivant, de puissants navires de guerre.

Cette époque fut l'apogée de la marine à voile. De magnifiques trois-mâts, armés de dizaines de canons à chaque flanc, et servis par des centaines de matelots (de Cornouailles ou de la Tamise, de Bretagne ou de Provence), pouvaient facilement faire le tour du monde en transportant de lourdes charges (on était loin des caravelles de Christophe Colomb). C'était le temps de l'exploration des mers du Sud, illustrée par l'Anglais James Cook et le Français La Pérouse, qui découvraient l'Australie et l'Océanie.

En Amérique, les Français, installés sur le Saint-Laurent depuis 1607 (date de la fondation de la ville de Québec par Champlain), s'étaient répandus sur le continent. Au XVIIIe siècle, les Français étaient les maîtres de presque toute l'Amérique du Nord, où leur présence reste attestée par la toponymie : Montréal, Détroit, Saint-Louis, La Nouvelle-Orléans. Ils en possédaient les deux grands fleuves : le Saint-Laurent au nord et le système du Mississippi vers le sud, parcourus par de hardis nautonniers (Cavelier de La Salle). La Nouvelle-Orléans, capitale de la Louisiane, était fondée. Cependant, cette immense Amérique française avait une faiblesse : le manque d'hommes.

Les Français ont toujours répugné à s'expatrier. Pourquoi le feraient-ils ? Un proverbe allemand ne dit-il pas « Heureux comme Dieu en France » ? Aventures scientifiques ou militaires, oui. Émigration, non !

Résultat : le continent d'Amérique française était occupé par moins de 100 000 colons, bien obligés d'entretenir d'excellents rapports avec les tribus indiennes nomades (les Hurons). Le Royaume-Uni, pour sa part, ne possédait de l'Amérique qu'une mince bande côtière (les treize colonies), étirée du Maine à la Caroline ; mais ce territoire atlantique était peuplé de près d'un million de colons britanniques, le plus souvent des puritains en querelle avec l'Église anglicane (les pèlerins du *Mayflower* avaient fondé Plymouth en 1620).

Les Français aux Indes, avec Dupleix, réussirent (1748), en accord avec des souverains moghols en pleine décadence, à imposer leur protectorat, depuis Pondichéry, aux rajahs ou princes des six provinces de la péninsule du Dekkan.

En 1750, les Français dominaient ainsi l'Amérique du Nord et le sous-continent indien. Les Anglais ne pouvaient accepter cela. Pour l'Angleterre, qui ne se suffit pas à elle-même, la domination des océans est un enjeu vital. De 1756 à 1763, la guerre de Sept Ans opposa outre-mer Anglais et Français. La disproportion des forces et des populations était grande ; la différence de motivation des gouvernements et des peuples aussi. La riche France, fortement insérée dans le continent européen, avec un roi inconstant, Louis XV, était beaucoup moins concernée par l'outre-mer que le Royaume-Uni. Souvenons-nous du mot méprisant de Voltaire à propos des « arpents de neige » américains.

Malgré le courage et le talent du marquis de Montcalm (il remporta plusieurs victoires sur les Anglais), il ne put empêcher la chute de Québec en 1759, ville devant laquelle il fut grièvement blessé. Il en alla de même aux Indes. Le sous-continent passa sous une domination britannique qui durera jusqu'en 1947. (La dernière résistance indienne, celle de la confédération des Marathes, sera brisée en 1818.) L'*India Act* fut édicté en 1784 ; l'Inde devint le « Raji » britannique. En 1763, le traité de Paris consacra la mort du premier empire français d'outre-mer (à l'exception de quelques Antilles) et le triomphe sur les océans de l'Angleterre : *Rule Britania.* Si Louis XV avait été plus pugnace, le monde serait aujourd'hui francophone !

Cependant, si les Français acceptaient assez bien la perte de leurs colonies, ils gardaient une dent contre les Anglais. Quand les colons anglais d'Amérique se révoltèrent contre leur métropole, ils volèrent donc au secours des « Insurgents ».

Car, en 1776, les colons anglais de Boston et de la Nouvelle-Angleterre s'étaient révoltés contre l'Angleterre, qui leur imposait de lourdes taxes à l'exportation et à l'importation. Comme un feu de paille, l'insurrection gagna les treize colonies et George Washington, un riche planteur de Virginie, en fut nommé général.

L'opinion publique française soutint les séditieux, d'autant plus que ceux-ci – du moins leurs chefs – se prévalaient des idées des philosophes français. Dès 1778, Benjamin Franklin était envoyé à Paris. De nombreux jeunes aristocrates traversèrent l'Atlantique pour se battre aux côtés des insurgés, le plus connu d'entre eux étant La Fayette (1757-1834). En ce temps-là (comme encore au moment de la « guerre d'Espagne » au XX^e^ siècle), les intellectuels français, quand ils soutenaient une cause, ne se contentaient pas de donner leur avis au journal télévisé : ils allaient se battre !

Toutefois, à eux seuls, les rebelles n'auraient pu chasser l'armée anglaise. C'est une constante : s'il est vrai que la force pure ne suffit pas à établir une domination durable, une guérilla est toujours impuissante à battre une armée régulière.

Il fallut que le gouvernement de Louis XVI, en mal de revanche sur l'Angleterre, déclarât la guerre en 1778 à la Couronne britannique, que la marine française de De Grasse imposât sa loi à la marine anglaise (ce fut l'unique fois : les Anglais retinrent ensuite la leçon) et se révélât capable de transporter en Amérique un corps expéditionnaire de 30 000 hommes commandés par le général de Rochambeau, pour que capitule l'armée anglaise, défaite à Yorktown en 1781. Sans la puissance militaire et navale française, jamais Washington et ses Insurgents n'auraient pu battre les troupes du roi d'Angleterre.

En 1783, le traité de Versailles consacra l'indépendance des colonies révoltées, qui prirent le nom d'« États-Unis d'Amérique ».

En 1783, vingt ans après le traité de Paris, le traité de Versailles était une superbe revanche pour les Français. Ils n'en tirèrent cependant aucun avantage, tandis que le Royaume-Uni se consolait de la perte de l'Amérique (il conservait le Canada, la royauté française ne profitant pas de l'occasion pour délivrer les Québécois soumis depuis 1763 à la domination anglaise) en consolidant son pouvoir sur le sous-continent indien : l'*India Act* date précisément de 1784.

Mais un nouvel acteur était entré en scène : les États-Unis.

La Constitution américaine, adoptée le 17 septembre 1787, créait une république fédérale dont George Washington fut le premier président. En réalité, elle créait une nation : *We the People*, « Nous, le Peuple », sont les premiers mots de la Constitution fédérale. Pour la première fois, une république voyait le jour, selon les vœux des intellectuels français. Car la France fut plus grande, au XVIIIe siècle, par ses lettres que par ses armes.

Tout le monde connaît Voltaire (1694-1778) et ses contes, Jean-Jacques Rousseau (1712-1778) et son fameux *Contrat social* (1762). Les idées de Rousseau, davantage que celles de Voltaire, sont actuellement à la mode. Il est l'inventeur de l'« enfant-roi » : l'*Émile* fut publié la même année que le *Contrat*. Les principes constitutionnels de Montesquieu dans l'*Esprit des lois* (1750) – la « séparation des pouvoirs » – inspirèrent largement la Constitution américaine.

Publiés de 1791 à 1772, les dix-sept volumes de l'*Encyclopédie*, dont Diderot et d'Alembert furent les principaux rédacteurs, présentent une synthèse générale du savoir humain et font du français la langue universelle, affirmant partout la prééminence de la raison sur les dogmes.

Rationalistes et humanistes, les philosophes des Lumières n'étaient pas des démocrates ; ils se prévalaient du « despotisme éclairé ». Rousseau concevait certes l'idée d'une démocratie, mais il était isolé sur ce point.

Voltaire et Diderot étaient reçus par les rois étrangers. Ils se spécialisèrent même dans le conseil des souverains. Le *coaching*, dirait-on aujourd'hui – terme repris des Américains et qui vient du français *cocher*, « diriger » (le cocher d'un fiacre). Ils écrivaient à Catherine de Russie et à Frédéric de Prusse, et en recevaient des dizaines de lettres. Or, Catherine II et le grand Frédéric n'étaient pas précisément des démocrates...

On peut établir une filiation entre le despotisme éclairé des philosophes et la « bien-pensance » contemporaine (de qualité littéraire très inférieure, il est vrai, à celle du XVIII^e siècle). Les ressemblances sont frappantes : le cosmopolitisme ; l'idée que le peuple est trop ignorant pour être libre ; le libertinage ; la bonne conscience et la prédilection pour des causes humanitaires, certes, mais de préférence lointaines (le tremblement de terre de Lisbonne) ; une disposition exceptionnelle au grand écart idéologique (humaniste, mais propriétaire de bateaux négriers) ; enfin, une étonnante faculté à hâter la catastrophe par son comportement.

Lorsque les duchesses trouvaient Rousseau « tellement spirituel », qu'elles riaient de ses saillies « à gorge déployée », elles n'imaginaient pas qu'elles allaient un jour y laisser leurs jolies têtes. Il est intéressant de constater à quel point l'on peut être dépassé par l'application de ses idées. Rousseau pouvait-il imaginer Robespierre ?

Les « Lumières » (*Aufklärung* en allemand) furent, néanmoins, un formidable mouvement de liberté et d'émancipation. L'idée d'égalité des hommes survit à toutes les modes. On connaît le mot de l'un des personnages du *Mariage de Figaro* de Beaumarchais, un homme du peuple, répliquant à un noble qui affichait sa morgue : « Vous vous êtes seulement donné la peine de naître ! »

Ces idées subversives trouvèrent abri dans la franc-maçonnerie. Les corporations ouvrières du Moyen Âge, en particulier celle des maçons (« francs » veut dire « libres »), jouissaient de libertés corporatives. Des intellectuels pensèrent à y chercher refuge et reçurent bon accueil des maçons (d'où le tablier et la truelle). Progressivement, les « loges » devinrent des sociétés de libre pensée et perdirent leur caractère professionnel. La Grande Loge de Londres, dite « spéculative » (et non plus ouvrière), fut fondée en 1717. En France, la franc-maçonnerie se développa à partir d'exilés anglais dès 1725 et connut une rapide extension sous l'impulsion du duc d'Orléans, qui fut le premier grand maître de la Grande Loge de France en 1773.

Le siècle des Lumières a sa part d'ombre. Ce fut en effet la grande époque de la traite des Noirs, en vertu même des progrès de la navigation.

L'Afrique (à l'exception du Maghreb, de l'Égypte et de l'Éthiopie) était restée préhistorique, continent de tribus parfois nomades, le plus souvent pastorales ou agricoles, mais sans rien qui ressemblât aux empires aztèque ou inca. Certes, nous l'avons souligné, « préhistorique » n'a pas de signification morale. Les civilisations africaines produisaient de l'art, de la religion, de la beauté, mais pas d'État au sens historique du mot. Elles étaient sans défense face aux gens venus de l'étranger, dont seule les préservaient la massivité du continent, son côté impénétrable – le Sahara au nord et la grande forêt équatoriale, hostile à l'être humain, au centre.

Les Phéniciens et les Portuguais en avaient fait le tour, en sens inverse les uns des autres, mais sans la pénétrer ; ils y fondèrent seulement des comptoirs commerciaux. Quant aux cavaliers d'Allah, ils avaient été arrêtés par la forêt.

Pourtant, le trafic des esclaves y prospérait, les tribus africaines étant incapables de résister à des commandos bien organisés et armés. Il faut aussi avoir le courage de reconnaître que beaucoup de chefs africains y trouvaient leur compte et prélevaient leur pourcentage.

La traite fut d'abord musulmane et arabe, par le désert et les caravanes, ou par la mer depuis Zanzibar jusqu'au golfe Persique.

Avec les grandes découvertes, la traite devint aussi européenne, et culmina au XVIIIe siècle. Les plantations des Antilles et de Virginie ne pouvaient se passer d'une abondante main-d'œuvre. Les Indiens d'Amérique du Nord étaient trop peu nombreux. Ceux d'Amérique latine, gens d'altitude (cordillère des Andes, hauts plateaux mexicains), ne supportaient pas la chaleur. On importa donc des Noirs.

La navigation triangulaire rapportait gros. Le bateau négrier quittait Londres ou Nantes, empli de verroterie. Il touchait au golfe de Guinée et échangeait sa verroterie contre des esclaves. Puis il vendait ses esclaves aux Antilles ou en Virginie contre du sucre ou du coton, et revenait à Londres ou à Nantes. Chaque bateau négrier transportait des centaines d'esclaves, dont beaucoup mouraient en route.

On peut dire que l'esclavage est le péché originel de l'Amérique, le fort racisme des puritains le rendant acceptable. Le mépris pour les Noirs subsistera longtemps aux États-Unis, jusqu'au mouvement des droits civiques et à Martin Luther King. Ne participeront au débarquement de Normandie en juin 1944 que des troupes blanches, à l'exception des chauffeurs et personnes de service. Les Noirs n'étaient, en effet, pas jugés dignes de combattre (quand la 2e DB du général Leclerc fut transférée du Maroc en Angleterre, en vue du débarquement, on lui demanda de se « blanchir » et Leclerc fut obligé de se séparer des excellents tirailleurs africains qui le suivaient depuis le Tchad).

Le trafic des esclaves a ravagé l'Afrique noire. Il y causa directement ou indirectement des dizaines de millions de morts, un véritable génocide, pendant des siècles. La traite arabe (souvent passée sous silence par bien-pensance) et la traite du XVIIIe siècle furent l'une et l'autre également ravageuses pour le continent africain. On lui doit cependant la présence d'une forte communauté noire aux États-Unis (ou au Brésil), les cantiques du *spiritual* et la musique de jazz.

Hormis les ravages de la traite, le XVIIIe siècle a été une époque de paix pour les peuples ; les guerres maritimes les concernant peu, même aux Indes. (Il faut en excepter le partage inique de la Pologne entre la Russie, l'Autriche et la Prusse.) L'agriculture fit de grands progrès, des savants s'y intéressèrent (les « physiocrates »). Le niveau de vie s'éleva, le brigandage recula. Les libertés, finalement (à l'exception de celles des Noirs), y furent assez bien respectées. La guerre elle-même s'humanisa, se pliant au « droit des gens » : statut des prisonniers et des non-combattants, etc.

Jamais la pensée, malgré les hypocrisies signalées plus haut, ne parut plus libre, plus allègre. « Celui qui n'a pas connu cette époque, dira Talleyrand, ignore ce que peut être la douceur de vivre. »

Le siècle des Lumières fut aussi le grand siècle de la musique symphonique.

Dans tous les pays du monde, les musiques traditionnelles se ressemblent, un peu monotones. Dès le Moyen Âge, dans les monastères d'Occident comme d'Orient, la musique polyphonique s'était épanouie, chant grégorien et chant orthodoxe.

Les révolutions techniques de la Renaissance permirent la mise au point d'instruments nouveaux (clavecin, piano) et de grilles de lecture perfectionnées (solfège).

La Contre-Réforme s'accompagna de la création d'une somptueuse musique baroque. Au siècle des Lumières travaillèrent et vécurent d'extraordinaires compositeurs : à Vienne, Wolfgang Amadeus Mozart (1756-1791) et, à la cour de l'électeur de Cologne, Ludwig van Beethoven (1770-1827), pour ne citer que les plus géniaux.

La France fut la patrie des idées nouvelles; l'Allemagne et l'Autriche, celles de la musique symphonique;

l'Italie resta celle de l'opéra, depuis que Monteverdi (1567-1643) avait fixé le modèle du genre. De cette époque date la Scala de Milan, construite sur ordre de Marie-Thérèse d'Autriche.

## La Grande Révolution

Lénine appelait la révolution française de 1789 la « Grande Révolution ». Il avait raison. Pour les historiens, la révolution de 89 est un événement majeur – la Révolution par excellence.

Événement tellement imprévisible que, d'abord, personne ne le comprit. Chateaubriand l'a remarqué :

« Lorsque la Révolution éclata, les rois ne la comprirent pas : ils virent une révolte là où ils auraient dû voir le changement des nations. Ils se flattèrent qu'il ne s'agissait pour eux que d'agrandir leurs États de quelques provinces arrachées à la France. Ils croyaient à l'ancienne tactique militaire, aux anciens traités diplomatiques, aux négociations des cabinets...

« Et les conscrits de la Révolution allaient chasser les soldats du roi de Prusse ; et les rois allaient venir solliciter la paix dans les antichambres de quelques avocats obscurs. Et la terrible opinion révolutionnaire allait dénouer sur les échafauds les intrigues de la vieille Europe. Cette vieille Europe pensait ne combattre que la France, elle ne s'apercevait pas qu'un siècle nouveau marchait sur elle ! »

Nulle part cette incompréhension, accompagnée d'une très précise description des faits au jour le jour (les auteurs n'en connaissaient pas la suite, contrairement à nous), n'apparaît mieux que dans les centaines de dépêches que les deux ambassadeurs successifs de Venise à Paris envoyèrent à leur gouvernement. (Ces « télégrammes diplomatiques » ont été réunis en un seul volume et publiés en 1997 chez Robert Laffont.)

Cet événement incompréhensible a pourtant des causes repérables.

D'abord, la faillite. La guerre d'Amérique avait coûté énormément d'argent à la monarchie française. Contrairement à ce que l'expression « monarchie absolue » pourrait laisser croire, les rois de France ne pouvaient pas créer d'impôts nouveaux sans le consentement des représentants du peuple : les États généraux, composés des trois assemblées séparées de la noblesse, du clergé et du peuple (nommé « tiers état »).

En Angleterre, il n'y a que deux assemblées : la Chambre des lords, qui réunit nobles et ecclésiastiques, et la Chambre des communes, qui regroupe les élus du peuple. Depuis la restauration monarchique d'après Cromwell, ces deux assemblées siégeaient en permanence.

En France, les États n'avaient pas été convoqués depuis 1614, Louis XIV préférant manquer d'argent plutôt que d'avoir des comptes à rendre aux notables. En effet, même les représentants du tiers état étaient des notables, bourgeois, riches fermiers, avocats, notaires – des gens qui avaient fait des études. Tous étaient imbibés des idées nouvelles des philosophes. Nous l'avons souligné : les idées mènent le monde. Victor Hugo a bien compris que les vrais responsables de la Révolution furent Voltaire et Rousseau, tous les deux morts au moment des faits. Il mit dans la bouche de Gavroche ces paroles célèbres : « Je suis tombé par terre / C'est la faute à Voltaire / Le nez dans le ruisseau / C'est la faute à Rousseau ! »

La seconde cause de la Révolution fut donc idéologique : la concrétisation imprévue des thèses philosophiques des Lumières.

Louis XVI, acculé par le risque de faillite, convoqua donc les États généraux.

Les élections eurent lieu, « par ordres » (nobles, clercs, peuple), dans toutes les paroisses de France – qui en profitèrent pour envoyer au roi, procédure traditionnelle, des « cahiers de doléances ». Ils nous sont précieux pour connaître l'état de l'opinion en 1789. Elle était réformiste, mais restait monarchiste.

Les États généraux se réunirent le 17 juin 1789, en présence du roi, qui leur demandait seulement de voter de nouveaux impôts. Presque immédiatement, les choses tournèrent mal.

Le 9 juillet, les trois assemblées décidèrent de n'en plus former qu'une : l'« Assemblée constituante ». Louis XVI voulut renvoyer les représentants, mais ceux-ci n'obéirent pas. On connaît le mot de Mirabeau : « Nous sommes ici par la volonté du peuple et nous n'en sortirons que par la force des baïonnettes. » Le roi n'osa pas la force.

Louis XVI avait deux solutions. La première était la répression. La monarchie, forte de dizaines de régiments mercenaires (allemands, suisses), en était parfaitement capable. Un expert le souligna : « Le roi se fût montré à cheval, la Révolution n'aurait pas eu lieu », a dit Bonaparte.

L'autre solution était d'enfourcher le cheval révolutionnaire et d'en prendre les rênes pour transformer la monarchie absolue en monarchie constitutionnelle – ce qu'avaient fait les souverains anglais. Mais Louis XVI croyait trop sincèrement aux principes de l'Ancien Régime pour adopter ce comportement.

Donc il ne sut pas choisir. C'était un homme dépassé.

Le 14 juillet, une émeute parisienne s'emparait de la forteresse de la Bastille, presque vide de prisonniers et gardée par des suisses à la retraite. Événement militaire insignifiant, mais fortement symbolique. Louis XVI, ce jour-là, écrira sur son carnet personnel : « Rien à signaler. » Il est vrai qu'il parlait du gibier qu'il n'avait pas tué, car il était à la chasse pendant que l'émeute grondait dans le faubourg Saint-Antoine.

Pourtant, les députés de la Constituante voulaient seulement deux choses : des réformes raisonnables et la transformation, avec le consentement du roi, de la monarchie absolue en monarchie constitutionnelle, à l'image de la monarchie anglaise (avant d'être anti-anglaise, la Révolution fut anglomane).

L'Assemblée constituante a été une grande assemblée, qui travailla beaucoup. Elle établit le système métrique (qui a fini par triompher partout dans le monde, même en Angleterre), cassa les vieilles provinces et divisa la France en départements. Elle proclama enfin la fameuse « Déclaration des droits de l'homme et du citoyen » le 26 août 1789 : « Les hommes naissent et demeurent libres et égaux en droits. »

« Droits de l'homme » qu'un féminisme mal compris nous fait appeler aujourd'hui « droits humains » – comme si les Constituants, en parlant d'hommes, ne parlaient pas de l'humanité entière!

Chateaubriand nous a laissé des séances de la Constituante une description digne du meilleur journalisme :

« Les séances de l'Assemblée offraient un intérêt puissant. On se levait de bonne heure pour trouver place dans les tribunes encombrées. Les députés arrivaient en mangeant. Causant, gesticulant, ils se groupaient dans les diverses parties de la salle selon leurs opinions.

« Bientôt ce fracas était étouffé par un autre : des pétitionnaires, armés de piques, paraissaient à la barre : "Le peuple meurt de faim, disaient-ils. Il est temps de prendre des mesures contre les aristocrates et de s'élever à la hauteur des circonstances." Le président assurait ces citoyens de son respect. Les séances du soir l'emportaient en scandale sur celles du matin : on parle mieux et plus hardiment à la lumière des lustres. La salle du Manège était alors une véritable salle de spectacle, où se jouait un des plus grands drames du monde.

« Les premiers personnages appartenaient encore à l'ancien ordre des choses; leurs terribles remplaçants, cachés derrière eux, parlaient peu ou point. À la fin d'une discussion, je vis monter à la tribune un député d'un air commun, d'une figure grise et inanimée, régulièrement coiffé, proprement habillé comme le régisseur d'une bonne maison, ou comme un notaire soigneux de sa personne. Il fit un rapport long et ennuyeux; on ne l'écouta pas; je demandai son nom : c'était Robespierre.

« Les gens à souliers étaient prêts à sortir des salons, et déjà les sabots heurtaient à la porte. »

Le 14 juillet 1790, les Constituants organisèrent une grande fête, à Paris, sur le Champ-de-Mars : la fête de la Fédération. La messe fut célébrée par Talleyrand, alors évêque ; le roi voulut bien prêter serment à la Constitution, et les délégations des provinces décidèrent solennellement de constituer ensemble une nation « une et indivisible ». Malgré la pluie, l'enthousiasme était grand.

Tout aurait pu bien tourner sans les arrière-pensées de Louis XVI, qui n'acceptait pas l'ordre nouveau. Le 21 juin 1791, le roi, sa femme Marie-Antoinette et ses enfants montèrent en pleine nuit dans plusieurs carrosses pour aller en Allemagne se mettre sous la protection des armées étrangères. Cette fuite, car c'en était une, était aussi une trahison – de ses serments et de la patrie. Elle faillit réussir. À cette époque, les carrosses allaient vite, mais il fallait remplacer souvent les chevaux dans des relais de poste. Grâce aux monnaies qui portaient son effigie, le visage de Louis XVI était fort connu. À Varennes, à 30 kilomètres seulement de la frontière impériale, un maître de relais reconnut le roi et appela à l'aide. Les Constituants ramenèrent Louis XVI et sa famille à Paris, et firent semblant d'oublier l'incident. Ils dirent qu'on avait voulu enlever le roi.

Mais il faut constater que la fuite de Varennes a rompu la confiance qui existait encore entre la monarchie et le peuple : quand le roi fut ramené à Paris, il y fut accueilli par un silence glacial et non par les vivats habituels. L'Assemblée constituante se sépara quand même et l'« Assemblée législative » lui succéda. La monarchie constitutionnelle était en place. Elle ne dura qu'une seule année. La trahison de Louis XVI en avait sapé les fondements.

Le surgissement au centre de l'Europe (et non plus à sa périphérie, comme en Angleterre), dans la nation la plus puissante du continent, d'une monarchie constitutionnelle aux prétentions universalistes était insupportable pour les rois.

Au sein de l'Assemblée législative elle-même, le parti de la guerre était puissant. À l'origine, tous ces hommes de 89 étaient pacifiques. Tous tenaient la guerre pour une manière dépassée de régler les conflits. Tous croyaient qu'il n'y aurait plus jamais de guerre. Il est étrange de voir des pacifistes se transformer en bellicistes – cas fréquent dans l'histoire. Toujours est-il que, le 20 avril 1792, les députés français et les rois européens se déclarèrent joyeusement la guerre, certains que les armes régleraient tout – leurs conflits intérieurs comme leur opposition idéologique. En fait, les hommes de la Révolution rêvaient de faire le bonheur des autres peuples et d'exporter les « immortels principes de 89 ».

La guerre n'est jamais propice à la démocratie. Elle emporta la monarchie constitutionnelle française. Le 10 août 1792, les Tuileries furent envahies par une émeute populaire ; le roi, s'étant réfugié dans le sein de l'Assemblée, fut déposé et la famille royale enfermée au Temple. À la suite de l'élection, au suffrage élargi, de la célèbre assemblée nommée « Convention » le 20 septembre (élection accompagnée de troubles et de massacres), la République « une et indivisible » fut proclamée le 22 septembre 1792.

Deux jours plus tôt, les Français étaient victorieux à Valmy ; la Belgique et toute la rive gauche du Rhin étaient annexées à la France, selon la doctrine des frontières naturelles. Le 21 janvier 1793, en signe de rupture, le roi Louis XVI fut guillotiné place de la Concorde devant une grande foule.

Notons au passage que l'invention du docteur Guillotin était considérée comme un progrès humanitaire : les gens ne souffraient pas sous la lame. C'était propre et net, contrairement aux décapitations à la hache.

Louis XVI, rebaptisé monsieur Capet (du nom de la dynastie), avait subi un procès partial. Mais il était indéniablement coupable de trahison envers la nation, Varennes l'avait prouvé, même si, à ses propres yeux, la couronne ou la religion étaient plus importantes que la nation. Saint-Just le souligna : « On ne règne pas innocemment. »

Le peuple français avait tué le père.

Les rois réagirent mal à cette provocation inouïe, et la France fut envahie.

La Convention fit alors placarder dans toutes les communes le message suivant :

« Dès ce moment et jusqu'à celui où tous les ennemis auront été chassés du territoire de la République, tous les Français sont en réquisition permanente pour le service des armées. Les jeunes iront au combat, les hommes mariés forgeront les armes et transporteront les subsistances, les femmes feront des tentes, des habits, et serviront dans les hôpitaux, les enfants mettront le vieux linge en charpie pour faire des pansements. »

Et ce finale, qui est grand comme l'antique :

« Les vieillards se feront porter sur les places publiques pour exciter le courage des guerriers, prêcher la haine des rois et l'unité de la République. »

Accents que l'on retrouve dans le « chant de guerre pour l'armée du Rhin » composé par un officier du génie, Rouget de Lisle, et rendu populaire par les conscrits marseillais (d'où son nom, *La Marseillaise*, aujourd'hui hymne national français).

La Convention venait d'inventer son arme absolue : la conscription.

En effet, les rois étaient persuadés que leurs excellentes armées de professionnels l'emporteraient facilement.

Il n'y avait plus d'armée française. Dès avant la fuite de Varennes, sentant venir le vent, ou fidèles à leurs principes, beaucoup de nobles avaient quitté la France. L'émigration privait du même coup l'armée de ses cadres, car il fallait être noble pour devenir officier.

La République trouva la parade dans la mobilisation générale. Depuis la Rome des guerres puniques, on n'avait plus connu d'armée civique. En effet, mobiliser les citoyens (ce à quoi Machiavel était favorable) suppose chez ceux-ci une forte motivation (bien supérieure à celle des mercenaires pour leur solde). D'où les accents affectifs de la *Marseillaise* contre les envahisseurs : « Qui viennent, jusque dans nos bras, égorger nos fils et nos compagnes! »... Quand l'enthousiasme manquait, la conscription devenait impossible, voire contre-productive. Ce qui se passa en Vendée, où les paysans préférèrent prendre les armes contre la République, à l'ombre de leurs clochers, plutôt que d'aller servir l'État sur les bords du Rhin. L'insurrection vendéenne se révéla massive. Mais, ailleurs, la Convention put lever et équiper un million de soldats, chiffre jamais atteint jusque-là dans l'histoire.

Les armées de métier furent démoralisées par les masses qui leur étaient opposées. Cela explique Valmy :

20 000 mercenaires prussiens en uniforme de parade s'y heurtèrent à 200 000 braillards qui chantaient *La Marseillaise*; décontenancés, les officiers prussiens ordonnèrent la retraite.

Très vite, les paysans et les artisans devinrent de formidables soldats, et les bourgeois, épaulés par quelques nobles infidèles à la monarchie, mais fidèles à la République (Bonaparte était l'un d'eux), de très bons officiers. Le ministre de la Guerre, Carnot, sut pratiquer l'« amalgame » des nobles et des recrues.

Cette levée en masse surprit les rois. Pendant vingt-trois ans, les armées françaises furent invincibles. (En ce sens, Napoléon est bien l'héritier de la Révolution.) Ces armées balayèrent le monde de la Suède à l'Égypte, de l'Espagne à la Prusse et à la Russie.

La France devint capable d'aligner trois millions d'hommes en armes.

Un moment, cependant, la situation parut presque désespérée pour la République, envahie qu'elle était par cinq armées étrangères, au nord, à l'est et au sud, et ravagée par de terribles insurrections, à Toulon, à Lyon et surtout en Vendée. L'un de ses grands leaders, Danton, s'écriait : « De l'audace, encore de l'audace, toujours de l'audace ! » La Convention créa en son sein le Comité de salut public en avril 1793. Constitué sous l'impulsion de Danton, de Robespierre, de Couthon, de Saint-Just et de Carnot (entre autres), il exerça un pouvoir dictatorial de plus en plus grand et assez paranoïaque. Danton lui-même, suspecté de faiblesse, fut guillotiné. Il monta sur l'échafaud en adressant au bourreau cette phrase extraordinaire : « Tu montreras ma tête au peuple, elle en vaut la peine. »

Mais l'insurrection vendéenne fut écrasée et, à la fin de décembre, le général Westerman put écrire à la Convention cette lettre énergique, d'une plume robuste :

« Il n'y a plus de Vendée, elle est morte sous notre sabre libre, avec ses femmes et ses enfants. Je viens de l'enterrer dans les marais de Savenay, selon les ordres que vous m'avez donnés. J'ai écrasé les enfants sous les pieds de mes chevaux, massacré les femmes qui, au moins pour celles-là, n'enfanteront plus de brigands. Je n'ai pas un seul prisonnier à me reprocher. »

La Révolution, ce fut aussi cela : une violence terrible, qu'on appelle la Terreur; l'idéalisme fraternel se changeant en esprit guerrier. Son chant le plus significatif fut le refrain de *La Carmagnole*, dont il convient de méditer les paroles : « Que veut un vrai républicain? Il veut du fer, du plomb, du pain. Du fer pour travailler, du plomb pour se venger, et du pain pour ses frères. Vive le son du canon! Ah, ça ira! Dansons la carmagnole! Vive le son du canon! »

On imagine mal un socialiste français, de nos jours, chanter cela! Cependant, il ne faut pas exagérer l'ampleur de la Terreur. Il y a beaucoup de « révisionnisme » dans l'air à ce sujet. Par exemple, l'idée à la mode selon laquelle la Révolution marquerait les débuts du totalitarisme est anachronique.

Robespierre logeait chez une famille d'artisans et se déplaçait dans la rue, à pied et sans gardes. Les risques de chaos et d'anarchie, les invasions, la trahison de la noblesse (d'un point de vue national; sa fidélité monarchique d'un autre point de vue) excusent en partie ces dérèglements dans lesquels la peur des rois et des aristocrates a joué un rôle aussi considérable que l'enthousiasme.

La Révolution a voulu changer le monde. Elle inventa son propre calendrier, le calendrier républicain, aux noms poétiques (« nivôse » évoque la neige, « vendémiaire » les vendanges, « brumaire » le brouillard, « thermidor » la chaleur) et comptant, comme Rome, les années à partir de sa fondation. Ce calendrier fonctionna dix ans.

La passion révolutionnaire dominante fut celle de l'égalité, plus que celle de la liberté : l'égalité des chances, l'égalité donnée à tout le monde d'accéder au gouvernement. (Deux des trois mots de la devise française actuelle ont trait à l'égalité : « Égalité » et « Fraternité ».) Paradoxalement, la Révolution fut aussi une extraordinaire pépinière de talents politiques, scientifiques et militaires. Une classe nouvelle arrivait au pouvoir : la bourgeoisie. L'obscurité de la naissance, selon le vœu ancien de Périclès, ne limitait plus les ambitions (nombre de maréchaux d'Empire seront d'origine modeste).

Le 26 juin 1794, à Fleurus, les armées monarchiques furent écrasées par Jourdan. À la surprise générale, malgré l'émigration de la noblesse, des hommes nouveaux avaient surgi du peuple français et ils avaient battu rébellions et invasions. La preuve que la Révolution ne fut pas l'invention du totalitarisme se déduit des faits : une fois le travail accompli, la dictature ne sembla plus nécessaire à la République. La Révolution (contrairement à celle, ultérieure, des Soviets) n'était pas en elle-même sa propre fin. Faute de l'avoir compris à temps,

Robespierre fut renversé par l'Assemblée le 9 thermidor an II (27 juillet 1794) et guillotiné le lendemain.

La Convention victorieuse, ayant conclu avec les rois le traité de Bâle le 5 avril 1795 (qui donnait à la France le Rhin et les Alpes comme frontières) et réprimé les réactions extrémiste (20 mai/1er prairial) et royaliste (5 octobre/13 vendémiaire), se sépara le 20 octobre 1795, en mettant en application une Constitution modérée, celle du Directoire. Consciente du travail accompli, la République échappait pour toujours à la Terreur.

# L'Empire

Le ministre autrichien Metternich, expert irrécusable, disait souvent : « Napoléon, c'est la Révolution en personne. » La période révolutionnaire française s'étend de 1789 à 1815; il est absurde de vouloir en retrancher l'épopée napoléonienne.

L'impitoyable Convention (le balancier allant dans l'autre sens) avait installé pour lui succéder un régime trop faible, le Directoire. Composé de deux assemblées – le Conseil des Cinq-Cents et celui des Anciens – et d'un gouvernement évanescent de cinq directeurs (d'où son nom), le Directoire contrôlait mal les suites de la tempête révolutionnaire.

La République restait terrible à l'extérieur, mais elle n'arrivait pas à maîtriser, à l'intérieur, les crises économiques, financières et sociales.

La Prusse s'était retirée de la coalition, mais l'Autriche et l'Angleterre ne désarmaient pas.

La deuxième coalition menaçait la France : la guerre continuait.

Un jeune officier s'illustra dans ces combats.

Napoléon Bonaparte, né le 15 août 1769 à Ajaccio, en Corse (un an après que la cité de Gênes eut vendu l'île à la France), fut d'abord un nationaliste corse : « Je naquis quand la patrie [la Corse] périssait », écrit-il. La monarchie voulait s'attacher la noblesse de l'île. Le père de Napoléon, en charge d'une famille nombreuse, accepta que ses enfants bénéficient de bourses d'études. Ainsi le jeune Napoléon fut-il interne à Brienne, en Champagne (ses camarades le surnommaient « La Paille au Nez »), où il apprit le français (mais il garda son accent). Il sortit sous-lieutenant d'artillerie de l'École militaire de Paris.

Pauvre, il lisait beaucoup, ouvert aux Lumières, disciple passionné de Rousseau, puis en vieillissant de Voltaire. La Révolution fut sa chance : les nobles fidèles à la République, peu nombreux, étaient promus. Napoléon contribua, par un emploi remarquable de l'artillerie, à reprendre Toulon aux Anglais. Il fut nommé général. Entre-temps, son père était mort. Ironie du destin : Bonaparte, nommé sous-lieutenant par un décret signé de Louis XVI, a été promu général par Robespierre, sur l'avis du frère du dictateur, Robespierre le Jeune. À la chute de l'« Incorruptible, Bonaparte passa quelques jours en prison. Vite libéré, il erra sans emploi à Paris.

Mais la Révolution avait besoin de militaires compétents. Le directeur Barras le repéra, et lui confia la répression d'une émeute royaliste (celle de Vendémiaire). Comme Barras voulait se séparer de sa maîtresse, il poussa celle-ci dans les bras du jeune général. Joséphine de Beauharnais, noble créole née à la Martinique et dont le mari avait été guillotiné sous la Terreur, était une veuve plus âgée que Bonaparte, mère de deux enfants, mais encore séduisante. Napoléon, qui n'avait jamais connu de femme hormis des amours platoniques ou vulgaires (avec les filles du Palais-Royal), fut conquis et l'épousa. En cadeau de mariage, Barras lui donna le commandement de l'armée d'Italie ; le général, plantant là Joséphine, rejoignit aussitôt son poste.

L'armée dite d'Italie (en fait, elle campait au-dessus de Nice) était peu nombreuse (30 000 hommes), sans uniforme et mal équipée. Toutes les forces de la République étaient concentrées sur le Rhin, où elle craignait la principale attaque impériale. Les Autrichiens occupaient certes la plaine du Pô, mais n'en bougeaient pas. Bonaparte tint à ses hommes le langage de la vérité :

« Soldats, vous êtes nus, mal habillés, mal nourris, le gouvernement ne peut pas vous payer. Au lieu de vous lamenter, regardez de l'autre côté des Alpes : les plaines les plus riches du monde vous attendent. Venez avec moi. Soldats de la République, manqueriez-vous de courage ? ».

L'armée avait trouvé un patron. Ses officiers aussi : les généraux subalternes, vétérans des premières guerres de la Révolution, comme Masséna ou Augereau, virent pourtant avec méfiance arriver ce petit général de salon, beaucoup moins ancien qu'eux. Il les subjugua : « Ce bougre-là m'a presque fait peur », avoua Augereau que rien n'effrayait.

Bonaparte, dans sa campagne d'Italie, se révéla un formidable stratège. « Une armée, disait-il, c'est sa masse multipliée par sa vitesse. » Il alla donc le plus vite possible, franchissant les Apennins, contraignant les Piémontais à l'armistice et bousculant les Autrichiens en quelques batailles foudroyantes. Ceux-ci le croyaient toujours devant eux, alors qu'il était derrière. Dans

*La Chartreuse de Parme*, Stendhal résume d'une phrase l'impression produite sur l'opinion d'alors :

« Le 15 mai 1796, en entrant dans Milan, Bonaparte, à la tête de sa jeune armée, allait montrer au monde qu'après tant de siècles Alexandre et César avaient un successeur. »

Une lettre qu'il écrivit au Directoire en dit plus sur le nouveau César que bien des commentaires ; elle est datée « du quartier général à Plaisance, 9 mai 1796 » :

« Nous avons enfin passé le Pô... Beaulieu [le général autrichien, qui avait quarante ans de plus que son rival] est déconcerté. Il calcule mal et donne constamment dans les pièges qu'on lui tend ; encore une victoire, et nous sommes maîtres de l'Italie.

« Dès l'instant que nous arrêterons nos mouvements, nous ferons habiller l'armée à neuf. Elle est toujours à faire peur, mais elle engraisse. Le soldat mange du pain de Gonesse, de la viande en quantité. La discipline se rétablit tous les jours, mais il faut parfois fusiller, car il est des hommes intraitables qui ne peuvent être commandés.

« Ce que nous avons pris à l'ennemi est incalculable. Plus vous m'enverrez d'hommes, plus je les nourrirai facilement.

« Je vous fais passer vingt tableaux des premiers maîtres, du Corrège et de Michel-Ange. Je vous dois des remerciements particuliers pour les attentions que vous voulez bien avoir pour ma femme. Je vous la recommande : elle est patriote sincère, et je l'aime à la folie...

« Je puis vous envoyer une douzaine de millions. Cela ne vous fera pas de mal pour l'armée du Rhin. Envoyez-moi quatre mille cavaliers sans les chevaux ; je les remonterai ici. Je ne vous cache pas que, depuis la mort de Stengel, je n'ai plus un officier supérieur de cavalerie qui se batte. Je désirerais que vous puissiez envoyer deux ou trois adjudants généraux qui aient du feu et une ferme résolution de ne jamais faire de savantes retraites. »

Cette lettre dit tout. Bonaparte parle au gouvernement avec autorité. Il ne cache pas sa passion pour Joséphine. Il fait main basse sur les trésors d'Italie, car il avait du goût (beaucoup de ces œuvres sont au Louvre). Il restaure la discipline. Il envoie de l'argent au gouvernement au lieu d'en demander – chose inouïe pour un général ! Il montre son ardeur en parlant d'officiers de cavalerie « qui aient du feu » et se moque des « savantes retraites » chères aux armées traditionnelles.

Dans une série de marches et de contre-marches – « Il fait la guerre avec nos pieds », disaient ses soldats ; de fait, le remplacement des chaussures sera pour Napoléon une constante préoccupation –, il collectionna des victoires qu'il prenait soin de faire « mousser ». C'était un artiste en communication. Il passa les Alpes au-dessus de Venise et s'en alla camper à cent kilomètres de Vienne. L'empereur s'affolant, Bonaparte lui imposa, sans trop consulter les ministres, la paix de Campoformio en octobre 1797. Puis il rentra en triomphateur à Paris, où l'on baptisa pour lui la place des Victoires ; il joua cependant les modestes.

Le Directoire était heureux des victoires, mais effrayé par le général victorieux. Le gouvernement conçut alors l'idée de l'expédition d'Égypte. Un coup double : on inquiétait l'Angleterre, restée seule en lice, en lui coupant la route des Indes ; et l'on éloignait un général dont on craignait qu'il ne prît le pouvoir.

Bonaparte était bien trop malin pour ignorer les arrière-pensées du gouvernement ; mais il savait aussi que les temps n'étaient pas mûrs pour lui. De plus, il était fasciné par l'Orient. Bref, il accepta. D'où, de mai 1798 à octobre 1799, sa fameuse campagne d'Égypte.

Malgré l'escadre anglaise de Nelson, la flotte française transportant l'armée traversa la Méditerranée sans encombre, conquérant Malte au passage, et débarqua le corps expéditionnaire près d'Alexandrie, dont il s'empara facilement. Puis, prenant la route du désert, l'armée se dirigea vers Le Caire. Au pied des Pyramides, la cavalerie « mamelouk » l'attendait. Les mamelouks constituaient une oligarchie sous la suzeraineté très nominale de l'empire ottoman. C'étaient les meilleurs cavaliers du monde. Chaque mamelouk combattait avec héroïsme (l'islam est une religion d'héroïsme, nous l'avons noté), mais sans véritable liaison avec les autres : chacun pour soi et Allah pour tous, pourrait-on dire.

Les chefs mamelouks avaient laissé les Français, qui marchaient à pied, s'avancer jusqu'au Caire pour mieux les écraser. Ils sous-estimaient et méprisaient les fantassins athées de la Révolution. Ils chargèrent en brandissant leurs cimeterres et en criant que Dieu est Grand. Face à eux, Bonaparte n'eut aucun besoin de stratégie. Cette bataille des Pyramides de juillet 1798 fut le choc de chevaliers du Moyen Âge et d'une armée de la fin du XVIIIe siècle. Le « décalage temporel » était moindre que celui qui séparait les conquistadores de Pizarre des soldats incas. Il fut cependant ravageur. Groupée en carrés, l'infanterie révolutionnaire fit front. On entendait les officiers donner leurs ordres calmement : « Laissez-les approcher. Premier rang, feu. Deuxième rang, feu. –

Batterie numéro un, feu. Batterie deux, feu... Cessez le feu. – Pour un déplacement du carré de cent mètres vers la droite, sonnez tambours, etc. » Terrorisés, les mamelouks survivants s'enfuirent. Bonaparte entra au Caire en sultan vainqueur, le « sultan Kebir ».

Cette bataille, qui n'avait qu'une importance militaire limitée, eut une importance psychologique immense. Éberlué, l'Islam prit d'un coup conscience que les Européens avaient conquis le monde sans qu'il s'en aperçût.

Napoléon était le nouvel Alexandre. Homme des Lumières et de la Révolution, « Diderot à cheval », il s'était fait recevoir, après l'Italie, à l'Institut de France. Il avait emmené avec lui des dizaines et des dizaines de savants membres de l'Institut. Ces chercheurs redécouvrirent, éblouis, les monuments de l'Égypte ancienne, ensevelis sous les sables. Ils créèrent l'égyptologie et organisèrent la vallée du Nil. Les simples soldats se contentaient de graver leurs noms sur les colonnes de Louqsor ou d'Assouan. On les y voit encore : « Caporal Dupont, 2e demi-brigade », etc.

Les Anglais et les Ottomans tentèrent de réagir. Nelson coula à Aboukir la majeure partie des bateaux français et une armée turque se forma en Syrie. Bonaparte se porta à sa rencontre. Il avait le projet, sa flotte étant désormais inutilisable, de rentrer en France en passant par Constantinople (et, pourquoi pas, de s'y proclamer sultan), ou bien de marcher sur les Indes anglaises (qui ne sont qu'à trente-trois étapes de l'Égypte). Il s'empara de Jérusalem, mais, faute de matériel de siège, échoua devant Saint-Jean-d'Acre, forteresse de Galilée dans laquelle Turcs et Anglais s'étaient retranchés (et que commandait, ironie du sort, l'un de ses condisciples de Brienne, noble émigré).

Bonaparte retourna au Caire. Là, il apprit que la situation en France avait évolué : l'anarchie intérieure grandissait et l'Autriche, revenue dans la guerre, chassait la République d'Italie. Laissant à Kléber le commandement de l'armée d'Égypte (qui sera rapatriée en France au moment des conventions d'armistice), Bonaparte jugea son heure venue. Il se jeta dans un navire et regagna la France.

En peu de temps, le pouvoir lui tomba entre les mains. Ce fut le 18 Brumaire (9 et 10 novembre 1799) – moins un coup d'État qu'un malentendu : les révolutionnaires cherchaient une épée républicaine; ils trouvèrent un maître. Du même coup, le Directoire dissous, commença le Consulat. À trente ans, Bonaparte devenait Premier Consul, c'est-à-dire chef de l'État.

Il lui restait une formalité à accomplir : à Marengo, l'armée consulaire vainquit les Autrichiens dans une bataille difficile (juin 1800), où mourut le jeune général Desaix. En mars 1802, même l'Angleterre sembla renoncer (paix d'Amiens). La paix était revenue, validant du même coup les frontières naturelles de la France.

Restait à canaliser le puissant torrent révolutionnaire. Le Premier Consul y réussit pleinement, sauvegardant les acquis de la Révolution (égalité des droits, promotion au mérite, partage des biens ecclésiastiques) et répudiant ses excès. Il osa dire : « La Révolution s'est arrêtée aux limites que je lui ai fixées » – et c'était vrai.

Il sut pratiquer le « despotisme éclairé », qu'il avait appris de Voltaire. En juillet 1801, en signant un concordat avec le pape, il rétablit la paix religieuse.

Bonaparte n'était pas chrétien, mais il savait évaluer l'importance du fait religieux. Il le disait lui-même : « Je suis musulman au Caire, juif à Jérusalem, catholique en France. » Il créa l'État républicain actuel : le Conseil d'État (où il se rendait souvent), la Cour des comptes, les préfets, les lycées, les administrations modernes, et le franc germinal (monnaie qui restera stable pendant plus de cent ans). Surtout, il fit rédiger les acquis révolutionnaires dans son fameux Code civil.

Dans l'armée, dans l'administration, au gouvernement, il fit l'amalgame entre nobles et hommes nouveaux. Beaucoup d'émigrés se décidèrent à revenir.

Mais qu'on ne s'y trompe pas : Bonaparte restait l'incarnation de la Révolution. En mars 1804, il fit enlever outre-Rhin et exécuter le duc d'Enghien (probablement innocent) pour l'exemple. Il ramena cependant la paix en Vendée. Mais, chez les rois d'Europe, Bonaparte, devenu Napoléon, était perçu – qu'on nous pardonne l'anachronisme – comme une sorte de chef de l'Armée rouge ! L'anachronisme est à récuser comme vérité, nous l'avons dit, mais il peut illustrer une comparaison.

D'ailleurs, l'Angleterre avait rompu la paix d'Amiens dès mai 1803 et, en 1805, elle réussit à regrouper les monarchies continentales dans une troisième coalition.

Au Consulat succéda l'Empire en mai 1804. Ce n'était pas une mauvaise idée : l'empire romain avait bien remplacé la république romaine !

Mais Napoléon voulut se faire sacrer comme les anciens rois. Il exigea pour ce faire, non l'archevêque de Reims, mais le pape en personne. Pie VII s'exécuta. La cérémonie eut lieu le 2 décembre 1804 en la cathédrale

Notre-Dame. Le sacre a été une exagération de parvenu. Une anecdote en révèle le sens caché.

Napoléon était dans la sacristie avec des membres de sa famille. Pendant ce temps, dans la nef, les grands de ce monde, dont le pape, attendaient. Alors il dit à son frère aîné : « Joseph, Giuseppe, si Papa nous voyait ! »

En effet, l'Empire, issu de la Révolution méritocratique, ne pouvait être héréditaire (pas plus que ne le put l'empire romain). Le principe d'hérédité est absolument contraire au principe d'égalité, fondement de la Révolution ! Sur ce seul point, Napoléon se trompa. Même devenu père, il ne réussit jamais à s'approprier l'hérédité. Preuve supplémentaire qu'il incarnait la Révolution. Malgré le sacre, la véritable monarchie lui échappa toujours.

En attendant, il essaya d'envahir l'Angleterre. Sa flotte ayant été détruite par Nelson à Trafalgar (l'amiral anglais y fut tué), Bonaparte ne pouvait plus franchir la mer. Depuis Boulogne, où il avait réuni la Grande Armée, il se retourna alors contre les Autrichiens et les Russes, puis les Prussiens, qu'il foudroya.

En 1806 et 1807, Bonaparte devint à jamais Napoléon – « le dieu de la guerre en personne », écrit Clausewitz, qui le combattit, dans son livre *De la guerre*. Le philosophe allemand Hegel, qui le regarda passer, crut alors voir « l'esprit du monde concentré en un point, sur un cheval » !

Quelques semaines après avoir en vain défié l'Angleterre à Boulogne, Napoléon était en Bavière. Il arriva par des manœuvres rapides à enfermer l'armée autrichienne dans la ville d'Ulm, où elle capitula et se rendit, général en tête, à l'Empereur. Puis le conquérant entra dans Vienne, la capitale impériale.

Une autre armée autrichienne et l'armée russe se concentraient en Moravie (République tchèque actuelle). Devant Austerlitz, Napoléon réussit à faire croire au tsar Alexandre et à l'empereur François II qu'il avait peur : en leur abandonnant les hauteurs de Pratzen, il leur instilla l'idée de tourner l'armée française par sa droite. Quand il vit les troupes russes et autrichiennes défiler sur le plateau en direction de la route de Vienne, il s'écria : « Cette armée est à moi ! », et, la bousculant par le flanc, il prit les hauteurs et l'écrasa. Le tsar se retira. L'empereur germanique s'abaissa, venant au bivouac du capitaine révolutionnaire quémander la paix. Livrée le 2 décembre 1805, la bataille d'Auterlitz est un chef-d'œuvre stratégique digne de celui d'Hannibal à Cannes, vingt siècles plus tôt, et semblablement meurtrier pour les vaincus – des milliers et des milliers de morts...

La Prusse, entrée à contre-temps dans la coalition, tout exaltée par le souvenir de Frédéric II et les discours de sa reine, fut anéantie en octobre 1806, à Iéna et à Auersted.

Le 27 octobre 1806, la Grande Armée, Napoléon en tête, effectuait un défilé triomphal sous la porte de Brandebourg, devant les Berlinois stupéfaits. À l'exception de la Garde, en grande tenue, les soldats français marchaient au pas de route, couverts de poussière, des poulets rôtis piqués sur leurs baïonnettes.

Restait la Russie. Les Français furent accueillis en libérateurs à Varsovie, ville dans laquelle, à l'occasion d'un bal, l'Empereur tomba amoureux d'une belle aristocrate de dix-huit ans. Des jours durant, Marie Walewska refusa les avances de l'homme le plus puissant du monde. Celui-ci, désarmé, lui envoyait des lettres de collégien timide. Marie finit par céder aux avances de Napoléon sur les instances répétées des plus hauts seigneurs polonais, qui pensaient que son sacrifice adoucirait le sort de la Pologne. Elle deviendra d'ailleurs amoureuse de Bonaparte, lui donnera un fils et lui restera fidèle dans l'épreuve. Cette *love story* n'aurait pas sa place dans l'Histoire si elle n'illustrait à merveille cette vérité : quand on parle d'amour, il ne s'agit plus de domination. En ces jours varsoviens, au plus haut éclat de sa gloire, l'« Ogre » révolutionnaire n'était qu'un amant suspendu au consentement d'une jeune fille.

Ce fut plus dur avec les Russes. À Eylau, sous la neige, en février 1807, se déroula une sorte de match nul sanglant. Napoléon se rattrapa en écrasant l'armée russe, en juin, à Friedland. Le tsar demanda la paix. Le principe monarchique et le principe révolutionnaire, la naissance et le talent, c'est-à-dire le tsar de toutes les Russies et l'empereur français, eurent une entrevue fameuse sur un radeau ancré au milieu du Niémen. Cette paix de Tilsit de juillet 1807 marque l'apogée de Napoléon. Depuis onze ans (il avait pris le commandement de l'armée d'Italie en 1796), Bonaparte avait fait un parcours sans faute. Grâce à lui, à Tilsit, les guerres de la Révolution se concluaient victorieusement.

Imaginons une seconde qu'il en soit resté là et que la Grande Armée soit retournée invaincue à Paris (si le nez de Cléopâtre...), qu'aurait pu faire l'Angleterre ?

À cet instant précis, l'Empereur fut saisi par la démesure, l'*ubris* des Grecs. Rien ne l'obligeait à intervenir en

Espagne, alors alliée de la France. Mais il voulut en chasser les Bourbons et asseoir sur le trône de Madrid son frère Joseph. Erreur fatale !

Pendant les campagnes précédentes, les populations italiennes, tchèques, polonaises ou bavaroises considéraient (sauf exceptions) les soldats français comme des libérateurs avec, au bout de leurs fusils, l'égalité et l'abolition des droits féodaux. « Une révolution, disait d'ailleurs Bonaparte, c'est une idée qui a trouvé des baïonnettes. » De cet état d'esprit, il existe une preuve concrète : dans tous ces pays, les soldats au repos pouvaient coucher chez l'habitant.

Mais le peuple espagnol, peu ouvert aux Lumières, considéra les Français comme de vulgaires envahisseurs. Le brave Joseph put arriver à Madrid, mais les « guérillas » (le mot vient de là) surgirent partout, massacrant les Français isolés. Il n'était plus question de coucher chez l'habitant ; on s'y serait fait égorger.

Du coup, l'armée anglaise put débarquer. Napoléon en personne gagna évidemment les batailles, mais, la Grande Armée se trouvant bloquée en Espagne, l'empereur d'Autriche regretta de s'être abaissé et se dit que Madrid était loin de Vienne. Mal lui en prit. Laissant la Grande Armée en Espagne, Bonaparte, avec une troupe de conscrits, fonça sur Vienne « avec mon chapeau, mon épée et mes petits conscrits », disait-il, ajoutant à l'usage de ses généraux cette consigne impérieuse : « Activité, activité, vitesse... » À Wagram, en juillet 1809, le souverain germanique battu dut donner à l'« Ogre » sa fille Marie-Louise en mariage (entre-temps Bonaparte avait répudié Joséphine) – le descendant de Charles Quint poussant sa fille dans le lit d'un révolutionnaire français !

Marie-Louise donna à Napoléon son seul enfant légitime (il mourra prince autrichien).

Peut-être l'Empereur aurait-il pu, une fois encore, comme après Tilsit, s'arrêter ? Mais, ne pouvant réduire l'Angleterre malgré l'embargo qu'il lui imposait (le blocus continental), il rompit la paix avec le tsar et, en 1812, attaqua la Russie.

Comme en Espagne, le peuple russe, réfractaire à Voltaire, se dressa contre l'invasion. Le 14 septembre 1812, Napoléon put coucher au Kremlin. Mais le tsar, refusant de s'incliner, fit incendier la ville. La Grande Armée, à peine sortie d'Espagne, dut reculer et se perdit dans l'hiver de la « retraite de Russie ».

Cela prouve, comme l'écrit Clausewitz, qu'il est impossible de conquérir la Russie. Du moins quand son gouvernement ne cède pas et que son peuple résiste. Ce pays est trop grand ! L'armée d'invasion y est fatalement attirée trop loin de ses bases. La Grande Armée s'était perdue dans les neiges (voir *Guerre et Paix* de Tolstoï).

Napoléon réussit à regagner Paris en traîneau. Une nouvelle conscription – les « conscrits de 1813 » ou les « Marie-Louise », du nom de l'Impératrice – lui permit de mener campagne en Allemagne. D'abord victorieux (Lützen, Bautzen), il fut battu à Leipzig, par suite de la défection des troupes du roi de Saxe, son allié. Le sentiment national des peuples jouait maintenant en faveur des rois et contre les Français. Fichte venait d'écrire son *Discours à la nation allemande*. Les rois osèrent alors de nouveau envahir la France. Napoléon put mener contre eux, en 1814, sa brillante « campagne de France » (la plus brillante peut-être) – rien n'y fit : le peuple était las, et les maréchaux d'Empire n'avaient plus vingt ans... ils étaient repus.

À Fontainebleau, le conquérant déchu accepta d'abdiquer et gagna l'île d'Elbe, en Méditerranée, qu'on avait daigné lui laisser. Une petite île, après un empire qui s'était étendu de Gibraltar au Niémen et de Naples en Suède...

Le frère de Louis XVI fit son entrée à Paris, le principe d'hérédité ne pouvant jouer qu'en faveur des Bourbons. Chateaubriand, là encore, nous a laissé une description de grand journaliste :

« Le 3 mars 1814, Louis XVIII (on avait réservé le numéro XVII au fils de Louis XVI mort en prison) alla descendre à Notre-Dame. On avait voulu épargner au roi l'aspect des troupes étrangères; c'était un régiment de la vieille Garde qui formait la haie depuis le Pont-Neuf, le long du quai des Orfèvres. Je ne crois pas que figures humaines aient jamais exprimé quelque chose d'aussi menaçant. Les grenadiers couverts de blessures, vainqueurs de l'Europe, qui avaient vu tant de milliers de boulets passer sur leurs têtes, qui sentaient le feu et la poudre; ces mêmes hommes privés de leur capitaine étaient forcés de saluer un vieux roi, invalide du temps, non de la guerre, surveillés qu'ils étaient dans la capitale envahie de Napoléon par une armée de Russes, d'Autrichiens et de Prussiens.

« Les uns agitaient la peau de leur front, faisant descendre leur bonnet à poil sur leurs yeux pour ne pas voir; les autres abaissaient les deux coins de leur bouche dans le mépris de la rage; les autres, à travers leurs moustaches, laissaient voir leurs dents comme des tigres.

« Quand ils présentaient les armes, c'était avec un mouvement de fureur, et le bruit de ces armes faisait peur. Au bout de la ligne était un jeune hussard à cheval; il tenait son sabre nu... il était pâle... Il aperçut un officier russe : le regard qu'il lança ne peut se dire. Quand la voiture du roi passa devant lui, il fit bondir son cheval et certainement eut la tentation de se précipiter sur le roi et de le tuer. »

L'histoire de la Révolution semblait terminée. Elle ne l'était pas. Les royalistes au pouvoir se montrèrent si maladroits et si méprisants, n'ayant « rien appris ni rien oublié », que la population française redevint révolutionnaire. Depuis l'île d'Elbe, Bonaparte observait ce revirement. Il attendit neuf mois.

Le 1er mars 1815, il débarqua en Provence avec les quelques grognards qu'on lui avait laissés et se jeta dans les Alpes. Louis XVIII envoya un régiment pour l'arrêter.

La rencontre eut lieu devant Grenoble. Mais il s'agissait d'un régiment qui avait été sous les ordres de l'Empereur. Jouant le tout pour le tout, Napoléon s'avança seul devant les soldats et leur cria : « Lequel d'entre vous veut tuer son empereur? » Les soldats le portèrent en triomphe. Le reste de la route vers Paris ne fut qu'une formalité. Ney se rallia. Le roi s'enfuit. Et Bonaparte rentra aux Tuileries dans l'allégresse populaire et aux accents de la *Carmagnole*. La République impériale fut alors restaurée. On appelle cet épisode les « Cent-Jours ». Les royautés, ne pouvant accepter cela, réarmèrent.

Le 18 juin 1815, Napoléon, malgré une stratégie habile, perdit sa première bataille à Waterloo. Il quitta le champ de carnage dans la nuit et regagna Paris.

Le temps d'admettre que tout était perdu, il demanda l'hospitalité aux Anglais et se réfugia sur un de leurs bateaux. Les Anglais eurent la bassesse de l'envoyer pourrir, au large de l'Afrique, dans la petite île malsaine de Sainte-Hélène, où il mourut en 1821 (probablement de paludisme). Louis XVIII était revenu à Paris. Sainte-Hélène ajouta à la gloire militaire et civile de Napoléon celle du martyre : Bonaparte mort de vieillesse en Amérique, la légende eût été moins complète. Notons que le 18 juin est une date spéciale pour la France : 18 juin 1429, Jeanne d'Arc ; 18 juin 1815, Waterloo ; 18 juin 1940, de Gaulle. Voici ce que Chateaubriand écrit sur les Cent-Jours (l'auteur des *Mémoires d'outre-tombe* était royaliste, mais sensible à la grandeur) :

« Le 1er mars, à trois heures du matin, Napoléon aborde la côte de France au golfe Juan. Il descend, cueille des violettes et bivouaque sous les oliviers. Il se jette dans les montagnes...

« À Sisteron, vingt hommes auraient pu l'arrêter. Il ne trouve personne. Il s'avance sans obstacle... Dans le vide qui se forme autour de son ombre gigantesque, s'il entre des soldats, ils sont invinciblement attirés par lui... Ses ennemis fascinés ne le voient pas... Les fantômes sanglants d'Arcole, de Marengo, d'Austerlitz, d'Iéna, de Friedland, d'Eylau, de la Moskowa, de Lützen, de Bautzen lui font un cortège d'un million de morts... Lorsque Napoléon passa le Niémen à la tête de quatre cent mille fantassins et de cent mille chevaux pour faire sauter le palais des tsars à Moscou, il fut moins étonnant que lorsque, rompant son ban, jetant ses fers au visage des rois, il vint seul de Cannes à Paris, coucher paisiblement aux Tuileries. »

Qu'ajouter à cela ?

Le plus grand capitaine de l'histoire, « le dieu de la guerre en personne », a été aussi un homme d'État avisé, celui du Code civil. Il fut un « communicant » génial (sans avoir besoin de conseil en communication) qui imposa son immortel « logo » : au milieu des maréchaux chamarrés, aux uniformes étincelants (Ney, Murat), un petit homme en redingote grise, sans insigne (à l'exception de la Légion d'honneur qu'il a créée), avec son célèbre chapeau. Wellington disait : « Ce chapeau vaut cent mille hommes. »

Il est ridicule de comparer Napoléon à Hitler, même s'ils dominèrent pareillement l'Europe. Napoléon n'était pas un fanatique raciste, c'était un homme des Lumières, Voltaire ou Diderot casqué. Il n'a jamais tué en dehors des nécessités de la guerre (à l'exception du duc d'Enghien) et n'ouvrit pas de camps de concentration. Ses ennemis – Chateaubriand, Madame de Staël – l'admirèrent.

Archétype de la promotion au mérite, icône de la réussite individuelle, Napoléon est profondément moderne. Il exerce une immense fascination.

Malgré des centaines de milliers de morts au combat, les Français ne lui tiennent pas rigueur, puisqu'ils l'ont placé aux Invalides. Grâce à lui, les principes de la Révolution ont survécu et la phase impérialiste de la France fut flamboyante.

La démesure a perdu l'Empereur. Mais, sans un grain de démesure, Bonaparte aurait-il pu devenir Napoléon le Grand ?

## Les « répliques » de la Révolution. Les restaurations manquées

Un tremblement de terre majeur, après sa principale secousse destructrice, connaît une succession de « répliques » de moindre intensité.

Ainsi le XIX^e^ siècle fut-il rythmé par les « répliques » de la Grande Révolution. Le siècle commence après Waterloo, au congrès de Vienne; il finit avec la guerre de 14. À Vienne, réunis en congrès, les vainqueurs de la Révolution – Prussiens, Autrichiens, Russes et Anglais – songeaient à dépecer la France.

Fort heureusement, Talleyrand y représentait le pays vaincu. C'était un personnage étrange et redouté. Il avait traversé et traversera encore tous les régimes : ministre des Affaires étrangères de Bonaparte, il trahit à temps pour devenir celui du roi Bourbon. Victor Hugo écrit de lui : « Il était noble comme Gondi, défroqué comme Fouché, spirituel comme Voltaire et boiteux comme le diable. » À Vienne, Talleyrand sut dresser les rois vainqueurs les uns contre les autres, si bien que la France retrouva, à peu de chose près, les limites qu'elle avait sous Louis XVI, perdant seulement la rive gauche du Rhin et la Belgique.

Le XIX$^e$ siècle a été marqué par la suprématie navale britannique (laquelle ne cessera qu'après Pearl Harbor, en 1941) et par la menace révolutionnaire française. Les rois surveillaient la France de près, mais, à l'époque, l'immense Paris était incontrôlable. L'Angleterre dominait – la France inquiétait!

Instruit par l'expérience malheureuse des Cent-Jours, Louis XVIII, lors de son second retour, imposa aux royalistes des concessions décisives. Il renonça ainsi à remettre en cause la réforme agraire révolutionnaire qui avait doté la France d'une classe de paysans moyens. Notons à ce propos que c'est la raison pour laquelle la chasse y est une activité populaire, ce que les écologistes ne comprennent pas. En 1789, les paysans français ont gagné le droit de chasse et leurs fusils; ils ne veulent pas y renoncer. En Angleterre ou en Prusse, la chasse est restée le privilège des nobles (*landlords*, *Junkers*), et le peuple s'en moque.

De même, Louis XVIII sut conserver l'organisation napoléonienne de l'État (Conseil d'État, Cour des comptes, départements, préfectures), la charte s'inspirait de la Constitution des Cent-Jours (une chambre basse élue au suffrage censitaire, une chambre haute – les pairs –, un ministère), le Code civil. Sa sagesse fut récompensée : en 1824, Louis XVIII mourut sur le trône.

Charles X lui succéda. Rappelons pour mémoire que Louis XVI, Louis XVIII et Charles X étaient frères.

En Amérique latine se produisit la première « réplique » révolutionnaire. Les révolutions d'Amérique sont fortement liées à la Révolution française. La révolution des États-Unis l'a précédée, celles d'Amérique du Sud l'ont suivie.

Dans les années 1820, les intellectuels, officiers et petits nobles de l'Amérique latine étaient imprégnés des idées de la Révolution française. Dès avant Waterloo, ils déclenchèrent un peu partout des révoltes contre l'Espagne, qui dominait encore le continent, de la Californie au Chili. Les plus connus de ces « républicains » – les *libertadores* – s'appelaient Bolivar (1783-1830), Sucre, Miranda et San Martin.

En 1824, les troupes espagnoles furent anéanties, au Pérou, à Ayacucho. Cette exception à la règle énoncée plus haut de l'insuccès des guérillas s'explique par la déliquescence de la monarchie espagnole : assez motivés pour combattre Napoléon, les Castillans ne l'étaient plus pour défendre leur empire. L'Espagne réussit pourtant à conserver trois colonies importantes : Cuba, Porto Rico et, dans le Pacifique, les Philippines. Cette révolution sud-américaine souffrit cependant de deux graves défauts.

D'abord, la désunion : Bolivar ne parvint pas à maintenir l'unité de l'empire, qui se morcela en républiques indépendantes et concurrentes : Mexique, Pérou, Colombie, Vénézuela, Chili, Argentine, Bolivie, pour ne citer que les principales.

Ensuite et surtout, l'« apartheid » : ces insurrections contre la mère patrie ont été des révoltes de colons (comme aux États-Unis), de « pieds-noirs »; les Indiens n'y furent pratiquement pas impliqués. En Amérique du Nord, ils étaient peu nombreux; mais en Amérique latine, où survivaient des millions de paysans mexicains ou incas, c'était un problème majeur.

Ces deux maux sont toujours d'actualité. L'Amérique latine reste divisée en une vingtaine d'États. Les indigènes (les Indiens) participent encore assez peu au gouvernement. Beaucoup de séditions contemporaines sont ainsi « ethniques », du Sentier lumineux péruvien au Chiapas mexicain. L'Église catholique est très concernée (car les indigènes sont devenus catholiques), et déchirée entre les pouvoirs et la « théologie de la libération » qui poussa certains prêtres au maquis. Les dénominations protestantes fondamentalistes ont un grand succès.

Au Brésil, Amérique portugaise, cela se passa mieux. Nous avons déjà noté l'absence quasi totale de racisme chez les colonisateurs portugais. Le roi de Portugal, au moment de l'occupation de Lisbonne par Junot, avait fui à Rio. Après Waterloo, le roi Bragance retourna à Lisbonne, mais il laissa au Brésil son fils comme souverain.

Dom Pedro eut la sagesse de déclarer le Brésil indépendant dès 1822, et le Portugal de ne pas s'y opposer. La monarchie ne sera remplacée au Brésil par une république qu'en 1888. Ainsi l'Amérique portugaise ne se divisa-t-elle pas. Par ailleurs, le mélange des races y fut plus harmonieux qu'en Amérique espagnole : Portugais, Indiens, et les nombreux Noirs africains déposés là par la traite. Ces raisons expliquent peut-être que le Brésil soit aujourd'hui la seule puissance mondiale de l'Amérique du Sud : les citoyens, malgré de sanglantes luttes sociales, y sont davantage intégrés nationalement. Le marché et l'industrie bénéficient de cette intégration. Le Brésil vend du café, mais fabrique des avions, bien que l'injustice sociale y soit grande.

La Grèce aussi est fille de la Révolution.

Depuis longtemps, les chrétiens orthodoxes des Balkans se révoltaient contre leurs maîtres turcs, l'Europe restant tout à fait indifférente à leur sort.

Avec la Révolution, le « droit des peuples à disposer d'eux-mêmes » et la remontée des souvenirs antiques rendirent les intellectuels européens sensibles aux malheurs des Hellènes. Quand en 1821 ceux-ci se révoltèrent et créèrent à Épidaure une Assemblée, les écrivains de France (Victor Hugo) et d'ailleurs prirent fait et cause pour les Grecs. Le célèbre poète anglais Lord Byron se fit tuer à leurs côtés en 1824 à Missolonghi. Les gouvernements s'émurent. La Grande-Bretagne, la France et la Russie écrasèrent la flotte ottomane en 1827 à Navarin. Un morceau du monde grec fut proclamé indépendant en 1830 – première entorse à la Sainte-Alliance antirévolutionnaire. Le droit des peuples à disposer d'eux-mêmes est fort dangereux pour les vieilles monarchies. Les puissances imposèrent toutefois à la Grèce un prince bavarois comme roi.

En Belgique se joua un scénario comparable. Après Waterloo, le pays avait été annexé par la Hollande. Mais les Belges, alors dominés par les Wallons francophones et les Flamands catholiques, s'en accommodaient mal.

Leurs États généraux réclamèrent la séparation d'avec la Hollande. Le 4 octobre 1830, la Belgique fut reconnue comme État indépendant – seconde entorse aux principes du congrès de Vienne. Cependant, les monarchies obtinrent que le pays fût une monarchie, et non une république. La couronne se posa sur la tête d'un prince de Saxe-Cobourg, devenu roi des Belges : Léopold. L'Angleterre avait accepté la Belgique comme État-tampon contre la France. Cet État, déclaré neutre, donnait en effet aux Britanniques l'assurance que le port d'Anvers – « pistolet braqué vers le cœur de l'Angleterre », ne les menacerait pas.

Création stratégique, l'État belge réussira mal à surmonter l'opposition entre les Flamands néerlandophones et les Wallons parlant le français. La Piazza Mayor de Liège s'appelle « place de la République française ». Cette opposition dure encore.

En France, Charles X, le dernier survivant de la branche française des Bourbons, était fort loin d'avoir l'intelligence de son frère Louis XVIII. Il était beau et bon cavalier, mais bête. En essayant de rétablir certaines lois de l'Ancien Régime, il déclencha une grave « réplique » des journées révolutionnaires d'antan : les « Trois Glorieuses ». Les 25, 26 et 27 juillet 1830, le peuple de Paris se souleva contre les ordonnances prises par le roi. Celui-ci ne put réprimer l'émeute. Il venait d'envoyer son armée conquérir Alger le 5 juillet précédent. Charles X abdiqua et prit le chemin de l'exil. Sa chute marqua la fin du règne des Bourbons de France.

Un prince d'Orléans, qui passait pour n'être pas antirévolutionnaire, Louis-Philippe, fut alors porté sur le trône par la bourgeoisie libérale. Les rois d'Europe n'étaient pas encore disposés, à cette date, à accepter le retour en France de la République.

La monarchie louis-philipparde est un compromis. Le roi ne fut pas sacré « roi de France » (comme l'avait été Charles X), mais désigné « roi des Français ». La caution de La Fayette (eh oui ! celui d'Amérique) assura les intellectuels du caractère libéral de la « monarchie de Juillet ». Louis-Philippe réussira à régner dix-huit ans avec des Premiers ministres de talent – tel Guizot, porte-parole des milieux d'affaires, dont le slogan reste fameux : « Enrichissez-vous. »

Le règne du roi bourgeois a coïncidé avec une extraordinaire mutation technique : la première révolution industrielle. La machine à vapeur de Denis Papin devint locomotive. Les lignes de chemin de fer (Paris-Orléans) furent inaugurées grâce à la force de la vapeur. Les manufactures se transformèrent en usines aux cheminées fumantes – triomphe du charbon, qui fournit l'énergie, et du fer, qui remplaça partout le bois.

Beaucoup de paysans pauvres quittèrent leurs champs pour devenir ouvriers dans les usines. Jusqu'à Louis-Philippe, il existait des manœuvres du bâtiment ou des artisans; à partir de là surgit en France, en Angleterre, en Allemagne, la « classe ouvrière ». La vie de ces ouvriers d'usine, que les socialistes appelaient « prolétaires », était dure.

Mais le roi bourgeois et Guizot furent complètement indifférents à la question sociale. Elle allait les balayer : le 24 février 1848 éclata une grande insurrection parisienne. Cette « réplique », la révolution de 48, ébranla l'Europe entière, presque à l'image de la grande secousse de 1789.

À Paris, on osa proclamer la République (deuxième du nom). Les républicains de Budapest, avec Kossuth, fondèrent une république hongroise. Le pape s'enfuit de Rome, les révolutionnaires y ayant pris le pouvoir. Il y eut des émeutes jusqu'à Vienne, où l'empereur Ferdinand abdiqua.

À Paris, un gouvernement provisoire s'était installé à l'Hôtel de Ville, gouvernement autoproclamé dont faisait partie le poète Lamartine. Voici ce qu'en dit Victor Hugo dans *Choses vues* :

« Lamartine m'entraîna dans l'embrasure d'une fenêtre : "Ce que je voudrais vous donner, c'est un ministère : Victor Hugo ministre de l'Instruction publique, ce serait bien."

« Comme je faisais remarquer à Lamartine que je n'avais pas été hostile à Louis-Philippe, il me dit : "Les nations sont au-dessus des dynasties."

« Nous fûmes interrompus par le bruit d'une fusillade... Une balle vint briser un carreau au-dessus de nos têtes. "Qu'est-ce que cela?" s'écria douloureusement Lamartine. Des gens se précipitèrent sur la place de l'Hôtel-de-Ville pour voir ce qui se passait.

« "Ah, mon ami! reprit Lamartine, que ce pouvoir révolutionnaire est dur à porter! On a de telles responsabilités, et si soudaines, à prendre... Depuis deux jours, je ne sais plus comment je vis..." Au bout de quelques minutes, on revint lui dire que c'était une échauffourée dont on ne comprenait pas le sens, que la fusillade était partie toute seule, mais il y avait des morts et des blessés.

« Un jeune garçon apporta une assiette avec une cuisse de poulet : c'était le déjeuner de Lamartine. »

Au même moment ou presque, un certain Karl Marx publia (avec son ami Friedrich Engels) le *Manifeste du Parti communiste*, afin de poser non seulement le problème politique, mais aussi la question sociale : il y réclamait non plus les libertés publiques, mais la justice sociale.

À Paris, d'ailleurs, la révolution politique se transformait en émeute ouvrière : en juin, les ouvriers cassèrent tout, réclamant de meilleurs salaires. La bourgeoisie prit peur et fit tirer l'armée sur le peuple. Les émeutes sociales furent écrasées par le général Cavaignac. Face au « péril rouge », les modérés se regroupaient. Le drapeau de 1848 était en effet le drapeau rouge. Lamartine avait eu du mal à maintenir les couleurs bleu-blanc-rouge de la Révolution et de l'Empire comme emblème national.

Le 10 décembre 1848, les républicains modérés, rassemblés dans le parti de l'Ordre, assurèrent l'élection au suffrage universel d'un candidat inattendu contre Cavaignac et Lamartine, un neveu du grand Napoléon : Louis-Napoléon Bonaparte. L'ordre revint.

Dans le reste de l'Europe, l'armée autrichienne en profita pour écraser les insurrections dans le sang, avec seulement quelques concessions au nationalisme hongrois. Le jeune empereur François-Joseph monta sur le trône des Habsbourg (il y restera jusqu'à sa mort, en 1916). Le pape retourna à Rome.

Cette première moitié du XIXe siècle mit fin aux soubresauts révolutionnaires. Louis-Napoléon était président en France. L'ordre était rétabli. L'Angleterre dominait les mers. Les États d'Amérique latine, le Brésil, la Grèce, la Belgique étaient nés, autant d'enfants de la Révolution française.

# L'Europe des nations

Le nouveau président de la République, Louis-Napoléon était fils de Louis, frère de l'Empereur, et d'Hortense de Beauharnais, fille de Joséphine. Né en 1808, il avait quarante-trois ans. Jusque-là, il avait mené une vie d'exil et de conspiration (avec les *carbonari* italiens ou contre la Restauration). Emprisonné au fort de Ham, il s'en était évadé – bref, un personnage aventureux.

Le 2 décembre 1851, le président proclama le Second Empire. Il prit le nom de Napoléon III (le numéro II étant réservé au fils de l'Empereur, mort à Vienne).

L'action du 2 décembre fut davantage un abus de pouvoir, Louis-Napoléon étant déjà en place, qu'un véritable coup d'État. À l'image de son oncle, Louis venait de transformer la république démocratique, issue de 48, en république autoritaire, dont il se voulait le dictateur « à la romaine ».

Il y eut des opposants. Ils furent arrêtés ou s'enfuirent. Victor Hugo résida pendant toute la durée du Second Empire à Guernesey – terrible handicap, pour le nouvel empereur, que d'avoir contre lui le génial poète, pourtant grand admirateur de l'oncle.

Napoléon III vaut mieux que le portrait méprisant que l'écrivain trace de « Napoléon le Petit ». Il fut un homme d'État, au moins pendant la première partie d'un règne de vingt ans. On peut dire qu'il instaura un régime socialo-capitaliste.

Le rôle majeur du capital est évident. Napoléon III fut entouré de banquiers, comme les frères Pereire ou Volinsky (souvent d'origine protestante ou israélite). Il créa les établissements de crédit et les banques d'affaires, tel le Crédit lyonnais. Il encouragea le financement de grands travaux : la plantation de la forêt des Landes, la bonification de la Sologne, les chemins de fer. C'est l'empereur qui fit confiance à Ferdinand de Lesseps pour percer le canal de Suez, que sa femme inaugura : voie d'eau stratégique qui raccourcit de moitié la route des Indes.

Les saint-simoniens étaient nombreux autour de l'empereur. Ce Saint-Simon (à ne pas confondre avec son ancêtre du temps de Louis XIV) eut une grande influence : avec son *Catéchisme des industriels*, il donnait une utopie optimiste à la révolution économique.

La grande distribution est née sous le Second Empire : le Printemps, la Samaritaine, le Bon Marché. C'est aussi Napoléon III qui inventa le cadre juridique du néo-capitalisme : celui de la société anonyme. Avant lui, les entrepreneurs possédaient des firmes familiales. Leur argent et celui de leur société étaient confondus. La société anonyme permit le capitalisme des actionnaires. Cette avancée juridique fut codifiée en 1867. La même année paraît *Le Capital*, où Karl Marx s'attache à critiquer les défauts inhérents à l'économie de marché.

Cependant, l'empereur eut toujours des visées sociales. En prison, au fort de Ham, il avait écrit un ouvrage au titre évocateur : *L'Extinction du paupérisme.* Il fut soucieux du niveau des salaires et put toujours compter sur le vote des ouvriers et des paysans, car son régime « populiste » organisait régulièrement des plébiscites.

Le mouvement ouvrier était né et cherchait à s'organiser avec des leaders (Fourier, Proudhon, Marx), des partis socialistes et des syndicats (en Angleterre, les *trade-unions*). La Première Internationale vit le jour à Londres le 28 septembre 1864. Or l'empereur n'y fut pas hostile. On parle à ce sujet de « césaro-socialisme ».

Ce qui résume le mieux ce règne, c'est la transformation de Paris que l'empereur confia à la main puissante du préfet Haussmann. Très directive, l'œuvre haussmannienne donna à Paris son visage actuel du Paris des vingt arrondissements, après annexion des communes de banlieue situées entre le mur d'enceinte, construit par Thiers, et la municipalité.

Beaux immeubles au style imposé, grandes percées (qui favorisaient la circulation, mais aussi l'intervention de l'armée en cas d'émeutes) : paradoxalement, l'œuvre immense du baron Haussmann contribua, par suite de la spéculation immobilière, à chasser les ouvriers hors des murs et à faire de la Ville-Lumière (expression d'époque, Haussmann ayant fait installer l'éclairage public au gaz) une ville bourgeoise. Le magnifique Opéra Garnier est représentatif de cette transformation.

La politique extérieure du Second Empire, au début, a été très intelligente. Depuis Waterloo, la France était isolée et tenue en suspicion. Or, Napoléon III réussit à s'allier à l'Angleterre. Sous son règne, la Grande-Bretagne passa du rôle d'ennemie héréditaire à celui d'alliée privilégiée de la France.

Le tsar de Russie voulait mettre la main sur Constantinople et les Détroits. Puissance maritime, l'Angleterre s'y opposait. Ce fut la guerre de Crimée, en 1855. Napoléon III envoya un corps expéditionnaire, et la forteresse russe de Sébastopol fut prise.

Le traité de paix, signe des temps, fut signé à Paris en 1856. La Russie renonça à s'emparer du Bosphore. Pour la dédommager, on enleva deux provinces à l'empire ottoman : la Roumanie et la Serbie, deux pays orthodoxes et soumis à l'influence russe. La turbulente Serbie fit ainsi son entrée dans l'histoire contemporaine.

La grande idée de Napoléon III était que chaque peuple avait droit à son unité et à son indépendance nationales. L'Italie en fut l'application exemplaire.

Napoléon III connaissait l'Italie pour avoir fréquenté des militants du *Risorgimento* qui se battaient pour l'unité italienne. À cette époque, la péninsule était encore divisée. L'Autriche, depuis la destruction de la république de Venise par Napoléon Ier, en dominait le nord – à l'exception du royaume de Piémont. Le royaume de Naples (ou des Deux-Siciles) continuait au sud sa vie indolente. Le pape restait un souverain temporel.

Le royaume de Piémont, sur lequel régnait une dynastie savoyarde (la Maison de Savoie), s'étendait de part et d'autre des Alpes, sa capitale étant passée de Chambéry à Turin. Le roi Victor-Emmanuel II s'était doté, en la personne de Cavour (1810-1861), d'un excellent Premier ministre qui avait modernisé le pays.

Napoléon III décida de faire l'unité italienne autour de la monarchie de Savoie. À Plombières, il promit son aide à Cavour, qui déclara la guerre à l'Autriche, appuyé par les armées françaises que Napoléon III dirigea en personne à Magenta et Solferino (juin 1859). À l'occasion de ces batailles, le Suisse Henri Dunant créa la Croix-Rouge. L'Autriche, battue, se retira de l'Italie. Le Piémont encouragea alors l'expédition des « Chemises rouges », animée par Garibaldi, qui s'en alla renverser les Bourbons de Naples.

L'unité italienne était quasi réalisée. En remerciement, le roi de Piémont, devenu roi d'Italie, donna à la France la Savoie et le comté de Nice. Des plébiscites ratifièrent cette annexion. La Savoie, située du côté français des Alpes et parlant français, était naturellement destinée à regarder davantage vers Paris que vers la péninsule. En revanche, Nice était bien une ville italienne, parlant italien. Garibaldi, héros du *Risorgimento*, en était originaire. La rapide assimilation de Nice témoigne de la force d'attraction de la France impériale.

Cette opération aurait pu être le chef-d'œuvre du Second-Empire : rattachement pacifique de belles provinces; création aux frontières d'une puissance amie. Elle fut gâtée par la « question romaine ». Rome était, en effet, la capitale naturelle de la nouvelle Italie. Napoléon III n'osa pas la lui donner, car elle appartenait au pape et l'empereur ne voulait pas mécontenter les catholiques français. Il refusa donc Rome aux Italiens et y fit même installer une garnison française. La ville ne sera annexée par l'Italie qu'en 1871 (le pape s'enfermant au Vatican). Du coup, les Italiens passèrent de la reconnaissance envers la France au ressentiment.

Cette façon de ne pas aller au bout de ses bonnes idées est caractéristique de Napoléon III, dont l'indécision ne fera que croître avec l'âge. Par exemple, en Algérie, conquise par la France depuis 1830 – en fait, depuis l'action militaire énergique et souvent sanglante du maréchal Bugeaud sous Louis-Philippe (l'émir Abd el-Kader s'était rendu aux Français en décembre 1847) –, l'empereur, influencé par les saint-simoniens, conçut d'abord une politique libérale de protectorat. Il fit libérer l'émir (qui s'établit à Damas, où il mourut en 1883) et rêva d'un « royaume arabe » dans lequel indigènes et Français auraient les mêmes droits ; mais il n'eut pas la continuité de décision nécessaire pour imposer cette politique intelligente aux Européens. En outre, la démesure l'avait saisi.

La Bérésina du neveu ne se déroula pas comme celle de l'oncle en Russie ; elle eut lieu au Mexique. Les États-Unis étaient devenus un État puissant, aussi peuplé que la France (32 millions d'habitants). En 1848, ils avaient fait la guerre au Mexique indépendant afin de pouvoir annexer la Californie, l'Arizona et le Texas. Exploitant le ressentiment anti-yankee des Mexicains, Napoléon III voulut créer au Mexique un empire sous influence française, qui ferait pièce à l'avancée anglo-saxonne.

Un parent de l'empereur d'Autriche, Maximilien, fut installé par l'armée française de Bazaine sur le trône de Mexico. Mais, si les Mexicains n'aimaient pas les Yankees, ils apprécièrent encore moins d'être envahis par les Français. Impuissante à maîtriser les guérillas, celle-ci, au bout de quelques années, dut rembarquer, laissant derrière elle le pauvre Maximilien, qui fut fusillé.

Cette aventure sera oubliée par les Mexicains, mais elle est probablement à l'origine de la méfiance des

États-Unis envers la France – la seule armée européenne venue s'établir à leurs portes étant française ! Pour ne rien arranger, Napoléon III avait soutenu les sudistes.

Il n'est pas idiot de s'opposer à l'hégémonie américaine, mais il était idiot de le faire si loin de l'Europe, sur les rives du Rio Grande.

Pendant que les Français s'enlisaient au Mexique, une hégémonie autrement menaçante se construisait outre-Rhin.

L'aveuglement dont fit preuve Napoléon III envers la menace allemande est surprenant. Le « principe des nationalités » le gênait probablement – lui, l'artisan de l'unité italienne – pour s'opposer à l'unité allemande. De plus, l'Autriche, depuis des siècles, et sous son oncle encore, avait été sur le continent le principal ennemi de la France. Mais, précisément, elle ne l'était plus. Napoléon III avait su se rapprocher de l'Angleterre contre la Russie. Il ne sut pas se rapprocher de l'Autriche contre la Prusse. Vieil empire multiethnique et fragile, Vienne ne présentait plus, une fois l'unité italienne réalisée, de danger pour Paris.

La Prusse, au contraire, constituait une terrible menace.

En 1862, le roi de Prusse, Guillaume Ier, avait pris comme chancelier un homme de fer : Bismarck (1815-1898). Ce Prussien, d'une famille de junkers, voulait passionnément réaliser l'unité allemande autour de la Prusse. C'était en quelque sorte un Garibaldi germanique. Mais, autant Garibaldi était romantique, autant Bismarck était cynique et froid. Aucun scrupule ne le retenait – investi, en quelque manière, par la confiance de son roi d'une sorte de dictature.

De plus, comme l'Angleterre et la France, l'Allemagne de l'époque devenait une grande puissance industrielle, ainsi qu'une énorme force militaire – la seule d'Europe, finalement. La Grande-Bretagne se reposait sur sa flotte. L'armée française, bonne petite armée de métier, était mal commandée, peu moderne et engagée surtout dans des aventures outre-mer (Algérie, Mexique). La guerre d'Italie de 1859 fut l'exception. L'armée prussienne était au contraire (idée reprise de la Révolution, mais abandonnée par le Second Empire) une armée de conscription, nationaliste, bien équipée en artillerie moderne (les fameux canons Krupp).

Pour Bismarck, le premier obstacle à écarter était l'Autriche. Depuis longtemps, Vienne et Berlin se disputaient le gouvernement des Allemagnes. On peut d'ailleurs remarquer que Vienne avait apporté au monde germanique beaucoup d'éclat et de paix (Mozart, etc.), alors que Berlin lui attirera guerre et malheur.

Pour faire l'unité allemande autour de Berlin, il fallait abattre Vienne. Ce que fit Bismarck. À Sadowa, le 3 juillet 1866, les Prussiens conduits par le roi Guillaume et le général Moltke écrasèrent facilement l'antique armée Habsbourg (transformant, jusqu'en 1918, l'Autriche en vassale).

Il en eût été autrement si l'armée française s'était montrée sur le Rhin. Dédaignant la France, Bismarck avait concentré ses forces contre les Autrichiens. Une intervention française à ce moment eût été décisive. Napoléon III préféra ne rien faire, réclamant au passage quelques compensations (par exemple, l'annexion de Luxembourg) que Bismarck appela dédaigneusement des « pourboires » – pourboires que, d'ailleurs, il refusa. Dès lors, la partie était jouée.

Le dernier obstacle qui empêchait l'unité allemande autour de la Prusse était, en effet, la France. Elle ne faisait pas le poids, avec sa petite armée coloniale, contre la puissante armée de conscription allemande. De plus, Napoléon III se laissa stupidement aller à déclarer la guerre le premier. Cet homme, par certains côtés administrateur génial, a toujours été nul en matière militaire – le contraire de son oncle. Son commandement fut déplorable. En deux mois, l'armée française était écrasée, et Napoléon III fait prisonnier à Sedan, le 2 septembre 1870. Avec l'emprisonnement de son chef, le Second Empire s'écroula.

Bismarck pensait que, l'armée régulière anéantie, la guerre était terminée. Il se trompait. Les Français, devant l'invasion, se crurent revenus en 93. Le 4 septembre, à Paris, une émeute porta à l'Hôtel de Ville, centre emblématique du pouvoir révolutionnaire, les députés de la capitale. Ils s'autoproclamèrent « gouvernement de la Défense nationale » et rétablirent la République (en fait, la troisième du nom, même si la Constitution n'en sera votée qu'en 1875). Parmi eux se trouvait un homme énergique, Italien récemment naturalisé : Léon Gambetta.

Surprises, les armées allemandes investirent Paris, mais se gardèrent bien de donner l'assaut à son immense camp retranché. Bismarck comptait sur la faim. Il se disait surtout que, à l'opposé de celle de 93, cette république-là n'avait pas d'armée.

Il se trompait. Gambetta, ministre de l'Intérieur et de la Guerre, quitta la ville assiégée en ballon, le 7 octobre 1870, afin d'aller organiser la résistance en province. Il se fixa à Tours, acheta des fusils à l'étranger et leva des armées improvisées (les mobiles, mot tiré de « mobilisation »), obligeant les Prussiens à s'enfoncer dans le cœur du territoire national. À Coulmiers, ils furent même battus le 9 novembre 1870, le général Chanzy engageant sur le Loir une brillante retraite. Cependant, les mobiles auraient eu besoin de temps pour s'aguerrir. Or, le temps manquait. Paris, assiégé depuis des mois, allait mourir de faim.

Même après la perte de Paris, Gambetta pensait que la résistance aurait eu ses chances : les armées prussiennes, éloignées de leurs bases, en plein hiver, devenaient vulnérables. Mais il eût fallu pour cela, renouant avec la Convention, faire la guerre à outrance. Le gouvernement, composé de modérés, et la bourgeoisie de province, redoutant de possibles soubresauts sociaux, ne le voulurent pas.

Le 28 janvier 1871, le gouvernement demanda l'armistice. Bismarck le lui accorda (il avait eu peur), non sans profiter du moment pour faire accepter le roi de Prusse, par les princes allemands réunis à Versailles, comme empereur d'Allemagne.

Pendant des siècles, à l'exception de l'Autriche, l'Allemagne, divisée en une poussière de petits États, n'avait pas compté. Voilà qu'elle surgissait, armée de pied en cap, menaçante, fumante de cheminées d'usine. Cependant, Bismarck à son tour tomba dans la démesure.

Il exigea l'annexion de l'Alsace (française depuis 1683) et d'une partie de la Lorraine (française quasi depuis le Moyen Âge). Erreur fatale et lourde de conséquences : si Bismarck s'était contenté de faire l'unité allemande sans rien annexer, il est certain que la France et l'Allemagne se seraient réconciliées rapidement. Mais

Bismarck n'était plus un homme des Lumières; c'était un pangermaniste. Pour les Français, la nation se fondait sur les lois; pour les pangermanistes et Bismarck, elle se fondait sur la race. Il est évident que Strasbourg est une ville germanique; mais, francisée, elle cohabitait depuis des siècles avec Marseille la méditerranéenne ou Quimper la celtique. Le droit du sol fonde la France, le droit du sang l'Allemagne; (la RFA n'y a renoncé que très récemment). Cette idée ethnique de la nation trouvera son apogée sous Hitler.

En attendant, le quart des Alsaciens quittèrent leurs vignes et leurs maisons pour garder la nationalité française; beaucoup s'installeront en Algérie. Cette annexion rendit impossible la réconciliation franco-allemande. L'Alsace-Lorraine resta au flanc de la France une plaie ouverte, obsédante, même quand on n'osait pas en parler par crainte de l'Allemagne : « Y penser toujours. N'en parler jamais. » De cette erreur pangermaniste découleront la guerre de 14 et l'horreur du XXe siècle.

D'ailleurs, l'armistice de janvier 1871 fut très mal accueilli en France par beaucoup de patriotes, à commencer par les Parisiens. En témoigne cette lettre d'un officier de carrière, Louis Rossel, à son ministre, depuis le camp de Nevers :

« J'ai l'honneur de vous informer que je me rends à Paris pour me mettre à la disposition des forces qui peuvent y être constituées. Instruit par une dépêche [...] qu'il y a deux partis en lutte dans le pays, je me range sans hésitation du côté de celui qui n'a pas signé la paix et ne compte pas dans ses rangs des généraux coupables de capitulation. En prenant une aussi grave et aussi douloureuse résolution, j'ai le regret de laisser en suspens le service du génie du camp de Nevers [...].

« J'ai l'honneur d'être, mon général, votre très obéissant et dévoué serviteur.

« L. Rossel. »

Après l'armistice, les élections donnèrent une majorité de droite qui se réunit en Assemblée à Versailles, Adolphe Thiers devenant chef d'État de fait.

Mais Paris, invaincu après quatre mois de siège, acceptait mal la défaite. Quand le gouvernement de Versailles voulut reprendre les canons, entreposés sur la butte Montmartre, la capitale entra en insurrection le 18 mars 1871 et se déclara « Commune libre », indépendante du gouvernement de Monsieur Thiers.

Karl Marx vit dans la Commune la première « dictature du prolétariat ».

Pendant deux mois, le drapeau rouge flotta sur l'Hôtel de Ville. La Commune était certes une insurrection sociale, mais plus encore une insurrection patriotique. Des officiers comme Rossel se mirent à son service. Des officiers français affrontèrent d'autres officiers français, camarades de promotion, comme le montre ce billet de Rossel, devenu chef militaire de la Commune, à un officier versaillais :

« Mon cher camarade,

« La prochaine fois que vous vous permettrez de m'envoyer une sommation aussi insolente que votre lettre autographe d'hier, je ferai fusiller votre parlementaire, conformément aux usages de la guerre...

« Votre dévoué camarade Rossel, délégué de la Commune de Paris. »

Les semaines perdues avaient permis au gouvernement de Versailles de faire venir de province des troupes fidèles. Le 21 mai, celles-ci entrèrent dans Paris et s'en emparèrent après huit jours de durs combats – la « Semaine sanglante », du 21 au 28 mai 1871 – et de véritables carnages. Aux exécutions sommaires perpétrées par les Versaillais répondirent le massacre d'otages (dont l'archevêque de Paris, Mgr Darboy) et l'incendie des Tuileries et de l'Hôtel de Ville. Les derniers communards, au nombre de 147, furent fusillés au cimetière du Père-Lachaise. La répression avait fait des milliers de morts.

Le Second Empire s'achevait non seulement dans la défaite, mais par une véritable guerre civile au « temps des cerises ». Le gouvernement légal d'Adolphe Thiers avait triomphé sous les yeux des Prussiens.

## Les États-Unis et la Sécession

Les États-Unis d'Amérique, à l'écart de l'histoire générale, ont cependant profité des conflits du vieux monde pour s'agrandir. En 1800, ils édifièrent une capitale fédérale nommée Washington, sur des plans conçus par l'architecte français Pierre L'Enfant.

Les guerres de la Révolution, bien que les Anglais aient brûlé Washington en 1814, ne les ont touchés qu'occasionnellement. Ils en ont surtout profité pour acheter en 1803, à Napoléon, l'immense territoire de la Lousiane (en fait, le Middle West et le Mississippi) et en 1819, à l'Espagne, la Floride. Après de rudes discussions avec les Britanniques, ceux-ci leur avaient reconnu en 1846 la possession de l'Oregon, qui commande l'accès à l'océan Pacifique. Nous avons dit qu'à la suite d'une série de conflits avec le Mexique, depuis Alamo en 1836 jusqu'à la guerre ouverte en 1848, ils s'étaient emparés de l'Arizona, du Texas et de la Californie, dont la toponymie reste espagnole (Los Angeles, San Francisco, San Antonio).

Les États-Unis bénéficièrent durant tout le siècle d'une immigration de masse : en soixante ans, 20 millions d'Européens franchirent l'Atlantique pour s'y établir. Ces déplacements massifs de populations étaient devenus possibles. À la marine à voile du XVIIIe siècle avait succédé la marine à vapeur de la première révolution industrielle, laquelle déversait sur les côtes américaines des milliers d'immigrés résolus à y refaire leur vie. Beaucoup de ces arrivants venaient de l'ancienne patrie anglaise (en pleine explosion démographique), mais aussi d'Irlande (appauvrie par la domination protestante et ravagée par la famine), d'Allemagne (on parla longtemps allemand dans le Middle West) et de Scandinavie. On voyait arriver également par centaines de milliers des Européens du Sud (Espagnols, Italiens, Portugais) et de l'Est (Polonais, Russes, Grecs).

Naquit alors un « mythe américain », qu'illustre la statue de la Liberté, sculptée par Bartholdi, offerte par la France et installée devant Manhattan en 1886. L'immigration changea la nature de la population, jusque-là constituée principalement d'Anglais protestants et d'esclaves noirs. En particulier, l'Église catholique devint très puissante (la première dénomination américaine).

À ce moment éclata la plus grande crise de la jeune histoire des États-Unis. Les États du Sud, peu touchés par l'immigration, restaient aux mains de planteurs qui ressemblaient à ce qu'avait pu être Washington ; ils faisaient travailler sur leurs exploitations de coton une main-d'œuvre servile issue de la traite. Ceux du Nord étaient peuplés de paysans libres, d'ouvriers et de commerçants, avec de grandes villes : New York, Boston. Les intérêts du Nord et ceux du Sud étaient opposés : les planteurs voulaient exporter leur coton ; les industriels du Nord souhaitaient protéger leurs industries de la concurrence européenne. Surtout, les mentalités divergeaient absolument. Les aristocrates du Sud méprisaient les immigrés du Nord, et réciproquement.

L'élection à la présidence de l'anti-esclavagiste Abraham Lincoln entraîna la rupture. En 1860, les États du Sud firent sécession et formèrent une confédération de douze États sudistes sous la présidence de Jefferson Davis.

Contrairement à la légende, le refus de l'esclavage n'a pas été la principale raison de la guerre. La question centrale posée par les confédérés était celle du droit de sécession, la Constitution américaine n'ayant pas prévu le cas.

Dans l'Union européenne, aujourd'hui, un État peut faire sécession en dénonçant les traités. L'« Union » américaine d'alors, discernant avec raison qu'était en jeu la survie même des États-Unis, refusa d'accorder aux confédérés le droit de se séparer d'elle. Ce fut le début d'une guerre longue et sanglante, du 18 avril 1861 au 14 avril 1865.

En apparence, la lutte était disproportionnée : 23 millions de nordistes contre 9 millions de sudistes (dont beaucoup d'esclaves noirs non mobilisés). Le Nord avait aussi pour lui ses chemins de fer, ses industries, ses grands ports. Cependant, la victoire du Sud n'était pas impossible, les planteurs étant aguerris et leurs généraux excellents.

Les sudistes remportèrent en effet une série de succès ; mais la marche du général Lee sur Washington fut brisée à la bataille de Gettysburg, du 1er au 3 juillet 1863. Dès lors, la supériorité du Nord était telle qu'il ne pouvait que gagner une guerre longue. Sherman s'empara de la plus grande ville du Sud, Atlanta, et l'incendia en novembre 1864. Lee dut capituler le 9 avril 1865 à Appomattox. Jefferson Davis démissionna. Abraham Lincoln fut assassiné par un fanatique sudiste, mais l'Union avait triomphé. Elle ne sera plus remise en cause.

La guerre de Sécession a été la première guerre « moderne » : emploi massif des chemins de fer, des canons, des armes à tir rapide. Elle fit 600 000 morts : 350 000 nordistes et 250 000 rebelles.

L'esclavage fut aboli partout dans l'Union, mais le racisme et l'« apartheid » demeurèrent vifs (en fait, jusqu'au mouvement des droits civiques de Martin Luther King). Les deux grands partis actuels trouvent là leurs racines, même si leurs électorats réciproques ont changé. C'est seulement grâce à la guerre de Sécession que Napoléon III put risquer son aventure mexicaine.

Le problème noir est en cours de résolution aux États-Unis. Cette population reste plus pauvre que celles d'origine européenne ou asiatique ; du moins est-elle nombreuse et en voie d'ascension sociale.

Une autre minorité fut, au contraire, presque détruite : celle des « Peaux rouges ». Il subsiste environ un million d'Indiens, aujourd'hui intégrés, mais à la fin du XIX$^{e}$ siècle leur nombre ne dépassait pas 100 000.

Les Amérindiens, au nord du Rio Grande, n'étaient pas des paysans comme les Aztèques ou les Incas, mais des chasseurs nomades. Les Américains s'approprièrent leurs terrains de chasse pour les transformer en terres agricoles, abattirent leur gibier (on comptait peut-être 20 millions de bisons vers 1815, contre moins d'un million en 1880) et massacrèrent les tribus avec bonne conscience. Tocqueville, qui visita l'Amérique avant la guerre de Sécession, a laissé sur le comportement des Américains envers les Indiens une page saisissante de sa *Démocratie en Amérique* :

« Les Espagnols lâchent leurs chiens sur les Indiens comme sur des bêtes farouches ; ils pillent le Nouveau Monde ainsi qu'une ville prise d'assaut, sans discernement et sans pitié, mais on ne peut tout détruire, la fureur a un terme : le reste des populations indiennes échappées aux massacres finit par se mêler à ses vainqueurs et par adopter leur religion et leurs mœurs.

« La conduite des Américains des États-Unis envers les indigènes respire au contraire le plus pur amour des formes et de la légalité. Pourvu que les Indiens demeurent dans l'état sauvage, les Américains ne se mêlent nullement de leurs affaires... Ils les prennent fraternellement par la main et les conduisent eux-mêmes mourir hors du pays de leurs pères.

« Les Espagnols, à l'aide de monstruosités sans exemples, en se couvrant d'une honte ineffaçable, n'ont pu parvenir à exterminer la race indienne, ni même à l'empêcher de partager leurs droits. Les Américains des États-Unis ont atteint ce double résultat avec une merveilleuse facilité, tranquillement, légalement, philanthropiquement, sans violer un seul des grands principes de la morale aux yeux du monde.

« On ne saurait détruire les hommes en respectant mieux les lois de l'humanité ! »

Après la guerre de Sécession, les États-Unis reprirent leur expansion. En 1867, ils achetèrent à l'empire des tsars l'Alaska, colonisée jusque-là par les Russes. Imaginons ce qu'eût été la guerre froide si l'URSS avait possédé l'Alaska !

En 1898, pour la seconde fois, les États-Unis firent la guerre à une puissance européenne. De son ancien empire, l'Espagne avait gardé Cuba, Porto Rico et les Philippines. Les Américains n'eurent pas de mal à vaincre cette monarchie, alors décadente. Porto Rico leur appartient encore. Les Philippines, indépendantes depuis 1946, restent sous leur influence. Seul Cuba s'en est affranchi, mais Washington a gardé la base de Guantanamo où elle envoie ses prisonniers Talibans.

En 1901, le président Theodore Roosevelt formula la théorie, toujours en pratique, du gros bâton (*big stick*) qui doit être utilisé contre les ennemis des États-Unis. Soixante ans plus tôt, le président Monroe avait énoncé le célèbre slogan : « L'Amérique aux Américains », qui signifiait et signifie toujours : « L'Amérique latine aux Américains du Nord. »

En même temps s'opérait une formidable expansion industrielle, facilitée par l'arrivée des immigrants et des capitaux, l'immensité d'un espace vierge au climat tempéré et la liberté d'entreprendre.

En 1869, le premier chemin de fer continental, le Grand Pacific Railway, relia New York à San Francisco. Le magnat ferroviaire était Van de Bilt. Ensuite, le pétrole jaillit au Texas, faisant la fortune de la famille Rockefeller. Les aciéries de Carnegie et de Morgan se mirent à produire de l'acier en abondance.

En lutte contre ce patronat américain agressif, un puissant mouvement syndical et ouvrier se développa au prix d'émeutes sociales sanglantes. (La fête du Travail du 1er mai trouve là son origine.) De grands syndicats se créèrent, comme l'AFL (American Federation of

Labor). Finalement, patronat et syndicats conclurent des compromis toujours difficiles.

L'âpreté des luttes sociales d'après la guerre de Sécession n'empêcha pas l'assimilation des immigrés et un patriotisme – commun aux ouvriers et aux patrons, aux gangsters de Chicago et aux financiers de Wall Street – qui rendit cette assimilation possible : le *melting-pot.* Le patriotisme est une qualité américaine. Lorsqu'on devient citoyen américain, on s'engage. On obtient des droits, mais on accepte d'être assujetti à des devoirs. On prête serment à la Constitution et au drapeau. Dans les écoles aussi, jusqu'à quatorze ans, tout petit Américain : « Aledge allegeance to the flag of the United States of America and to the Republic which it stands for. One nation under God, with justice and liberty for all ».

À la fin du XIXe siècle, les États-Unis étaient déjà devenus un État très puissant. Cependant, ils intervenaient peu dans l'ancien monde. Quand on dit que l'Amérique est « isolationniste », on mesure mal à quel point c'est exact. L'Amérique est une île – bien plus que l'Angleterre, qui doit importer ou exporter. L'Amérique est une très grande île continentale qui n'a pas besoin du monde extérieur. Même le pétrole, elle l'a chez elle et ne l'importe que pour des motifs « stratégiques ». Le monde extérieur disparaîtrait sans que l'Amérique en soit affectée. Cet État-continent se suffit à lui-même. De plus, il est peuplé d'hommes dont les ancêtres ont tous, pour une raison ou une autre, fui le vieux continent !

L'Américain du Middle West ne s'intéresse pas au vaste monde. Quand l'intellectuel parisien veut mesurer l'importance de la France au nombre de lignes qui lui sont consacrées dans les journaux de Minneapolis, il méconnaît que l'« extérieur » en général et la France en particulier n'intéressent nullement l'Américain profond, lequel ignorait avant les guerres du Golfe jusqu'à l'existence de l'Irak. (Du temps de l'empire britannique, il n'était au contraire guère de famille anglaise qui n'eût un cousin dans l'armée des Indes.) En réalité, l'épopée américaine est tout « intérieure » : c'est celle de la conquête de l'Ouest, mise en images par les *westerns*.

# La conquête coloniale.
# Le Japon

Depuis les grandes découvertes du XVIe siècle, les Européens s'étaient lancés à la conquête du monde. Nous avons raconté les aventures portugaises et espagnoles (auxquelles contribuèrent des marins vénitiens et génois), puis hollandaises et françaises ; le Royaume-Uni finissant par triompher de ses concurrents – au prix, il est vrai, de l'indépendance des États-Unis. Ce fut l'apogée de la thalassocratie anglaise, *the British Empire.*

En Afrique, les Boers ou Afrikaners préférèrent s'affranchir de la domination anglaise. Avec leurs familles, leurs chariots et leurs bœufs, ils quittèrent Le Cap entre 1834 et 1838 pour aller fonder des États libres en Orange et au Transvaal.

En Asie, la Hollande put conserver l'Indonésie.

En Amérique, les États-Unis dominaient, à l'exception du Canada resté fidèle à Londres.

Après la guerre de Sécession et la guerre franco-allemande (donc après 1870), toutes les puissances européennes voulurent être présentes dans le partage du monde – même les États-Unis (Porto Rico, les Philippines et Cuba).

L'empire britannique resta cependant, et de loin, le premier empire colonial européen.

L'Inde était devenue une colonie d'exploitation prospère, dont la reine Victoria avait été proclamée impératrice en 1877, avec comme capitale Calcutta, puis New Delhi, et comme port principal Bombay, tourné vers la métropole. L'État des Indes, appelé *Radjih* par les Anglais, fut la grande réalité coloniale du XIXe siècle. Les révoltes y étaient rares (celle des cipayes en 1857 étant d'abord une mutinerie militaire). Les Anglais pratiquaient le gouvernement indirect à travers princes et rajahs, et se tenaient soigneusement à l'écart des indigènes, avec lesquels – contrairement aux Portugais et aux Espagnols – ils ne se mélangeaient pas. Mais ils équipaient le sous-continent (voies ferrés, infrastructures) pour leur plus grand profit et y assuraient la paix à l'aide d'une armée indigène de 300 000 hommes, encadrés par 20 000 Anglais, l'« armée des Indes ».

Les Britanniques cherchèrent à protéger le sous-continent (pour la première et dernière fois unifié) en occupant ses marches : en Himalaya, le Sikkim, le Bhoutan, le Népal ; vers l'est, la Birmanie ; vers le sud, la Malaisie. Ils échouèrent à s'installer durablement à l'ouest, en Afghanistan, convoité aussi par l'empire des tsars. L'Afghanistan devint alors un espace-tampon entre Russes et Anglais. Face à lui, dans les zones tribales (qui existent encore), de puissantes garnisons britanniques contrôlaient les montagnes. On peut voir, en empruntant la passe de Khyber, des plaques fixées aux rochers qui portent le nom des régiments de Sa Gracieuse Majesté.

La grande préoccupation de l'Angleterre impériale était de contrôler les routes maritimes qui la reliaient aux Indes, par le sud, d'où la conquête du Cap, ou par le nord, avec le canal de Suez. Creusé par les Français et entre leurs mains, Suez posait problème aux Anglais. Ce problème fut résolu par l'achat de la majeure partie des actions de la compagnie, et par la mise sous tutelle de l'Égypte. Le Caire devint pour ainsi dire, après Londres, la deuxième capitale de l'empire britannique. On le vit bien pendant la Seconde Guerre mondiale. Ces contrôles (de l'Égypte et du Canal) ne prendront fin qu'en 1956. Au-delà de Suez, les Anglais s'établirent à Aden. Au-delà de la Malaisie, ils fondèrent en Chine le riche comptoir de Hong Kong. Pour contrôler les détroits de l'Asie du Sud-Est, ils créèrent la ville-port de Singapour, troisième capitale impériale en quelque sorte.

En Afrique, l'empire britannique poussa vers le sud à partir de l'Égypte et vers le nord à partir du Cap. Il conquit le Soudan, après la révolte sanglante du mahdi de Khartoum et la mort de Gordon (1884), par la grande expédition de Kitchener en 1898. À partir du Cap, Cecil Rhodes étendit l'influence anglaise vers le nord, avec l'idée de relier Le Cap au Caire.

Par ailleurs, les Anglais peuplaient le Canada (sans pouvoir en éliminer les Québécois, témoins de la présence française), l'Australie et la Nouvelle-Zélande. Ces pays devenaient des *dominions*, des « États associés », avec leurs libertés propres.

En Méditerranée, l'Angleterre tenait Gibraltar, Malte et Chypre (conquise sur les Turcs). En Afrique occidentale, elle s'assurait les bouches du fleuve Niger (Nigeria).

Par malheur pour l'empire, sur la route du Cap au Caire, les Afrikaners s'étaient installés depuis 1834 en

Orange et au Transvaal. Les colons hollandais ne craignirent pas d'affronter les Anglais. Ce fut la guerre des Boers, de 1899 à 1902. Sous la direction de leur président Kruger, les Boers remportèrent de nombreux succès et ne furent vaincus par Kitchener qu'après une dure campagne à la fin de 1901. Les Anglais triomphaient, mais ils étaient contraints, à la paix de 1902, de faire de larges concessions aux Afrikaners. Et notamment de leur laisser le pouvoir dans le nouveau *dominion* d'Afrique du Sud – ce qui, au siècle suivant, avec l'« apartheid », entraînera bien des conflits. Mais, en 1899, les Boers bénéficiaient de la sympathie générale. Leurs « commandos » (le mot, qui fit fortune, vient d'eux) terrorisèrent l'armée coloniale anglaise, et ils passaient pour des défenseurs de la liberté.

Loin de pouvoir égaler celui de l'Angleterre, l'empire colonial français fut quand même le deuxième en importance.

Installée depuis 1830 à Alger, la France créa l'Algérie. Dans la péninsule du Maghreb, entre Sahara et Méditerranée, depuis l'Antiquité n'existaient que deux pays : à l'est, l'Afrique romaine, l'Ifrika arabe, devenue la Tunisie; à l'ouest, le Maroc, islamisé, mais que les Turcs n'avaient pu conquérir.

La France repoussa le monde turc vers l'est en s'emparant de Constantine, puis le monde arabo-berbère vers l'ouest en mettant la main sur Oran. L'Algérie était née. Longtemps, la France hésita. Après le rêve du « royaume arabe » de Napoléon III, les circonstances – exode des Alsaciens, déportation des Communards, immigration naturelle des Espagnols et des Siciliens – firent de l'Algérie une colonie de peuplement. La République du 4 Septembre y créa donc des départements français. Mais si elle voulut et réussit à assimiler les Algériens de confession juive (décret Crémieux), elle n'osa procéder de même avec les indigènes de religion musulmane. Ils restèrent des sujets et ne devinrent pas des citoyens.

L'Algérie française reposait ainsi largement sur une fiction. Il y eut réellement un peuple de citoyens français en Algérie (mélange de Français de France, d'Espagnols, de Maltais, d'Italiens et de juifs indigènes), mais le peuple des indigènes musulmans ne fut pas assimilé. Aurait-il pu l'être? La solution du « royaume arabe » était-elle réaliste?

En 1881, en revanche, la France pratiqua avec succès la politique du protectorat en Tunisie. Plus tard, en 1912, elle porta cette politique à une espèce de perfection au Maroc : le général Lyautey, résident général, s'y voulut une sorte de Richelieu au service du sultan! De Marrakech à Kairouan, tout le Maghreb était devenu français.

Dès 1862, le général Faidherbe créa le grand port stratégique de Dakar, qui commande l'Atlantique Sud, et occupa le Sénégal, en Afrique noire. De hardis capitaines assurèrent peu après la possession de la majeure partie de l'Afrique de l'Ouest. Et un Français d'origine italienne, Savorgnan de Brazza, celle de l'Afrique équatoriale. Sur le fleuve Congo, Savorgnan fonda Brazzaville, qui a gardé son nom. Savorgnan était l'héritier d'une grande famille vénitienne de Brazza, en Dalmatie (aujourd'hui Kvar).

En Asie du Sud-Est, la France, présente en Cochinchine depuis le Second Empire, faisait avec le général Gallieni la conquête du Tonkin et de l'empire d'Annam, imposant aux royaumes du Laos et du Cambodge son protectorat et créant l'« l'Indochine française » (dont la culture de l'hévéa fera une riche colonie d'exploitation). Le même Gallieni, sur la route du Cap, annexa au domaine français la grande île de Madagascar, après avoir déporté la reine Ranavalona. Par ailleurs, la République gardait de la monarchie les îles des Antilles et de la Réunion, et s'imposait dans le Pacifique Sud, en Nouvelle-Calédonie et en Océanie (Tahiti).

D'Alger au Congo et de Dakar à Djibouti, la République, « pacifiant » progressivement le Sahara, s'était créé un vaste domaine africain d'un seul bloc.

La progression française de l'ouest vers l'est rencontra sur le haut Nil, à Fachoda, le mouvement anglais du nord au sud. Le 10 juillet 1898, le commandant Marchand se heurtait à Lord Kitchener. Sur l'ordre du gouvernement, Marchand dut renoncer. Depuis Napoléon III, l'Angleterre était passée du statut d'adversaire à celui d'alliée – encore davantage depuis l'annexion par la Prusse de l'Alsace-Lorraine.

Cette aventure coloniale eut ses héros et ses bourreaux : Savorgnan de Brazza libérait les esclaves et parlait de fraternité, tandis que les officiers d'une colonne qui marchait vers le Tchad, devenus fous, brûlaient les villages et jetaient la désolation dans le Sahel. Ayant assassiné le colonel que la République avait envoyé à leurs trousses, ils furent tués par leurs tirailleurs.

En 1900, trois colonnes françaises commandées par Foureau, Lamy et Gentil, et parties d'Alger, de Dakar et de Brazzaville, se rencontraient sur le lac Tchad. L'AOF (Afrique-Occidentale française) et l'AEF (Afrique-Équatoriale française) étaient créées. Comme l'Angleterre aux

Indes, la France enrôla beaucoup d'Africains dans ses bataillons : Algériens, Marocains, Sénégalais constituèrent des unités de « tirailleurs » sous le commandement d'officiers français et une « armée d'Afrique » (comme les Anglais l'« armée des Indes »). En 1900, on créa à Paris l'École coloniale pour assurer la formation des administrateurs. Les « colos » avaient le même niveau de formation que les énarques – et l'esprit d'aventure en plus.

En 1885, au congrès de Berlin, les Européens se partagèrent le continent africain. Car Anglais et Français n'étaient pas seuls.

Le vaste bassin du Congo, que les deux puissances convoitaient également, fut érigé en zone-tampon et donné au roi des Belges, Léopold II, à titre de propriété personnelle. Léopold exploita ses richesses (ivoire, caoutchouc, cuivre du Katanga, diamants) sans scrupules et avec une telle violence que le parlement belge s'en émut et transféra la propriété du Congo à la Belgique.

Les Russes marchaient vers l'est, fondant le port de Vladivostok en mer du Japon. En direction du sud-est, ils occupèrent les régions musulmanes de l'Amou-Daria, dont Boukhara et Samarcande. Ils établirent ainsi une espèce de condominium, avec les Anglais, sur la Perse. Au sud, l'empire des tsars assura son emprise sur le Caucase chrétien (Arménie, Géorgie) ou musulman (Azerbaïdjan).

L'Allemagne – tard engagée dans la compétition, car il lui avait fallu auparavant faire son unité et vaincre la France en 1871 – annexa cependant le Cameroun, le Togo, la Namibie et surtout l'Est africain (qui deviendra la Tanzanie).

Les Portugais conservaient en Afrique des restes de leur ancienne grandeur, en Angola et au Mozambique.

L'Italie aussi voulut posséder des colonies. Mais elle n'eut pas de chance : elle voulait s'emparer de l'Éthiopie – la seule nation non préhistorique d'Afrique noire. Or, les Italiens furent anéantis en 1896 à Adoua par les troupes du négus Ménélik. Cependant, l'Italie s'accrocha aux côtés (Érythrée et Somalie) et, en novembre 1911, fit la guerre à la Turquie pour lui enlever en 1913, après de durs combats, la Tripolitaine (la Libye).

À cette date, le monde entier était colonisé par les Européens – ou Américains : les États d'Amérique latine étaient sous le protectorat des États-Unis.

La Chine, trop grande pour être mangée, fut exploitée par les puissances, qui y établirent des « concessions » dans les ports et ne craignirent pas d'y envoyer leurs troupe, quand l'impératrice Tseu-hi, manifestant des velléités d'indépendance, encouragea en sous-main la révolte xénophobe des Boxers, en 1900 (les Cinquante-Cinq Jours de Pékin).

Restait l'empire turc, qui s'étendait encore de l'Adriatique au golfe Persique. Mais on le nommait l'« homme malade » et les Européens s'y disputaient la prépondérance : les Allemands construisaient le chemin de fer de Constantinople à Bagdad; les Français « protégeaient » les chrétiens du Liban; les Russes lui firent la guerre et obtinrent en 1878 que les Ottomans accordent l'autonomie à la Bulgarie – laquelle se déclara indépendante en 1908.

C'était aussi l'époque des grandes explorations aux sources du Nil, et notamment de la rencontre, au centre de l'Afrique, de Stanley et de Livingstone. Stanley finit par retrouver le vieux missionnaire, seul Blanc à mille kilomètres à la ronde ; ne perdant pas son flegme *british*, il lui tendit la main en disant : « Mister Livingstone, I presume... »

Expéditions aussi au pôle Nord et au pôle Sud par l'explorateur norvégien Amundsen en 1890 et 1911. Amundsen mourut d'ailleurs en Antarctique.

Peu à peu, les taches blanches des cartes se remplirent. Pour la première fois dans l'histoire, les moindres recoins de la planète était visités, recensés, cartographiés.

Cependant, cette domination européenne du monde connut une exception : le Japon. Cette vieille nation féodale s'était, nous l'avons dit, fermée à l'Occident au XVIe siècle. Un jour, toutefois, l'empereur du Japon, le Mikado, vit surgir sous ses fenêtres, dans la rade de Tokyo (Edo), la flotte américaine du commodore Peary. C'était en 1853. L'empereur, qui régnait mais ne gouvernait plus, fut remis au pouvoir et le maire du palais (le shogun) obligé de démissionner. Les samouraïs avaient compris la leçon : « Si nous ne devenons pas "modernes" comme eux, ces chiens d'Européens vont nous manger le foie ! » L'empereur Mutsuhito en 1868, proclama l'ère « Meiji » – littéralement le « despotisme éclairé ». Se mettant à l'école de l'Occident, le Japon accueillit savants et techniciens du monde entier et rattrapa son retard technique en vingt ans.

L'armée des samouraïs devint une armée moderne, alliant l'héroïsme traditionnel aux équipements les plus performants ; de même pour la marine.

En 1894, le Japon annexa Taïwan, puis en 1910, la Corée. Progressant vers l'ouest, il se heurta aux Russes qui allaient en sens inverse. Ce fut la guerre. Méprisant ces « indigènes », les fiers officiers tsaristes pensaient ne faire qu'une bouchée des Japonais. La grande flotte russe de la Baltique, ayant fait le tour de l'Afrique, parut devant les côtes japonaises. Le 28 mai 1905, à Tsou-hima, l'« Invincible Armada » russe de l'amiral Rojdest-venski fut entièrement envoyée par le fond. Ce coup de tonnerre (qui annonce celui de Pearl Harbor) fit entrer l'Archipel dans le concert des puissances.

Le Japon est le seul exemple, à l'époque, d'un pays du tiers monde ayant réussi à se moderniser. (Malgré sa victoire sur les Italiens, le Négus ne parvint pas à moderniser l'Éthiopie.) Le moteur de cette modernisation autochtone est évident : c'est le patriotisme. Féodal, anarchique, le Japon des samouraïs était une véritable nation, unifiée et fière. Le patriotisme fut le levier qui permit au Japon d'entrer dans le monde moderne – pour le meilleur et pour le pire.

Que penser, que dire de l'aventure coloniale ?

D'abord, éviter l'anachronisme : les Européens de l'époque avaient bonne conscience, comme le prouve le fameux discours de Jaurès sur les devoirs des peuples supérieurs à l'égard des races inférieures. Cette ambition généreuse n'a pas été seulement un vœu pieux. La France ouvrit des dispensaires, créa l'Institut Pasteur, envoya des médecins (dont Louis-Ferdinand Céline), mais aussi des ingénieurs et des instituteurs. À côté de cruels gangsters, il y eut des saints – dont de nombreux missionnaires catholiques et protestants, qui implantèrent avec succès le christianisme au Vietnam et en

Afrique noire. À côté d'exploiteurs sans scrupules, il y eut des « coopérants » dévoués, des « commandants de cercle » exceptionnels. En Angleterre, Kipling exaltait le « fardeau de l'homme blanc ». Le colonialisme avait un côté que l'on pourrait qualifier de « kouchnérien » : généreux, humaniste, « de gauche ». On trouve dans le discours de Jaurès les arguments que l'on retrouve chez Kouchner préconisant le « droit d'ingérence ». Les *French doctors* sont les enfants spirituels de Ferry et de Jaurès.

Cette générosité n'était pas seulement un prétexte. À toutes les nations (sauf l'Angleterre aux Indes), la colonisation a coûté davantage qu'elle n'a rapporté.

La vraie motivation de la colonisation ne fut ni humanitaire, ni économique (malgré la crise des années 1880 qui poussait les pays à s'assurer des débouchés outre-mer) ; elle résida dans la rivalité des puissances entre elles, dans la volonté de ne pas laisser la place aux autres (crises de Fachoda entre Français et Anglais, d'Agadir entre Français et Allemands).

La colonisation était-elle inéluctable ? On peut le penser. Nous l'avons déjà noté, la modernité est semblable à une épidémie. Le monde « préhistorique » d'Afrique noire n'eût pas survécu à un simple contact. Les mondes féodaux (arabo-musulman, turc, etc.) avaient plus de chances – l'exemple du Japon le prouve. Il se trouve que le Japon seul a saisi cette chance.

La colonisation a-t-elle apporté du bien ou du mal ? C'est selon. La colonisation a certainement détruit toutes les structures et institutions traditionnelles du tiers monde.

Rappelons que l'on parle de « colonisation » seulement quand les peuples en présence n'occupent pas la même place dans l'échelle du temps. C'est la notion de « décalage temporel » (qui nous servit à expliquer le succès foudroyant des Espagnols face aux Incas).

Quand Napoléon faisait la guerre aux rois d'Europe, c'était un conquérant, et non un colonisateur (ce qu'il fut en Égypte). Napoléon battait par son génie stratégique des armées aussi modernes que la sienne.

Au contraire, dans le combat colonial, il y a des siècles de décalage entre l'armée d'invasion et les troupes des peuples conquis. Le courage des mamelouks ou des guerriers zoulous n'y pouvait rien. Voilà pourquoi l'aventure coloniale est pauvre en véritables guerres. En fait, il n'y en eut que deux : la guerre des Boers, parce que les Afrikaners étaient des Européens, et la guerre russo-japonaise, parce que les Japonais l'étaient devenus.

Rappelons aussi que, dans la notion d'empire (même colonial), il y a une idée d'échange. L'empire prend évidemment beaucoup, mais il prétend apporter quelque chose et, de fait, l'apporte : la paix, l'équipement. L'empire est autre chose que l'hégémonie : l'hégémonie n'a pas de devoirs, l'empire en a.

Enfin, il est possible de distinguer deux sortes de colonisation : la colonisation de cadres et la colonisation de peuplement.

La colonisation de cadres encadre les pays conquis avec peu de personnel métropolitain. Les Anglais ont gouverné le sous-continent indien et ses centaines de millions d'indigènes (le terme d'« indigène » n'a aucune connotation négative : les Anglais sont les indigènes d'Angleterre) avec 100 000 colons, fonctionnaires, officiers et commerçants. Quand la colonisation cesse, ces cadres retournent en métropole.

Cette colonisation-là ne laisse en général pas de trop mauvais souvenirs aux colonisés. Les Indiens (du moins les dirigeants) sont toujours très *british*. Et les Sénégalais se veulent les « Français africains ».

La colonisation de peuplement, elle, installe outre-mer une population européenne nombreuse, et de manière qui se veut définitive.

En ce sens, le « sionisme », inventé par Theodor Herzl en 1896 pour donner un refuge aux juifs persécutés, s'inscrit dans ce contexte. Même si, dans le cas de la Palestine, ce mouvement se veut un « retour » et non une conquête. Nous en reparlerons.

Juxtaposant deux peuples, la colonisation de peuplement aboutit parfois à l'éviction de l'un des deux : celui des indigènes. Les Américains ont, de fait, dépossédé les tribus indiennes, les Australiens les Aborigènes, et les Néo-Zélandais, les Maoris; dans ce cas de figure, les Européens n'ont plus de problèmes. Ou bien celui des colons c'est, nous le verrons, ce qui arrivera en Algérie : les Européens seront chassés de ce pays où ils vivaient depuis un siècle par les indigènes musulmans.

Cependant, le compromis n'est pas impossible. En Nouvelle-Calédonie, Européens et Canaques coexistent sous la protection tutélaire de la France. En Afrique du Sud, Afrikaners et Noirs, cette fois sans intervention extérieure, semblent résolus à vivre ensemble.

# La Belle Époque

En France, après la tragédie de la Commune, son vainqueur Adolphe Thiers fut nommé chef de l'exécutif. Il obtint de Bismarck l'évacuation du pays dès 1873 (à l'exception de l'Alsace-Lorraine) en contrepartie d'une indemnité de guerre. Les Prussiens partis, le maréchal de Mac-Mahon lui succéda.

Ainsi, née d'une insurrection de gauche le 4 septembre 1870, la défaite et la Commune avaient poussé la République très à droite – ce que ne contredit pas la Constitution de 1875, votée à une faible majorité, qui aurait pu convenir à une monarchie constitutionnelle.

La restauration monarchique échoua à la suite de l'entêtement du comte de Chambord, qui ne voulait pas conserver le drapeau tricolore. La Troisième République va durer jusqu'en 1940.

En mai 1877, les républicains, ayant gagné les élections législatives, « gauchirent » le régime. Mac-Mahon ayant été acculé à la démission, le pouvoir réel se trouva partagé entre l'Assemblée nationale et celui qu'on appelait alors le président du Conseil, le président de la République n'ayant plus qu'un rôle honorifique.

Cette « République des Jules » (ainsi nommée parce que beaucoup de ses ministres se prénommaient Jules, le plus connu étant Jules Ferry) a connu des crises, mais son œuvre est grande. La crise la plus célèbre et la plus grave fut celle de l'affaire Dreyfus.

Mais, avant elle, les citoyens avaient éprouvé des tentations bonapartistes : un beau général, le général Boulanger (ministre de la Guerre en 1884), les incarna. Vainqueur des élections en janvier 1889, il n'osa toutefois pas marcher sur l'Élysée, prit peur, s'enfuit en Belgique et s'y suicida en 1891.

L'affaire Dreyfus fut autrement sérieuse. Le capitaine Dreyfus, d'une famille juive alsacienne, fut accusé, sur simple ressemblance d'écriture, d'avoir livré des secrets importants à l'attaché militaire allemand. Le capitaine travaillait au 2e bureau de l'état-major. Arrêté et jugé trop rapidement par un conseil de guerre, il fut envoyé au bagne en Guyane (octobre-décembre 1894). L'« Affaire » éclata en 1896 quand on commença à soupçonner que le coupable n'était pas Dreyfus, mais un autre officier du nom d'Esterhazy. L'état-major refusant de se déjuger et Esterhazy étant acquitté, les intellectuels français se mobilisèrent pour la libération de Dreyfus. En 1898, Émile Zola écrivit dans *L'Aurore* son éditorial célèbre : « J'accuse ». Le procès fut révisé en 1899 et le capitaine alsacien rétabli en 1906 dans tous ses droits.

Certes, Dreyfus a été victime d'une violente poussée d'antisémitisme, d'ailleurs générale en Europe. En Russie, c'était le temps des « pogroms ». C'est à la suite de l'Affaire que Theodor Herzl en arriva à l'idée qu'il fallait créer en Palestine un refuge pour les israélites. Mais on trouva des « dreyfusards », partisans de la révision du procès, aussi bien à droite (le père de De Gaulle, Lyautey) qu'à gauche (Péguy, Zola).

Ceux qui brandissent aujourd'hui l'« Affaire » dans un procès en sorcellerie (et en antisémitisme) contre la France oublient que les intellectuels français, le prétoire, l'armée et l'opinion publique rendirent justice à Dreyfus ! Dans quel autre pays, en ce temps-là, aurait-on ainsi donné tort à la raison d'État ?

Malgré les crises, les œuvres de la « République des Jules » furent nombreuses. La première et la plus connue revint à Jules Ferry, qui en 1881 fit voter une loi rendant l'instruction publique obligatoire jusqu'à quatorze ans. C'était là une première mondiale. Les gendarmes venaient chercher les récalcitrants. Chaque municipalité fut contrainte de construire une école (un côté pour les garçons, un côté pour les filles – la mixité n'existait pas). En même temps, l'État ouvrit dans chaque département une école normale pour former les instituteurs (et institutrices). Ces instituteurs, que Péguy appelle les « hussards noirs de la République », apprenaient aux enfants lecture, écriture, calcul et sciences naturelles, mais aussi civisme et amour de la patrie. Rue d'Ulm, à Paris, on créa l'École normale supérieure pour former les maîtres des maîtres. Les Français devinrent un peuple entièrement alphabétisé. Les journaux quotidiens tiraient alors à un ou deux millions d'exemplaires (contre 200 à 300 000 aujourd'hui).

La Troisième République fit de la *Marseillaise* le chant national, et du 14 juillet, la fête nationale. L'État prit le visage de « Marianne » comme symbole.

En 1901, on vota une loi fondamentale (et toujours en vigueur) qui reconnaît la totale liberté d'association des citoyens. Il suffit d'avoir un président, un secrétaire et un trésorier, et de déposer les statuts et l'objet de l'association à la préfecture. Ainsi existe-t-il encore des milliers d'associations en France.

À l'Assemblée, le pays trouvait son assise politique : deux droites (une droite libérale, une droite bonapartiste), deux gauches (une gauche libérale, une gauche autoritaire).

La République sut aussi faciliter la promotion sociale et recruter un nouveau personnel dirigeant : l'instituteur de village détectait le bon élève et l'envoyait en internat à la préfecture ; s'il était doué, l'élève « montait » à Paris pour intégrer les grandes écoles.

Cependant, appuyée sur la petite classe moyenne des villes et des campagnes, la République ne fut pas aussi clairvoyante en matière sociale.

Elle avait autorisé les syndicats en 1884, mais sous-estima les misères de la condition ouvrière. L'industrialisation était violente. La répression de la Commune avait laissé de mauvais souvenirs aux ouvriers ; réciproquement, les républicains craignaient les pétroleuses. Aussi la Deuxième Internationale, créée en 1889, fut-elle beaucoup plus revendicatrice que la première, et l'agitation ouvrière continuelle. La CGT fut fondée en 1895 (le Labour Party anglais en 1901), peu avant la SFIO de Jean Jaurès (1905), SFIO signifiant Section française de l'Internationale ouvrière.

Le « marxisme » devint une mode intellectuelle contraignante et les grèves furent nombreuses. Paradoxalement, le pape Léon XIII, dans son encyclique *Rerum novarum*, parut alors plus ouvert à la question sociale que ne l'étaient les républicains. Léon XIII recommanda cependant aux catholiques de se rallier au régime et d'abandonner leurs illusions monarchistes : ce fut la consigne du « Ralliement ».

Malgré cela, le conflit entre l'Église et la République domina une époque où « cléricaux » et « anticléricaux » s'opposaient facilement.

En 1905 fut votée la fameuse loi de « séparation de l'Église et de l'État ». Depuis Henri IV, la citoyenneté en France n'était plus liée à la religion, mais le concordat napoléonien (œuvre légitime, mais de circonstance) continuait d'assurer à l'Église catholique un statut particulier (ses prêtres étaient payés par l'État). La Séparation y mit fin. Finalement, l'Église y gagna.

Toutes les croyances en France, et même l'incroyance, sont autorisées, ce qu'on appelle la « laïcité ». Cela ne signifie pas que l'État n'ait aucun rapport avec les cultes, le ministre de l'Intérieur étant obligé de débattre avec les religions des questions pratiques que pose leur libre exercice.

Cette réforme fut, cependant, imposée de façon trop violente. Les congrégations furent bannies et les « inventaires » des églises dressés, les bâtiments religieux construits avant 1905 devenant en effet propriété de l'État. Mais les modérés de la République et de l'Église réussirent à éviter les heurts frontaux. Les « inventaires » furent abandonnés.

La laïcité française, idée originale, est isolée dans une Europe où la reine d'Angleterre reste le chef de l'Église anglicane et où les Allemands paient des impôts « religieux », comme les Italiens, les Espagnols et les Polonais. En fait, beaucoup d'États sont dépourvus de religion officielle. C'est le cas des États-Unis. Mais seule la

France (avec le Mexique) est parfaitement neutre et ne confère aucune marque de reconnaissance à une religion particulière. Et, surtout, peu d'États protègent les agnostiques.

La Belle Époque fut aussi celle de la deuxième révolution industrielle. La première, dominée par l'Angleterre, avait été celle du charbon, des chemins de fer et de l'acier. La seconde fut celle de l'électricité, que l'on sut alors transporter. L'électricité n'étant pas une énergie, mais une façon commode de transporter l'énergie, il faut toujours que la production corresponde, dans l'instant, à la demande. Ce fut aussi la généralisation de l'usage du pétrole, beaucoup plus facile à manipuler que le charbon. À partir du pétrole sera inventé, en 1883, le moteur à explosion.

Le moteur à explosion permettra l'automobile et l'aviation. Les calculs techniques étaient faits depuis longtemps, mais il manquait auparavant à un Léonard de Vinci un moteur assez puissant et assez léger pour animer ses machines.

Les États-Unis et la France furent les pays phares de la seconde révolution industrielle. En 1903, les frères Wright firent voler en Amérique le premier avion (ainsi nommé par le Français Clément Ader), mais la France a été la patrie de l'aviation : en 1909, Blériot franchit la Manche et, en 1913, Roland Garros traversa la Méditerranée.

L'automobile se répandit partout. L'Américain Edison imagina le microphone et le phonographe. La photographie avait été inventée par Niepce et Daguerre ; les frères Lumière projetèrent leurs premiers films (dont *L'Arroseur arrosé*) en 1895.

En 1898, Pierre et Marie Curie mirent en évidence la radioactivité et, dès 1905, Einstein formula sa conception de la la « relativité générale » (en Allemagne et en Suisse). Freud, à Vienne, inaugura les premières cures de psychanalyse à partir de 1895. La télégraphie sans fil – la TSF – fut mise au point par Édouard Branly. L'ère de la radio commençait.

Pour fêter dignement le centenaire de la Révolution, la République organisa à Paris en 1889 une exposition universelle pour laquelle l'ingénieur Eiffel édifia une tour (qui devait être provisoire) sur le Champ-de-Mars. Tous les maires de France furent conviés à un grand banquet dans le parc des Tuileries.

Par ailleurs, à cette époque, on franchissait facilement les frontières sans passeport (*Le Tour du monde en quatre-vingts jours* de Jules Verne). Cette fin du XIXe siècle fut infiniment plus « mondialisée » que nous ne le sommes. Il y avait moins de paperasses, davantage de commerce international et de migrations.

La France, dépassée en hégémonie par la Grande-Bretagne et menacée par l'Allemagne, brilla cependant d'un vif éclat.

Dans les brasseries du quartier de Montparnasse à Paris se retrouvaient les plus grands peintres : Corot, Manet, Monet, Picasso, Degas, Seurat, Toulouse-Lautrec, Van Gogh, Cézanne, les impressionnistes, les cubistes, les fauves... Explosion d'art pictural qu'on peut seulement comparer à celle de la Renaissance italienne.

En littérature, nous avons rencontré Zola et Péguy à propos de l'affaire Dreyfus, mais les génies de Proust (*La Recherche du temps perdu* commença à paraître en 1913), de Gide (qui publia *Les Nourritures terrestres* en 1897) et des plus grands poètes – Rimbaud, Verlaine et Wilhlem Apollinaris de Kostrowitzky (qui prit le nom de Guillaume Apollinaire) – illustraient les lettres françaises à l'ombre des grands aînés du Second Empire. Baudelaire et Flaubert venaient juste de disparaître.

Les sommets de la liturgie républicaine furent atteints aux funérailles nationales de Victor Hugo – revenu de son exil avec la République – au Panthéon en 1885. (Enterrement qui fut souvent raconté à l'un des auteurs de ce livre, son grand-père Théodule-Ladislas-Albert Barreau y ayant assisté à l'âge de vingt ans.)

Voilà pourquoi cette époque, malgré la misère ouvrière, est légitimement qualifiée de belle, car on y croyait au progrès : « L'humanité se lève, elle chancelle encore mais, le front baigné d'ombre, elle va vers l'Aurore. » Or le bonheur procède de l'espérance, beaucoup plus que de l'argent. Notre temps est infiniment plus riche, matériellement, mais les jeunes gens, davantage gâtés, y ont moins d'espoir !

Ce fut d'ailleurs une période de paix. La guerre de 70 avait été courte et celle de Sécession, lointaine. Quant aux expéditions coloniales, elles exaltaient Psichari, et leurs ombres (répressions, massacres) étaient ignorées. Encore une fois, on jugeait la guerre « dépassée ». En 1911, Norman Angell, essayiste anglais, pouvait écrire : « La guerre entre la Grande-Bretagne et l'Allemagne est impossible car, si elle survient, les Bourses de Londres et de Berlin seront ruinées... » Des menaces pesaient cependant sur le siècle.

Le grand empire d'Autriche tombait en ruine. En 1867, François-Joseph était obligé d'accorder une large autonomie à la Hongrie. On parla désormais d'« Autriche-Hongrie ». Mais les Tchèques et les Croates s'agitaient. Malgré cela, les Habsbourg occupèrent en 1878 la Bosnie, arrachée à l'empire ottoman et largement peuplée de Serbes (qui rêvaient du rattachement à la petite Serbie indépendante), et l'annexèrent en 1908. Les revendications des Slaves du Sud devinrent de plus en plus violentes, prenant un caractère terroriste.

Les îles Britanniques elles-mêmes étaient déchirées par le patriotisme irlandais. En Irlande, le Sinn Fein (« Nous seuls ») d'Arthur Griffith réclamait le *Home Rule* – que Westminster refusa, malgré le Premier ministre Gladstone, en 1886 et 1892. Ce blocage aboutira à un soulèvement sanglant contre les Anglais à Pâques 1916 (en pleine guerre).

Mais la plus grande menace venait de l'expansion allemande.

Unifiée et industrialisée, l'Allemagne, avec ses 67 millions d'habitants, était devenue la première puissance économique d'Europe. Elle cherchait sa place au soleil. En 1890, le Kaiser renvoya Bismarck. Celui-ci se retira en Poméranie, critiquant avec amertume l'empereur, et mourut en 1898.

Guillaume II, petit-fils de Guillaume Ier (il régnait depuis 1888), ne valait pas son grand-père. Malgré une industrie formidable, l'Allemagne n'avait eu que des miettes du festin colonial. L'Alsace-Lorraine lui avait aliéné les Français, et Guillaume entra en conflit avec le tsar, son allié traditionnel. En contrepartie, l'Allemagne exerçait une sorte de protectorat sur l'Autriche-Hongrie et la Turquie; mais il s'agissait d'empires branlants.

Son armée, la plus puissante du monde, était si forte que Guillaume II, peu intelligent, se sentait invincible.

Pour se débarrasser à jamais de la France, le grand état-major allemand avait conçu un plan, le plan Schlieffen, qui prévoyait de prendre l'armée française à revers en violant la neutralité de la Belgique.

Imparable stratégiquement, ce plan – repris, par Moltke, qui succéda à Schlieffen en 1906 – était politiquement inepte, tant il était évident que la Grande-Bretagne, qui avait créé la Belgique pour sauvegarder Anvers, n'accepterait jamais l'occupation de ce pays par une armée continentale. Telle avait d'ailleurs été la raison principale de son opposition acharnée à Napoléon. Et l'Allemagne, malgré de récentes constructions navales, n'avait pas les moyens d'affronter la flotte de haute mer anglaise. De plus, Guillaume II, chambré par Moltke, était persuadé que le Reich écraserait la France en quelques semaines, comme en 1870.

Or, la France avait changé depuis le Second Empire. Dotée d'une armée de conscription, elle compensait par la durée du service militaire (trois ans) l'infériorité de sa population (39 millions). Par suite de son malthusianisme démographique, la France, pays le plus peuplé d'Europe en 1815, était devenue la puissance la moins peuplée, dépassée par l'Allemagne, la Russie, et l'Angleterre. Mais c'était aussi la France des instituteurs patriotes qui espérait, avec la « Revanche », récupérer l'Alsace-Lorraine.

Guillaume II et Moltke furent confortés dans leur idée de « guerre éclair » par la victoire rapide des Grecs, Serbes et Bulgares contre les Turcs en 1913. Le traité de Londres, de la même année, chassa les Ottomans d'Europe à l'exception de Constantinople. Cela ne faisait pas l'affaire des Allemands, alliés de l'empire turc :

ils encouragèrent les Bulgares, mécontents du traité, à se retourner contre leurs alliés. La Bulgarie fut battue, et cette guerre permit aux Ottomans de récupérer Andrinople et à l'Allemagne de s'implanter davantage encore dans l'empire turc.

Le 28 juin 1914, l'archiduc d'Autriche fut assassiné avec sa femme en Bosnie, à Sarajevo, par un jeune nationaliste serbe bosniaque. Le gouvernement serbe n'y était probablement pour rien, mais l'Autriche-Hongrie sauta sur l'occasion d'éliminer le slavisme qui compromettait la solidité de l'empire.

Le gouvernement de Vienne remit à celui de Belgrade un ultimatum, le 23 juillet, comportant une clause inacceptable (participation de l'Autriche à l'enquête menée en Serbie). Sur son refus, l'Autriche déclara la guerre à la Serbie le 28 juillet.

Cela aurait pu rester un conflit balkanique local sans l'inconscience de Guillaume II et de son grand état-major, convaincus qu'il leur fallait profiter des circonstances pour éliminer la France. Ils croyaient que, comme en 1870, la France serait isolée.

Or, nous avons vu que, depuis Napoléon III, la France avait changé d'ennemi héréditaire. Inquiètes de l'expansion germanique, l'Angleterre et la France s'étaient rapprochées dans l'« Entente cordiale » depuis 1904. De plus, l'empire des tsars, protecteur naturel de l'orthodoxie, ne pouvait se désintéresser du sort de la Serbie.

La Russie mobilisa le 29 juillet, entraînant la mobilisation très organisée de la puissante et moderne armée allemande le 1er août. Par précaution, la France mobilisa aussi. Le 3 août, Paris reçut la déclaration de guerre de l'Allemagne. Comme Berlin avait déjà violé – en application du plan Schlieffen – la neutralité de la Belgique, la Grande-Bretagne réagit en déclarant, à la surprise de Guillaume II, la guerre à l'Allemagne...

La Première Guerre mondiale avait commencé, enclenchée par l'irresponsabilité et la présomption de Moltke et de Guillaume II.

Ce sera la fin du XIXe siècle. Une aventure effroyable dans laquelle les espoirs pacifistes vont sombrer. L'assassinat du socialiste Jean Jaurès le 31 juillet, à la veille du conflit, n'empêcha pas les ouvriers français d'accepter avec enthousiasme la mobilisation, malgré les illusions de l'Internationale. Les ouvriers allemands en firent autant. Nous qui connaissons l'étendue du massacre, nous pouvons juger cette attitude absurde. Mais la République avait-elle le choix ?

Une seconde défaite de la France en cinquante ans aurait rayé celle-ci de la carte du monde. Si un homme d'État aussi avisé que Bismarck s'était laissé aller à vouloir l'annexion de l'Alsace-Lorraine, on peut juger des exigences qu'auraient eues ces nains politiques que furent Guillaume II et Moltke.

# La Grande Guerre

La guerre fut essentiellement européenne : d'un côté, la France et l'Angleterre, rejointes en 1915 par l'Italie ; de l'autre, l'Allemagne et ses vassaux autrichiens, turcs et bulgares, entre lesquels la liaison fut établie après l'écrasement sanglant de la Serbie. Une diagonale mer Baltique/golfe Persique – fut ainsi établie par les « Empires centraux », impliquant le Proche-Orient et séparant du nord-ouest au sud-est les Occidentaux de leur allié russe.

La guerre n'eut de répercussions ailleurs qu'à cause des colonies allemandes (rapidement occupées par les Occidentaux, à l'exception de l'Est africain où le général allemand von Lettow batailla jusqu'au-delà de l'armistice) et à cause de la participation, tardive, des États-Unis.

Nous préférons donc la nommer « Grande Guerre » plutôt que « Première Guerre mondiale » ; en effet, de nombreux pays – Japon, Amérique latine – furent seulement de virtuels belligérants. L'expression aujourd'hui à la mode de « guerre civile européenne » est également erronée. Une guerre civile, la plus terrible forme de guerre, oppose les gens d'une même communauté ; elle sépare les fils des pères, et les frères entre eux. La haine y est personnelle.

Les Européens de 1914 n'appartenaient nullement à une communauté unique, mais à des nations qu'opposaient la langue, les mœurs, les idées. La haine était collective. Le soldat ne haïssait point tel ennemi en particulier, et les « lois de la guerre » furent en général admises (blessés, prisonniers, Croix-Rouge, etc.).

En revanche, la guerre de 14 fut « grande » – disons plutôt « terrible » – par sa violence. Ce fut un genre de conflit annoncé par la guerre de Sécession, mais jamais vu en Europe : la guerre de masse, à l'échelle industrielle. La conscription fut établie partout, même en Angleterre. Et l'artillerie lourde, les gaz de combat, les mitrailleuses firent des hécatombes. La cavalerie, balayée par les armes à tir rapide, disparut à jamais.

Depuis les guerres puniques jusqu'à celles de Napoléon (et malgré les armes à feu), la guerre était restée la même. Il n'y avait pas de front. Les soldats marchaient beaucoup, mais se battaient rarement. La bataille, meurtrière (des dizaines de milliers de morts), durait du lever au coucher du soleil (Waterloo), exceptionnellement deux ou trois jours. Elle se livrait, à cheval ou à pied, dans l'exaltation des oriflammes, des sonneries et des tambours. Le général en chef pouvait en embrasser le déroulement du regard. Rien à voir avec les terrifiants combats de la Grande Guerre, livrés sous les obus d'un ennemi invisible, des mois durant, dans la boue et l'horreur !

Nul n'a mieux décrit l'ambiance de 14 que Maurice Genevoix dans ses carnets quotidiens. En août 1914, Genevoix avait vingt-deux ans. Il venait d'être reçu à l'agrégation de lettres. Élève à l'École normale supérieure de la rue d'Ulm, il se préparait à partir en vacances quand il fut mobilisé comme officier (comme tout normalien, il avait fait son service militaire et, comme la plupart d'entre eux, l'école d'officiers de réserve). Il se retrouva donc soudainement sous-lieutenant à la tête d'une section de citoyens (ouvriers, paysans) mobilisés comme lui. La section voisine était commandée par un officier d'active, un saint-cyrien de son âge appelé Porchon.

« Porchon marche à côté de moi. Je lui demande : "Tu entends ? – Quoi donc ? – La fusillade ? – Non."

« Comment est-ce possible qu'il n'entende pas... cette espèce de pétillement... C'est la bataille acharnée vers laquelle nous marchons et qui halète là, de l'autre côté de la crête que nous allons franchir. Mes hommes s'énervent peu à peu. Ils disent : "C'est nous qu'on y va, à présent. Ah ! malheur..."

« Là-bas, dans le layon que nous suivons, deux hommes ont surgi... Je discerne leur face ensanglantée, que nul pansement ne cache et qu'ils vont montrer aux miens. Le premier crie vers nous : "Rangez-vous ! Y en a d'autres qui viennent derrière." Il n'a plus de nez. À la place, un trou qui saigne, qui saigne. Avec lui, l'autre dont la moitié inférieure du visage n'est qu'un morceau de chair rouge, molle, pendante...

« "Rangez-vous ! Rangez-vous !" Livide, titubant, celui-ci tient à deux mains ses intestins qui glissent de son ventre crevé... Cet autre qui courait s'arrête, s'agenouille, dos à l'ennemi, face à nous, et le pantalon grand ouvert, sans hâte, retire de ses testicules la balle qui l'a frappé puis, de ses doigts gluants, la met dans son porte-monnaie.

« Ces blessés qui viennent, avec leurs plaies, avec leur sang, avec leur allure d'épuisement, c'est comme s'ils disaient à mes hommes :

« "Voyez, c'est la bataille qui passe. Voyez ce qu'elle a fait de nous... et il y en a des centaines d'autres dont les cadavres encore chauds gisent dans les bois, partout. Vous les verrez, si vous y allez. Mais si vous y allez, les balles vous tueront comme eux ou vous blesseront comme nous. N'y allez pas."

« "Porchon, regarde-les." – j'ai dit cela tout bas. Tout bas aussi, il me répond : "Mauvais; nous aurons du mal tout à l'heure." – c'est qu'en se retournant il a aperçu toutes ces faces anxieuses, tous ces yeux fiévreux...

« Derrière nous, pourtant, nos soldats marchent. Chaque pas qu'ils font les rapproche de ce coin de terre où l'on meurt aujourd'hui. Ils vont entrer là-dedans, soulevés de terreur... mais ils feront les gestes de la bataille.

« Les yeux viseront, le doigt appuiera sur la détente du fusil, aussi longtemps qu'il sera nécessaire, malgré les balles obstinées qui sifflent... malgré l'affreux bruit qu'elles font lorsqu'elles frappent et s'enfoncent... Ils se diront : "Tout à l'heure, peut-être, ce sera moi." – et ils auront peur dans toute leur chair. Ils auront peur, c'est certain, c'est fatal, mais, ayant peur, ils resteront. »

Appliquant le plan Schlieffen, la puissante armée allemande traversa la Belgique, prenant comme prévu les Français à revers, par surprise. Il faut comprendre qu'en ce temps-là on croyait encore à la valeur des traités.

Le général en chef français, Joffre, n'était pas génial. (D'ailleurs, il n'y eut pas de grands stratèges en 14-18, à l'exception peut-être de Gallieni, Foch et Ludendorff.) Mais, gros et placide, il ne perdit pas son sang-froid et ordonna la retraite générale. Entre le 4 août et le 6 septembre, pendant quatre semaines, les fantassins français reculèrent, épuisés, poursuivis par les Allemands exaltés par leur triomphe.

Les chefs allemands crurent qu'ils rejouaient 70. Ils commirent l'erreur de sous-estimer l'adversaire et passèrent sans précaution à l'est de Paris, fonçant vers le sud. L'armée allemande présentait alors le flanc au camp retranché parisien, que commandait le général Gallieni. Celui-ci suggéra à Joffre une contre-attaque de flanc. Joffre l'ordonna le 6 septembre. Les soldats français passèrent à l'offensive du 6 au 9 septembre (c'est de cette bataille que parle le jeune normalien Genevoix dans le texte cité plus haut). Les Allemands reculèrent. L'un de leurs chefs, le général von Kluck, sanctionné, déclara devant la commission d'enquête prussienne :

« Qu'avez-vous à me reprocher ? Nous sommes tous responsables de la défaite. Car, qu'après une retraite infernale, avec les effroyables souffrances endurées, il y eût au monde un seul soldat encore capable de se relever ou d'attaquer... et que ce soldat fût le soldat français, cela, on ne nous l'avait jamais appris dans aucune de nos académies de guerre ! »

Cependant, les Allemands ne quittèrent pas la France, où ils devaient rester quatre ans. Et ce fut l'horrible « guerre des tranchées ».

De février à décembre 1916, le général allemand Falkenhayn et le Kaiser espérèrent anéantir l'armée française à Verdun en l'écrasant sous le tir concentré de milliers de canons de gros calibre. Les « poilus » résistèrent.

Comme l'écrit le préfacier du livre de Genevoix, Jean-Jacques Becker :

« Ces normaliens qui se préparaient à partir en vacances... ces paysans arrachés aux travaux des champs, ces ouvriers, ces millions de simples gens aux destins si divers avaient un point commun. Un amour commun de leur patrie, la conviction que rien n'était supérieur à la sauvegarde de leur nation, même si, bien entendu, ce n'étaient pas des choses qu'ils disaient ordinairement. »

Cette mentalité nous est devenue si étrangère, à tort ou à raison, que nous avons du mal à comprendre les ressorts de la Grande Guerre.

La guerre se déroulait aussi hors de France (bien que la France en fût l'épicentre).

En Russie, Prussiens et tsaristes ne cessaient d'avancer et de reculer.

Les Autrichiens écrasèrent les Italiens à Caporetto (sauvés par un rapide secours français).

Les Anglais, qui avaient envoyé un million d'hommes sur la Somme, entraînèrent leurs alliés (Français et Australiens) à Gallipoli. Il s'agissait de saisir l'empire turc à la gorge. Le général Mustafa Kemal les rejeta à la mer. Les Occidentaux gardèrent cependant un pied dans les Balkans à Salonique (Thessalonique).

Après avoir dégagé le canal de Suez, la Grande-Bretagne eut l'idée de pousser les Arabes à se révolter contre les Turcs. Le colonel Lawrence (Lawrence d'Arabie) s'illustra dans cette action, dont il tirera un chef-d'œuvre de la littérature universelle : *Les Sept Piliers de la Sagesse.* Mais, en même temps qu'ils promettaient l'indépendance aux Arabes (de Syrie, de Jordanie et d'Irak), les Anglais, ayant un urgent besoin des banquiers qui épousaient les idées du mouvement sioniste, promettaient de créer en Palestine le « Foyer national juif » rêvé par Herzl : deux engagements contradictoires.

Pendant ce temps, le gouvernement ottoman déplaçait en masse les Arméniens, suspects d'amitié envers les Russes. Des dizaines de milliers d'entre eux moururent d'épuisement sur les routes d'Anatolie – cruel génocide que la Turquie actuelle refuse toujours de reconnaître.

En 1917, il y eut, chez tous les belligérants, un fléchissement du moral.

La Russie tsariste n'y survécut pas. De fait, les Russes, dont l'indépendance n'était pas réellement menacée, ne comprenaient pas pourquoi ils se battaient. En février 1917, le tsar Nicolas II abdiqua et fut emprisonné. Le gouvernement de Kerenski, en proie à l'agitation ouvrière (les Allemands avaient permis à Lénine, exilé en Suisse, de traverser en train leur empire pour aller semer la subversion en Russie), signa la paix à Brest-Litovsk.

C'était une formidable victoire pour l'Allemagne. Elle put ainsi occuper les terres à blé d'Ukraine. Surtout, elle n'avait plus à se battre que sur un seul front.

Mais, heureusement pour les Alliés, les chefs allemands firent alors preuve de présomption. Ils n'hésitèrent pas, pour affamer l'Angleterre, à couler avec leurs sous-marins (arme nouvelle et technique où ils excellaient) les bateaux des États-Unis qui ravitaillaient la Grande-Bretagne. Le 4 avril 1917, le président Wilson déclara la guerre à l'Allemagne.

L'intervention américaine n'eut pas l'importance militaire qu'on dit. Les États-Unis n'avaient à l'époque qu'une petite armée et, s'ils réussirent à envoyer en France un million de soldats, ceux-ci furent équipés, armés et instruits par les Français, et n'intervinrent dans la bataille qu'en juillet 1918. Ils eurent, du reste, assez peu de morts. Mais cette intervention eut une importance psychologique capitale : elle compensait symboliquement la défection russe.

L'espoir, après une période de flottement, revint chez les Alliés. Il ne faut d'ailleurs pas exagérer, comme y pousse le conformisme antimilitariste actuel, l'importance des « mutineries » de 1917. Elles ne se produisirent qu'à l'arrière, aucun poilu ne quittant son poste dans les tranchées. Le général Pétain, avec un gros bon sens et très peu de répression (une cinquantaine d'exécutions), sut rétablir la confiance.

Le 16 novembre 1917, l'Assemblée nationale investit Georges Clemenceau, appelé par Poincaré (le président de la République, qui ne l'aimait pourtant pas). Mais le vieil homme (il avait soixante-dix-sept ans) sut galvaniser les énergies et devint une espèce de dictateur à la romaine. De mars à juillet 1918, les meilleurs généraux allemands, Hindenburg et Ludendorff, dégagés de tout souci à l'Est depuis l'effondrement de la Russie, eurent beau lancer des offensives furieuses – Clemenceau, qui avait poussé Foch au commandement en chef allié, ne se découragea pas. Les offensives prussiennes furent finalement brisées.

Dès lors, la partie était jouée. Les armées alliées repoussèrent, en octobre, les armées allemandes sur leur ligne de départ. Depuis Salonique, l'armée française d'Orient, commandée par Franchet d'Esperey, écrasant les Bulgares, menaça l'Autriche en remontant vers le nord. En Syrie, l'Anglais Allenby fit de même avec les Turcs. Les Italiens remportèrent leur première victoire à Vittorio Veneto. L'empire turc mit bas les armes le 30 octobre. L'empire autrichien en fit autant le 3 novembre.

Il ne restait plus au Kaiser qu'à s'enfuir en Hollande. Le 11 novembre 1918, le gouvernement allemand demanda l'armistice. Il fut accepté à des conditions draconiennes : l'Alsace-Lorraine était rendue à la France, l'armée allemande démobilisée, la flotte détruite et la Rhénanie occupée par les Français.

La France était donc victorieuse – avec ses alliés, certes, mais dominante. Cependant, le prix de cette victoire était très lourd.

Sur 8 millions de mobilisés, plus de 2 millions avaient été gravement touchés, dont 1 360 000 morts – presque un homme sur quatre, un homme jeune sur deux ! Aucun autre belligérant n'avait subi, en proportion de sa population, des pertes aussi lourdes. Il faut ajouter à cela que la guerre s'était déroulée, pour l'essentiel, sur le sol français. Jamais, dans l'histoire du monde, aucune cité, aucune patrie n'avait payé un tel prix pour sa survie ! Les paysans furent décimés. Quand on se promène dans les villages de France, on peut y lire sur les monuments aux morts des dizaines de noms : pas une famille n'y manque... La bourgeoisie fut tout autant touchée. Des centaines de normaliens, de polytechniciens ou de saint-cyriens, des dizaines d'écrivains – dont l'auteur du *Grand Meaulnes*, Alain-Fournier, Péguy et Apollinaire – disparurent.

Il faut souligner que les vieux empires monarchiques et autoritaires (celui d'Allemagne, celui d'Autriche, celui des tsars et celui des Ottomans) ne survécurent pas à l'épreuve. La démocratie couronnée anglaise s'en tira mieux.

En revanche, il y eut quelque chose de romain (la Rome de la République) dans cette faible démocratie française qui connut plusieurs crises ministérielles pendant la guerre, mais qui tint le coup ! C'est une erreur de croire que la démocratie est forcément incapable. Nous avons souvent remarqué l'importance de l'adhésion populaire pour les gouvernements : le « mental » russe, allemand et turc a craqué ; la République des Jules a tenu, avec Clemenceau.

Restait à gagner la paix.

Le traité de Versailles (28 avril 1919) créa une Société des Nations et – avec les traités de Saint-Germain, de Sèvres et de Neuilly – réorganisa l'Europe.

Mais le traité de Versailles ne fut pas ratifié par le Sénat des États-Unis lesquels ne participèrent donc pas (pas plus que la Russie) à la Société des Nations, installée à Genève. Frappé de paralysie, le président Wilson vit son candidat battu à l'élection présidentielle de 1920. Les États-Unis retournèrent à leur isolationnisme traditionnel, dont seules les provocations allemandes avaient pu les faire sortir.

L'Angleterre les suivit.

Bien sûr, l'Angleterre et la France triomphaient en apparence. Elles se partagèrent les colonies allemandes (le Cameroun à la France, la Tanzanie à l'Angleterre).

Elle se partagèrent aussi l'empire turc – la France recevant la Syrie et le Liban, et l'Angleterre l'Irak. Mais c'était un marché de dupes. Trompés dans leurs espérances nationales, irrités par la réalisation d'un foyer juif en Palestine, les Arabes de Syrie, de Palestine et d'Irak eurent l'impression, justifiée, d'avoir été trahis. D'où la naissance d'un ressentiment anti-occidental (et anti-israélien) qui explique bien des drames actuels.

La Pologne, asservie depuis le XVIIIe siècle, renaissait au contraire de ses cendres comme État indépendant, avec l'aide des Français.

La France dominait en apparence le monde – du moins le monde continental : les océans aux Anglais, les continents aux Français. L'Amérique et la Grande-Bretagne étaient retournées à leurs politiques traditionnelles (isolement américain et *British Empire*) et avaient abandonné la conscription. Quant à la Russie, elle était en proie à l'anarchie. L'armée française restait hégé-onique, présente en Allemagne, en Turquie, dans les alkans.

Mais la France était saignée à blanc (contrairement à l'Allemagne dont le territoire, à peine amoindri, n'avait pas souffert) et sans alliée face au désir de revanche des Allemands. Alors que l'Allemagne restait la première puissance économique d'Europe (et peut-être du monde).

En effet, Clemenceau commit la terrible erreur de rayer de la carte l'Autriche-Hongrie. Certes, l'empire des Habsbourg, avait perdu la guerre. Mais, après la mort du vieux François-Joseph, son successeur Charles Ier était disposé à l'alliance avec Paris (celle qui aurait dû exister pour contrer les ambitions de la Prusse depuis Sadowa).

Il eût été intelligent de pousser les peuples de la double monarchie à rester ensemble en transformant l'empire en triple ou quadruple monarchie : les Slaves du Nord ou du Sud accédant au pouvoir à égalité avec les Hongrois et les Autrichiens.

Qu'ont gagné Tchèques, Slovaques, Croates et Hongrois à se séparer ? La domination nazie, puis, quarante années durant, la domination soviétique – le désespoir et la servitude.

La France aurait trouvé, dans l'empire maintenu des Habsbourg, un utile contrepoids à la puissance de Berlin.

Le principe des nationalités, poussé à l'absurde, fit naître des États faibles aux populations entremêlées, ces peuples ayant vécu des siècles avec les Autrichiens. Il suffit de visiter Prague, Budapest, Vienne et Zagreb pour constater leur héritage commun.

La France, qui les fit naître, ne put s'appuyer sur eux quand Berlin redevint menaçant. Autant la renaissance de la Pologne était justifiée, autant la destruction de l'empire des Habsbourg fut une erreur. Il faut reconnaître que le conformisme de l'époque y poussait et que les nationalistes slaves avaient le vent en poupe. Mais Clemenceau, s'il fut le « Père la Victoire », n'eut pas l'esprit assez large pour dominer ses réflexes antimonarchistes.

Dès lors, l'Autriche résiduelle était condamnée à disparaître, si elle voulait rester de culture allemande. Vienne (qui avant 1914 était la capitale de l'Europe, à l'égal de Paris, avec les austro-marxistes et Freud) sombra dans une déprime profonde : qu'on imagine un instant Paris ne régnant plus que sur l'Île-de-France !

Et l'on sait ce qu'il est advenu de la seule construction intelligente imaginée par Paris : l'union des Slaves du Sud, Croates et Serbes, dans la Yougoslavie !

On ne saurait rater si complètement la paix en ayant si bravement remporté la guerre.

# La tentative de révolution mondiale

Le XIX^e siècle a été long : de Waterloo (18 juin 1815) à la révolution d'Octobre (6 novembre 1917 selon le calendrier universel – les Russes utilisaient un calendrier décalé), soit un peu plus de cent deux ans.

Le XX^e siècle, au contraire, fut court : de novembre 1917 à la démolition du mur de Berlin en novembre 1989, soit exactement soixante-douze ans, à peine trois générations. Les « siècles » ne correspondent pas aux dates officielles.

Les révolutions industrielles avaient fait l'unité du long XIX^e siècle. Le communisme et les Soviets firent celle du court XX^e : ce siècle commença par la prise de pouvoir des Soviets et finit avec leur chute. Le communisme en fut l'espoir ou la menace.

Le communisme, aujourd'hui, a presque disparu. La Chine reste formellement communiste, mais il s'agit en fait d'un État capitaliste autoritaire. Subsistent deux « organes témoins » : la Corée du Nord et Cuba (jusqu'à quand ?), seuls survivants d'une époque disparue.

Le régime des tsars n'avait pas résisté à la guerre de 14. En 1905, l'armée russe avait été battue par un Japon à peine modernisé : comment aurait-elle pu résister à la formidable mécanique de l'armée allemande de 14 ?

Les trains roulaient très lentement en Russie, où n'existaient pas de vraies routes. Socialement, l'Allemagne wilhelminienne vivait à des années-lumière d'une Russie arriérée dans laquelle les paysans, les « moujiks » (90 % de la population), étaient exploités par une petite caste de latifundiaires. D'ailleurs, les Allemands étaient bien vus en Russie, où ils étaient nombreux à s'être expatriés : paysans sur la Volga, ingénieurs et officiers à Pétersbourg.

Le tsar emprisonné, le gouvernement Kerenski se révéla nul.

Après la chute de l'empire en février 1917, le pouvoir tomba dans un véritable trou noir : les libéraux, les socialistes, les mencheviks se le disputaient dans l'anarchie. Mais comment expliquer la victoire de Lénine ?

Bien sûr, il était rentré (en train depuis la Suisse) avec la complicité des services allemands ; ces services détestaient les révolutionnaires, mais pratiquaient la vieille maxime selon laquelle « les ennemis de nos ennemis sont nos amis » (la CIA aida ainsi Ben Laden).

Bien sûr, Lénine comprit immédiatement que le peuple russe, massivement paysan et massivement dégoûté de la guerre, ne voulait que deux choses : la terre et la paix. Il était le seul à les lui promettre. Mais cela n'aurait pas suffi.

Il faut donc parler de Lénine, surnom de Vladimir Ilitch Oulianov (1870-1924). Militant révolutionnaire, membre de cercles marxistes (en 1895 à Pétersbourg), il comprit vite que l'idéal, même radical et subversif, n'était pas suffisant pour gagner les guerres sociales. Il ne méconnaissait pas l'importance des idées – il en joua. Mais il lui fallait une organisation. En 1902, il écrivit un essai, *Que faire ?*, dans lequel il donna sa conception du parti politique. C'était une nouveauté. Jamais, jusqu'à Lénine, n'avait existé de parti politique comme il le décrit. Même au temps de la Révolution française, la « Montagne » n'était pas un parti, mais un groupe de députés fascinés par Danton et Robespierre.

Le parti selon Lénine doit être une institution quasi militaire (militant = militaire), hiérarchisée et encadrée par des permanents de métier, les « professionnels de la révolution soumis » à un secrétaire général tout-puissant.

Cette conception va marquer l'imaginaire politique. Longtemps, quand on disait « le Parti » avec une majuscule et sans adjectif, il ne pouvait s'agir que du parti communiste. Aujourd'hui encore, du moins en France, les partis, même de droite, sont organisés sur ce modèle.

En 1902, Lénine n'était pourtant que le chef de la majorité bolchevique du parti social-démocrate russe. En 1912 seulement, il fonda le « Parti » et son journal, la *Pravda*. Revenu en Russie après février 1917, il ordonna à son organisation de prendre le pouvoir et se cacha lui-même en Finlande, ne regagnant Pétersbourg qu'à la veille de son coup d'État.

La révolution d'Octobre ne fut pas, comme la Révolution française, un changement de décor quasi involontaire. Le peuple y eut peu de part. Quelques milliers de militants communistes mirent la main sur les centres névralgiques de l'État : non seulement l'Assemblée et le Palais d'Hiver, mais aussi les centraux téléphoniques et télégraphiques, les casernes, les gares, les usines, à Pétersbourg comme à Moscou. Lénine contrôla ainsi les deux capitales et la voie ferrée qui les reliait, sur laquelle circulaient des trains blindés ornés du drapeau rouge (Lénine ayant pris comme étendard le drapeau de la Commune de Paris).

Malaparte, écrivain italien, admirateur de Lénine, écrira à ce sujet *Technique du coup d'État*. Le coup d'État léniniste devint le modèle des coups d'État modernes. La révolution d'Octobre, qui incarne le mythe de Spartacus, la révolte contre l'ordre, fut en réalité imposée à un peuple, consentant mais abusé par des intellectuels bourgeois (dont Lénine) convertis aux idées de Karl Marx, lui-même issu d'une bonne famille.

Bien sûr, les généraux fidèles au tsar (Denikine, Wrangel, Koltchak) lancèrent leurs troupes contre les Soviétiques en 1918. Les militants ne pouvant évidemment pas affronter des armées aguerries, Lénine demanda à son compagnon Trotski (de son vrai nom Lev Davidovitch Bronstein), nommé commissaire du peuple à la Guerre, de créer l'Armée rouge. Trotski, s'inspirant de Carnot, réussit à faire ce que la Convention avait fait cent vingt ans plus tôt : l'amalgame entre des officiers de carrière de gauche, les militants et les marins de Kronstadt. Il écrasa successivement les « armées blanches », les Occidentaux restant passifs malgré l'envoi de navires en mer Noire et de quelques troupes à Odessa et Vladivostok. Le dessinateur Hugo Pratt a consacré un album à cet événement : *Corto Maltese en Sibérie*. Français et Anglais n'avaient aucune raison de porter la Russie dans leur cœur, celle-ci les ayant lâchés en plein combat.

En effet, au début de 1918, par la paix de Brest-Litovsk, Lénine avait abandonné une partie du territoire aux Allemands. Lénine, admirateur de la Convention, se permit de faire ce que Robespierre et Saint-Just (qui fut, avant Trotski, commissaire aux Armées) n'auraient jamais fait : accepter la défaite extérieure pour mieux consolider le pouvoir intérieur. Lénine fit assassiner le tsar Nicolas et sa famille à Iekaterinbourg.

Différence essentielle, mais trop peu soulignée : la Révolution française fut une révolution de la victoire ; la Révolution russe fut une révolution de la défaite.

Cela explique beaucoup de choses. La victoire étant meilleure conseillère que la défaite, la Révolution française put s'arrêter aux « limites fixées » par Bonaparte. La défaite ne portant pas à la sagesse, la Révolution russe en sera incapable.

Le recul des frontières fut d'ailleurs entériné en 1920 par le traité de Riga. Les frontières russes reculèrent de 500 kilomètres.

Là aussi, il y a une leçon : pour les Russes, l'espace ne compte pas. La France ne peut reculer de 500 kilomètres sans se retrouver à Châteauroux ; quand les Russes reculent de 500 kilomètres, la Russie existe toujours (c'est à nouveau le cas aujourd'hui, la Russie de Poutine s'étant rétrécie aux limites de celle d'Ivan le Terrible).

Il faut dire que, dans l'esprit de Lénine, la Russie n'était qu'une étape. Il méprisait les moujiks arriérés et, fidèle marxiste, croyait que la véritable révolution ne pouvait éclater que dans des pays industrialisés aux classes ouvrières nombreuses – France, Angleterre, Allemagne –, la Russie n'étant qu'une base de départ provisoire et hasardeuse. À cet effet, Lénine créa la Troisième Internationale en mars 1919, le « Komintern ».

Partout dans le monde, il y eut scission, dans le socialisme, entre démocrates et autoritaires. En France, ce schisme se produisit au sein de la SFIO, au congrès de Tours, qui vit naître le Parti communiste français en 1920.

Ni en Angleterre ni en France, le communisme ne connut de succès. La France victorieuse était réfractaire à l'appel de Lénine. Il faudra attendre les événements de la Seconde Guerre mondiale pour que les communistes y deviennent puissants. Il n'y eut même pas de tentative de coup d'État. On ne refait pas la Commune de Paris. Cependant, une vague révolutionnaire balaya bien le reste du monde.

En Allemagne d'abord, patrie de Karl Marx, les communistes, appelés « spartakistes » guidés par Karl Liebknecht et Rosa Luxemburg, s'insurgèrent et prirent le contrôle de Berlin au début de 1919. Au même moment, à Munich, à la chute des princes bavarois, Kurt Eisner proclama la république des Conseils (Soviets). À la suite de l'effondrement de l'empire des Habsbourg, Bela Kun instaura en mars 1919 à Budapest la « dictature du prolétariat » chère à Lénine.

Le communisme fut une religion. Une religion, c'est ce pour quoi on donne sa vie. La foi en Dieu n'est pas nécessaire. Il y eut en France, chez les « poilus », une religion de la Patrie. Or, des millions d'hommes ont donné leur vie pour l'espérance communiste, d'ailleurs parfaitement adaptée (ce que Lénine n'avait pas prévu) au fond mystique orthodoxe : Marx, Lénine et Staline faisant figure de Sainte Trinité, et Moscou restant la « troisième Rome » – elle redevint d'ailleurs la capitale russe avec les Soviets.

Mais ni l'armée allemande ni même l'armée autrichienne n'étaient comparables à l'armée des tsars, dissoute dans l'anarchie. Malgré leurs défaites, elles étaient intactes. Les régiments, aux ordres des généraux conservateurs, écrasèrent donc les révoltes à Berlin. Rosa Luxemburg et Karl Liebknecht furent assassinés (ainsi que Kurt Eisner à Munich). À Budapest, l'amiral Horthy chassa Bela Kun. L'Armée rouge essaya bien de conquérir la Pologne (préservée du communisme par son catholicisme), mais cette fois les Français réagirent et aidèrent efficacement le général Pilsudski (la mission française, commandée par Weygand, comprenait un officier du nom de De Gaulle) à repousser les Soviets.

En Chine, Sun Yat-sen avait proclamé la République dès 1912. Après une courte restauration impériale. Tchang Kaï-chek, qui fit son apprentissage politique dans le Moscou des Soviets, le remplaça sur un fond d'insurrections révolutionnaires racontées par Malraux dans *Les Conquérants*. Tchang, cédant aux sirènes occidentales, accepta ensuite de massacrer les communistes à Shanghai (tragédie qui fait le fond du roman de Malraux *La Condition humaine*). Mais le chef du Kuo-ming-tang fut d'abord fortement influencé par Moscou. Si le communisme de Rosa Luxemburg, de Karl Liebknecht et de Bela Kun est indiscuté, celui de Tchang Kaï-chek est aujourd'hui occulté parce que nous savons comment il a tourné.

Il est d'autres parentés qu'il paraît aujourd'hui sacrilège de rappeler.

En Italie, Benito Mussolini (1885-1945) a bien été un chef socialiste, directeur du journal *Avanti*. Si son patriotisme le dressa contre les Allemands (contrairement à Lénine), le parti « fasciste », qui s'empara du pouvoir en 1922, s'inspirait encore beaucoup du modèle léniniste. Malaparte, intellectuel italien partisan du « Duce » à ses débuts, admirait Lénine. Mussolini eut l'intelligence de laisser un rôle formel au roi et surtout de ne pas toucher au pape, le véritable souverain du pays (contrairement encore à Lénine, qui tomba dans les excès de la persécution antichrétienne), mais il gardait des idées sociales. À l'époque, il n'était pas antisémite : il soutenait le sionisme. Sa maîtresse, Margherita Sarfati, la femme de sa vie, était une intellectuelle juive de Venise. Il était aussi totalement athée. Bien sûr, nous connaissons la suite : l'assassinat du député socialiste Matteotti en 1924, l'opposition communiste... Mais si le Duce n'avait pas fait alliance avec le diable hitlérien, il serait mort dans son lit et au pouvoir!

En Turquie, la même année 1922 vit le triomphe de Mustafa Kemal (1881-1938) – parenté léniniste également oubliée...

La Turquie, victorieuse aux Dardanelles, n'avait pas été battue, mais l'empire ottoman ne put survivre à la défaite de son puissant protecteur allemand.

Inconscients, les Alliés – Anglais, Français, Italiens et Grecs – crurent à la disparition des Turcs. Ils se partagèrent les restes de l'empire (à la France, la Syrie; à l'Angleterre, l'Irak; à l'Italie, le Dodécanèse, etc.). Surtout, les Grecs, tard entrés dans la guerre, avaient une idée fixe : restaurer l'empire byzantin, reprendre aux Turcs Constantinople perdue depuis 1453. Cette idée n'était pas folle : les Hellènes, majoritaires à Constantinople, l'étaient aussi dans l'ouest de l'Anatolie. On leur donna Smyrne, où ils furent accueillis en libérateurs par les Grecs d'Asie.

Mais le peuple turc existait, l'armée turque aussi, et Mustafa Kemal avait vaincu les Alliés aux Dardanelles. Ils s'insurgèrent. Kemal, lui-même originaire de Salonique, instaura une république à Ankara et son armée écrasa celle des Grecs en 1922. Ensuite, il chassa les populations hellènes (comme d'autres généraux turcs avaient un peu plus tôt chassé les Arméniens).

Personne ne souligne que la Grèce actuelle occupe à peine la moitié du territoire jadis peuplé par les Hellènes. Homère était d'Asie Mineure, les philosophes présocratiques aussi. Quand on parcourt aujourd'hui l'Anatolie, devenue Turquie, on peut y admirer les plus belles ruines hellénistiques du monde : Éphèse, Aphrodisias, le théâtre d'Aspendos, Marmaris, Pergame, etc.

Cette tragédie entraîna l'exode hors d'Asie Mineure de millions de Grecs qui n'y reviendront jamais. La Grèce actuelle, territorialement, c'est comme si la France était réduite au territoire de la « zone libre » de Vichy!

On a oublié que Kemal et Lénine s'estimaient et s'admiraient. Kemal était athée. Il pourchassa le sultan, commandeur des croyants, et abolit le califat. Il supprima la *charia* et laïcisa l'État, allant jusqu'à remplacer les caractères arabes par les caractères latins dans l'écriture turque. Il signa un traité de bon voisinage avec les Soviets et mourut, couvert de gloire, dans son lit en 1938 (comme aurait pu le faire son voisin Mussolini).

Constantinople était devenue Istanbul. Les paysans musulmans d'Anatolie ont préféré sauver la patrie avec un général notoirement athée (et porté sur l'alcool) plutôt que de garder le califat dans la servitude. Les Turcs sont « d'abord turcs » (slogan affiché au long des routes d'Anatolie). Ils détestent aussi les Arabes, qui se sont révoltés contre eux en 14-18 (voilà pourquoi les Turcs sont aujourd'hui d'excellents alliés d'Israël).

Pourtant, les partis arabes du Proche-Orient se voulaient également laïcs et socialistes. Le parti « Baas », toujours au pouvoir en Syrie et qui l'était en Irak avec Saddam Hussein, fut – jusqu'à la disparition de celle-ci – protégé par l'Union soviétique.

Cependant, la révolution mondiale avait fait long feu. Diminué par une congestion cérébrale, Lénine mourut en 1924. Staline lui succéda – Iossif Vissarionovitch Djougachvili de son vrai nom. Staline renonça en fait à la subversion internationale, se contentant d'utiliser la foi des communistes étrangers au profit de la Russie. Il inventa la théorie du « communisme dans un seul pays » et, assez peu idéologue, établit – sous couvert de communisme – une terrible et sanglante dictature : il multiplia les purges et les assassinats, et ouvrit partout des camps de concentration (le Goulag). Il chassa Trotski, concurrent trop glorieux. Celui-ci se réfugia en France, où André Malraux le rencontra, puis au Mexique. Staline le fit assassiner par un agent soviétique en 1940 à Mexico. Pourtant, l'espoir quasi religieux subsistait malgré la dictature stalinienne.

Le soleil rouge d'Octobre continuait d'éclairer, hors d'URSS, des millions de militants de bonne foi. On ne comprend rien au prestige des Soviets, auquel furent sensibles des non-communistes comme Malraux et Gide, si l'on méconnaît leur dimension messianique. Cela explique aussi que, jusque dans les années 1960, ni la désillusion de Gide au *Retour d'URSS* (1936) ni celle de Boris Souvarine, chassé du Parti communiste français pour avoir soutenu Trotski, ne purent dessiller les yeux des croyants. « Jupiter rend fous ceux qu'il veut perdre », rappelle un proverbe latin.

# La Crise, le New Deal, le nazisme

Lénine mort, le torrent révolutionnaire rentra dans son lit.

De 1924 à 1929 prend place une espèce de seconde « Belle Époque ». Le monde, dominé par la France et la Grande-Bretagne, sembla renouer avec un progrès pacifique ; les Américains étaient rentrés chez eux ; la Russie de Staline et des « plans quinquennaux » avait abandonné, pour un temps, sa « révolution ».

Époque très proche de nous, celle de la radio, du cinéma parlant, du Tour de France, du football. Épopée de l'Aéropostale, la ligne d'aviation (pour le courrier) qui reliait Toulouse à Santiago du Chili en survolant le Sahara, l'Atlantique Sud et les Andes, où s'illustrèrent Mermoz, Saint-Exupéry et Guillaumet. En 1927, l'Américain Lindbergh effectua sur son monoplan *Spirit of Saint Louis* la traversée aérienne de l'Atlantique Nord. Bientôt, sur les continents, en Europe, en Amérique, en Afrique, aux Indes, les premiers avions à passagers feront des liaisons régulières (Air France sera créée en 1933). En Allemagne, les zeppelins (qui avaient bombardé Londres pendant la guerre) emmenèrent les premiers passagers au-dessus de l'Atlantique.

Époque aussi de la publicité qui prit l'essor que nous lui connaissons.

Les femmes régnaient. Pendant la Grande Guerre, les femmes avaient dû remplacer les hommes (partis au combat) à l'atelier, à l'usine, aux champs, dans les bureaux, bien que la République répugnât encore à leur donner le droit de vote. Mais les États-Unis le leur accordèrent en 1920, suivis par la Turquie kémaliste. L'image féminine a changé, la « garçonne » ayant coupé ses cheveux et remplacé la robe à crinoline par la jupe courte.

Le capitalisme changeait aussi. L'argent était abondant, la Bourse prospère. Les entreprises se concentraient et passaient à la production de masse rationalisée (taylorisme) : Ford, General Motors, US Steel. Les usines Ford produisaient 9 000 voitures de modèle T par jour. Henry Ford fit la théorie de ce nouveau style de capitalisme : pour gagner de l'argent, il faut vendre beaucoup ; pour vendre beaucoup, il faut vendre non plus seulement aux bourgeois, mais aussi aux salariés ; pour que les ouvriers puissent acheter des voitures, il faut qu'ils gagnent suffisamment. Ford augmenta ses employés de 17 %. La vente à crédit finit par représenter 60 % de la vente des autos.

New York se hérissa de gratte-ciel (l'Empire State Building aux 86 étages). Cependant, le secteur agricole était peu touché par le progrès, en France et même aux États-Unis. L'augmentation des salaires était loin de suivre celle des prix (35 %) et surtout celle des profits (62 %). C'était aussi, en Amérique, le temps où la « prohibition » de l'alcool, typique d'une société puritaine – le « Volstead Act » de 1919 ne sera abrogé qu'en 1933 –, entraînait contrebande et gangstérisme (Al Capone) ; le temps du racisme antinoir et antisémite du Ku Klux Klan et des WASP (White Anglo-Saxon Protestants).

En Europe, l'Allemagne semblait retrouver son équilibre. En 1920 était née la république de Weimar (ville moyenne de Thuringe), dont le président élu fut Hindenburg, un général de la Grande Guerre.

En février 1929, Mussolini signa avec le pape les « accords du Latran », qui mirent fin à la crise ouverte en 1870 par l'occupation italienne de la ville pontificale. Le pape disposa d'un mini-État, le Vatican, et d'un réseau diplomatique. Ces accords, toujours en vigueur, accordent à l'Église catholique le statut original d'une religion qui s'enracine dans un État symbolique. Des dizaines et des dizaines de pays ont un ambassadeur au Vatican, lequel envoie partout des « nonces apostoliques ». Aujourd'hui encore, le Vatican est un lieu recherché de diplomatie secrète.

Mais, le 24 octobre 1929, la crise éclata à Wall Street.

Depuis les pharaons coexistent l'État et le marché. En 1929, les libéraux tenaient que la « main invisible » du marché (selon l'expression d'Adam Smith) suffit à tout. Les communistes croyaient au contraire que l'État doit contrôler l'économie (plans quinquennaux). Les deux avaient tort. La crise de l'État soviétique interviendra plus tard, celle du capitalisme libéral dès 1929.

Les bénéfices de la Bourse ne peuvent atteindre les 15 % l'an (qu'exigent les Fonds de pensions américains). Une économie prospère progresse normalement au tiers de cette norme. Les périodes de construction (Chine) ou de reconstruction (France) peuvent pousser la croissance à 10 %. La France pompidolienne et le Japon des années

1980 enregistreront des pointes à 8 %. Le surplus est pure spéculation. Or la spéculation, comme le gain aux jeux de hasard, ne peut durer. En 1929, il y avait en Amérique des enrichissements formidables.

Le 24 octobre, cette bulle spéculative explosa. Tout reposait sur la confiance, et celle-ci disparut d'un coup. On en connaît les raisons : surévaluation des actifs, abus du crédit à la consommation, spéculations hasardeuses. La crise boursière de Wall Street fut d'autant plus grave que n'existait aucune des institutions interétatiques créées depuis (Fonds monétaire international, etc.).

Les faillites se multiplièrent (firme Hatry, Photomaton) et se diffusèrent (Kredit Anstalt à Vienne). Des hommes d'affaires se suicidèrent, se jetant du haut des gratte-ciel. Les prix baissèrent d'un coup de 20 %. Le commerce mondial s'écroula. Aux États-Unis, le quart de la population active se retrouva sans ressources. En Allemagne, on compta jusqu'à 6 millions de chômeurs (à l'époque, il n'y avait pas d'indemnités) et la crise fut aggravée par une hyper-inflation déjà ancienne (1923). Le roman de Steinbeck *Les Raisins de la colère* décrit l'ambiance de 1929. Seule l'URSS, qui vivait en autarcie dans une économie dirigée, ne fut pas touchée.

Que faire? L'administration républicaine se révélait incapable de stopper l'hémorragie. Franklin Delano Roosevelt, démocrate, fut élu à l'automne 1932. Il sera constamment réélu jusqu'à sa mort en 1945. Il s'entoura de personnalités (*brain trust*) et proclama le « New Deal » (la « nouvelle donne ») en disant dans un discours célèbre : « We have a rendez-vous with History. »

En cent jours, la nouvelle équipe fit preuve d'un impressionnant volontarisme : dévaluation du dollar;

contrôle du crédit; loi agricole (Agricultural Adjustement Act – AAA); loi industrielle (National Industrial Recover Act – NIRA) afin de lutter contre la baisse des prix; accords sociaux par branches professionnelles; politique de grands travaux, en particulier l'équipement de la vallée du Tennessee (Tennessee Valley Authority – TVA).

Les économistes commençaient à se rendre compte que le libéralisme total était une utopie. Le plus connu d'entre eux, l'Anglais John Maynard Keynes, publia sa *Théorie générale* en 1936. Il y préconisait l'intervention de l'État pour assurer le plein emploi, allant jusqu'à préconiser le déficit budgétaire. Roosevelt n'a jamais rencontré Keynes.

Roosevelt « relançait » d'un côté, et cherchait à réduire les dépenses de l'autre. Il avait pourtant compris que l'économie n'est pas une science, mais un art d'exécution. Son respect exagéré des équilibres budgétaires fit du New Deal un demi-échec (ou une demi-réussite) : en 1939, le revenu national américain n'avait pas retrouvé le niveau de 1929 et il restait 20 % de chômeurs. Roosevelt a, par ailleurs, inventé un style politique moderne : causeries au coin du feu, équipes d'experts, communication...

Depuis 1929, les États-Unis ne sont plus une puissance vraiment libérale. La Banque fédérale, la FED (contrairement à l'actuelle Banque européenne), poursuit un objectif de plein emploi, et non de simple stabilité monétaire. Et le gouvernement américain ne craint pas de creuser ses déficits pour « relancer ».

En France, la crise sera moins forte – assez cependant pour créer une agitation politique. Le 6 février 1934, les organisations d'extrême-droite, « les ligues » (dont l'Action française de Maurras) suscitèrent une émeute place de la Concorde; il y eut des morts.

Aux élections de mai 1936, les partis de gauche l'emportèrent. Ce fut le « Front populaire ». Les socialistes gouvernèrent avec le soutien des communistes et l'accord des radicaux.

Léon Blum devint président du Conseil pendant un an (juin 1936-juin 1937). S'inspirant de Roosevelt, il conclut avec les syndicats les « accords de Matignon » du 7 juin 1936 : congés payés, quarante heures (auxquelles on renonça dès 1939), conventions collectives. Ce fut un échec : le PNB de 1939 sera inférieur à celui de 1929; le chômage resta élevé. Mais le « Front popu », avec ses occupations d'usines et ses ouvriers et ouvrières se rendant en tandem à la plage, laissa un souvenir ému dans la mémoire populaire.

En Grande-Bretagne, le travailliste MacDonald essaya la même politique. Il fut rapidement congédié par la *gentry*.

Pour Mussolini, ni l'intervention de l'État ni les grands travaux n'étaient une découverte. La crise le poussa quand même à instaurer en Italie une autarcie imbécile.

L'Union soviétique, monde à part, ne fut pas concernée.

En Allemagne, la crise eut des conséquences tragiques. Pour en sortir, le vieux président Hindenburg ne craignit pas de nommer chancelier, en janvier 1933, Adolf Hitler. Hindenburg s'inspirait de l'exemple du roi d'Italie, lequel avait appelé Mussolini en 1922. Mais Hitler n'était pas Mussolini, ni le parti nazi le fascisme italien – quoique, par une confusion de langage, on appelle depuis 1936 « fascisme » toute poussée populiste.

Adolf Hitler (1889-1945), d'origine autrichienne, ancien combattant de 14, était un extrémiste qui avait fondé en septembre 1920 le parti « national-socialiste ». Emprisonné pour activité séditieuse par la république de Weimar en 1924, il avait décrit en cellule, dans son livre *Mein Kampf*, l'« ordre nouveau » qu'il prétendait imposer à l'Allemagne et à l'Europe. La crise économique, avec ses millions de chômeurs, lui servit de tremplin.

Dès le début de 1933, Hitler appliqua son programme : en juin, il proclama le parti nazi (national-socialiste) « parti unique » et créa la Gestapo, n'hésitant pas à faire assassiner des compagnons de lutte trop indociles, tel Röhm (la nuit des Longs Couteaux en juin 1934). À la mort d'Hindenburg, il devint le seul maître, le « Führer ». Les opposants furent traqués.

Hitler, peu embarrassé de contrôle parlementaire et d'orthodoxie libérale, laissa le Dr Schacht, son ministre de l'Économie, faire du déficit. Cela marcha. Le chômage disparut et le peuple désorienté prit Hitler pour un sauveur. Hitler lança de grands travaux (les autoroutes) et la machine de guerre allemande.

Ce n'est pas sa politique économique qui différencia Hitler de la politique interventionniste du New Deal. C'est son idéologie.

Le nazisme fut, comme le communisme, une religion. Aujourd'hui, nous avons tendance à mettre les deux dans le même sac sous le nom de « totalitarisme ». Mais il y a des différences essentielles. Les bolcheviks aspiraient au bonheur de l'humanité, fût-ce en tuant les hommes; le nazisme ne voulait que celui de la race des seigneurs.

Adolf Hitler nourrissait une véritable obsession antisémite. Or, les juifs allemands étaient peut-être les plus allemands des Allemands. Cela ne les disculpait pas aux yeux de Hitler. Il développa un délire raciste et se mit à persécuter les juifs. La plupart des grands intellectuels allemands et juifs, dont Einstein, durent s'enfuir.

Autre différence : le marxisme se disait rationaliste et se réclamait des Lumières et du progrès; le nazisme se voulut profondément antirationnel. Il exalta l'instinct vital, brûla les livres et exploita les passions les plus obscures de l'être humain : la haine de l'autre, le plaisir sadique, l'anéantissement dans le collectif.

D'une certaine manière, le communisme de Lénine était prévisible : poussée à haute température du despotisme éclairé et du désir d'égalité de la Révolution française. Par ailleurs, l'espérance communiste étant une laïcisation du messianisme judéo-chrétien, on enseignait à peu près la même morale dans les écoles catholiques qu'aux jeunesses communistes : le travail, l'effort (le stakhanovisme), le respect des adultes...

Le nazisme, au contraire, était imprévisible : religion de la mort; ressurgissement inouï dans l'Allemagne moderne de la religion assyrienne, mais ressurgissement caricatural, sans l'art ni la poésie, mais toujours avec les sacrifices humains pratiqués à une échelle inconnue de Téglath – Phalazar et d'Assurbanipal.

Le nazisme fut aussi une exaltation de la jeunesse. Certes, ni les jeunes communistes ni les scouts de Baden-Powell n'ignoraient les feux dans la nuit et l'amour de la nature. Mais l'objectif de l'éducation soviétique, de celle dispensée par le scoutisme et les mouvements catholiques était de former des hommes (des femmes). Au contraire, les Jeunesses hitlériennes exaltèrent la jeunesse pour elle-même. Elles en firent l'apogée de la vie. Les Grecs anciens admiraient le corps des jeunes gens, mais situaient l'« acmé » de l'existence à soixante ans et préféraient Socrate à Alcibiade. Ils auraient trouvé absurde que les adolescents puissent enseigner quelque chose aux adultes. Ils avaient raison : la jeunesse est belle, dynamique, mais conformiste. Il est très difficile à un adolescent de penser autrement que les copains.

Parce qu'il exaltait l'instinct contre la raison, la nature contre la pensée (une des premières lois promulguées par Hitler fut une loi de protection de la nature), Hitler préférait les adolescents de la Hitlerjugend à Einstein (lequel, en plus, était laid comme Socrate). On peut discerner dans le « jeunisme » contemporain un héritage caché du nazisme. On emprunte toujours quelque chose à ses ennemis.

Le culte de la jeunesse est désespérant pour les jeunes eux-mêmes, qui ne peuvent avancer dans la vie qu'à reculons, les yeux tournés vers ce fugitif instant de leur passé. Le communiste Paul Nizan a raison contre les nazis en ne reconnaissant « à personne le droit de dire que vingt ans est le plus bel âge de la vie ». L'écrivain Robert Brasillach, au contraire, auteur de talent mais adolescent prolongé, a tort, devant les feux de camp, les svastikas (croix gammées) et les étendards claquant dans la nuit du congrès nazi de Nuremberg, de magnifier le « fascisme immense et rouge » et ses « cathédrales de lumière ».

Le nazisme fut religion de haine. En ce sens, le racisme lui était nécessaire. Sans « boucs émissaires », comment haïr ? D'où l'importance stratégique (et fantasmatique) de l'antisémitisme pour les nazis.

Enfin, le nazisme a été exaltation de la guerre, comme jamais la guerre ne fut exaltée, sauf peut-être par les anciens rois assyriens.

Napoléon, « le dieu de la guerre en personne », disait en parcourant à cheval les neiges rougies d'Eylau : « Il n'y a rien de plus triste qu'un champ de bataille. » Pour les SS, le champ de massacre était beau.

La guerre est toujours horrible (même si parfois l'on est obligé de la faire, contre les nazis précisément). Le nazisme a donc été l'une des plus grandes régressions de l'histoire humaine.

Reste à comprendre comment cette régression a pu saisir le peuple allemand, alors le plus civilisé de la Terre. Car il ne faut pas se voiler la face : Hitler a été porté par une immense vague de popularité. Les Allemands, les jeunes en particulier, moururent pour lui avec un enthousiasme digne d'une meilleure cause.

Il y eut certes des opposants, tués, exilés ou déportés (ils peuplèrent en premier les camps de concentration), mais, par rapport à la population, assez peu – beaucoup moins, par exemple, que les Soviets n'en rencontrèrent en Russie. Aucune des explications rationnelles qu'on peut donner à ce phénomène n'est satisfaisante : ni la crise, ni la défaite (déjà vieille de quinze ans en 1933), ni le désir de revanche des Allemands sur le « diktat » du traité de Versailles.

Il y a, de la part de nos contemporains, une très forte volonté de refoulement à l'égard de ce fait regrettable : la grande majorité des compatriotes de Marx, d'Einstein, de Beethoven et de Goethe soutenaient Hitler. C'est un fait dérangeant, incompréhensible, imprévisible, tragique, irrationnel. Les dirigeants des autres puissances mettront du temps à en prendre conscience, s'obstinant à vouloir traiter le « Führer » comme un dictateur ordinaire. D'ailleurs, la popularité du chancelier fut grande en Amérique. L'aviateur Lindbergh et la haute société de Wall Street l'admirèrent comme une vedette.

Les écoles historiques actuelles nous portent à sous-estimer le rôle des personnalités dans l'histoire : passe encore quand elles ont des côtés positifs, comme Jeanne d'Arc ou Napoléon, mais Hitler? Hitler qui recombina seul, alors qu'il était SDF, des éléments glanés çà et là dans une bibliothèque publique : socialisme, léninisme, fascisme italien, racisme biologique, antisémitisme, mysticisme hindou (la svastika), croyances parapsychologiques... Hitler fut un fou délirant, certes, mais un fou génial, car il existe des génies du mal.

La suite de l'histoire va nous le prouver.

## Hitler et les démocraties

Adolf Hitler avait annoncé dans *Mein Kampf* ce qu'il avait l'intention de faire. Personne ne le crut. Et pourtant, tous les dirigeants avaient lu son livre. Cet aveuglement s'explique : ce qu'il annonçait était incroyable pour des esprits rationnels. Les réactions successives des démocraties face aux coups de force du chancelier sont cependant une sorte de résumé de ce qu'il ne faut pas faire.

D'abord, nous l'avons noté, le chef nazi avait relancé la machine de guerre allemande, mise en sommeil par le traité de Versailles ; puis il avait rétabli le service militaire obligatoire, alors que Versailles n'accordait au Reich qu'une petite armée de métier. Or, ces deux violations n'entraînèrent aucune protestation des Alliés.

Hitler alla donc plus loin. Le traité de Versailles ayant démilitarisé la Rhénanie (la rive gauche du Rhin), le 7 mars 1936, il y envoya quelques régiments la réoccuper jusqu'aux frontières françaises. Les dirigeants à Berlin étaient très inquiets : à ce moment, la nouvelle armée allemande comptait 100 000 soldats, et l'armée française huit fois plus... Mais la France ne fit rien. Si le gouvernement de Paris avait réagi en dépêchant des troupes sur le Rhin, le Führer aurait été contraint de reculer. Il se serait ridiculisé ; or, un dictateur ne résiste pas au ridicule !

La France ne fit rien parce que les Anglais, qui ne s'intéressaient qu'à Anvers, se moquaient de voir des soldats allemands sur le Rhin. On retrouve là une vieille idée, toujours à la mode : la France seule ne peut rien ! Certes, une diplomatie doit chercher à éviter l'isolement ; mais, quand les intérêts vitaux d'une nation sont en jeu, elle ne doit pas hésiter à réagir selon l'adage : « Aide-toi, le Ciel t'aidera. » Si la France avait réagi en 1936, la Seconde Guerre mondiale n'aurait pas eu lieu !

L'année d'avant, Mussolini avait fait envahir le royaume d'Éthiopie, seul État indépendant d'Afrique. Les Italiens s'y étaient fait battre au siècle précédent. Le Duce voulait effacer ce souvenir par une victoire. L'armée italienne était une armée moderne, celle du Négus une milice féodale. En 1896, en dépit de ce décalage, les Éthiopiens, grâce à leur nombre et à leur bravoure, avaient quand même pu gagner. Mais en 1935, Mussolini ayant « mis le paquet », ils furent écrasés. Le négus Hailé Sélassié s'enfuit. Le roi d'Italie fut proclamé empereur d'Éthiopie, en 1936, et le pays devint une colonie italienne.

Le Négus plaida vainement sa cause à Genève devant la SDN. L'Angleterre et la France étaient bien embêtées : encore en 1918, elles avaient confisqué sans vergogne les colonies allemandes et les possessions turques. Mais les modes sont tyranniques et le Duce ne comprit pas que ce qui était encore admis dans les cercles dirigeants occidentaux dix-huit ans auparavant ne pouvait plus l'être en 1936. La mode de l'expansion coloniale était passée (de peu, il est vrai : l'Exposition coloniale française s'était tenue à Paris en 1931). L'invasion italienne fut condamnée, et des sanctions votées par la SDN. Mussolini avait jusqu'alors considéré le nazisme avec mépris et le Führer avec un certain dégoût, n'hésitant pas à envoyer ses troupes sur le Brenner, dans les Alpes, pour l'intimider. Après les sanctions de la SDN, le ressentiment le poussa dans les bras de Hitler.

Que fallait-il faire? La question est plus complexe que celle de la Rhénanie. L'Éthiopie de 1936 était tout à fait comparable au Maroc chérifien de 1912, où Lyautey (précisément président de l'Exposition coloniale) avait su faire accepter le protectorat de la France. L'Éthiopie était une vraie nation avec une monarchie vénérable (comme le Maroc). L'hypocrisie de la France et de l'Angleterre fut grande. L'aveuglement de Mussolini, qui ne vit pas qu'il se trompait d'époque, aussi. Quoi qu'il en soit, ce fut une année noire pour les démocraties.

En juillet 1936, la guerre d'Espagne éclatait. À la suite d'élections qui avaient vu le succès de la gauche, installée au pouvoir à Madrid dans le « Frente Popular », le général Franco souleva les garnisons du Maroc espagnol (lors de l'établissement du protectorat français, une petite zone au nord avait été accordée à l'Espagne, qui garde encore aujourd'hui Ceuta et Melilla) et prit la tête d'un « pronunciamiento militaire » – expression célèbre de De Gaulle –, appuyé par la droite espagnole (la Phalange de Primo de Rivera). L'Espagne se trouva coupée en deux : l'Ouest (à l'exception du Pays basque) aux putschistes; l'Est, avec Madrid et Barcelone, à la République du Frente Popular. Immédiatement, Hitler et Mussolini soutinrent les nationalistes (de cette époque date la fortune du mot « fascisme »). Hitler envoya la

Luftwaffe, qui bombarda Guernica; le Duce, des troupes italiennes aux côtés de Franco.

Face à la provocation d'un coup d'État soutenu par l'Allemagne nazie et l'Italie fasciste contre la République espagnole, les démocraties anglaise et française se montrèrent molles. Certes, le gouvernement du Front populaire essaya d'aider les républicains. Il leur fit passer clandestinement des avions. C'est ainsi qu'André Malraux, jeune écrivain célèbre qui venait de recevoir le prix Goncourt, se retrouva chef de l'escadrille « Espagna », alors qu'il ne savait pas piloter – mais montait bravement dans les avions comme observateur. (Malraux n'apprit jamais non plus à conduire une automobile.) Il était l'ami d'un certain Jean Moulin, chef de cabinet du ministre de l'Air Pierre Cot. Malraux écrivit un livre sur l'Espagne : *L'Espoir.* Il put y tourner aussi un film portant le même titre. Indécis, Léon Blum refusa d'engager la République française au secours de la légitimité républicaine espagnole, et le Front populaire français aux côtés du Frente Popular.

En Espagne, la guerre civile était sanglante; les deux parties représentaient des conceptions du monde inconciliables. Beaucoup d'intellectuels (à l'époque, ils savaient se battre) s'engagèrent du côté républicain, tels Malraux ou l'Américain Hemingway (*Pour qui sonne le glas*), ou du côté franquiste, tel Bernanos. Cependant, Bernanos, dégoûté par la cruauté des fascistes espagnols, les quitte vite pour écrire contre eux le terrible réquisitoire des *Grands Cimetières sous la lune.* Les écrivains espagnols se divisèrent : Federico Garcia Lorca et Miguel de Unamuno.

Contrairement aux démocraties, l'Union soviétique ne craignit pas de s'engager aux côtés des républicains, les prenant en main du même coup et éliminant les anarchistes. Ce fut l'aventure des « Brigades internationales », dirigées en fait par les Russes, mais dans lesquelles s'engagèrent des milliers de jeunes communistes de tous les pays.

L'Espagne servait ainsi de banc d'essai à Hitler, Mussolini et Staline ainsi qu'à leurs idéologies. Rassurées par l'inaction des démocraties, l'Allemagne et l'Italie, qui avaient quitté la SDN, signèrent entre elles un pacte qu'on appela l'« Axe ».

Ce fut l'erreur de Mussolini. Jusque-là, les Italiens l'avaient soutenu. Mais ils n'aimaient guère les Allemands et détestaient Hitler, et les dérives de Mussolini inspirées par lui. L'antisémitisme leur est étranger. Les Italiens passèrent de l'enthousiasme à une passivité mécontente et beaucoup d'intellectuels, dont Malaparte, rompirent avec le Duce.

À l'Axe se joignit alors le Japon par le « Pacte anti-Komintern ». L'empire du Mikado, très impérialiste, voyait dans les querelles occidentales l'occasion d'occuper la Chine sans qu'on l'en empêche. De fait, il occupa toute la Chine orientale avec Pékin, Nankin, Canton. Tchang Kaï-chek se réfugia dans les montagnes de l'ouest et un chef communiste encore peu connu, Mao Tsé-toung (qui se réconcilia avec Tchang), dans celles du nord.

En réalité, le Japon se souciait peu d'affronter l'URSS ; il voulait seulement avoir les mains libres en Asie du Sud-Est. De fait, l'URSS et le Japon ne se firent jamais la guerre. Car on ne peut appeler ainsi l'intervention tardive et symbolique de Staline : le 9 août 1945 seulement, il fit occuper la Mandchourie et l'île de Sakhaline. Jamais la frontière russo-japonaise ne fut troublée pendant la Seconde Guerre mondiale. Staline savait parfaitement que le « Pacte anti-Komintern » n'était, dans l'esprit des Japonais, pas dirigé contre l'URSS, mais bien davantage contre la Grande-Bretagne.

Devant la passivité des démocraties, Hitler décida le 12 mars 1938 l'« Anschluss », c'est-à-dire l'annexion de l'Autriche. Ce fut une promenade militaire. Depuis l'effondrement de leur empire en 1918, les Autrichiens ne voyaient de salut pour eux que dans leur rattachement au Reich allemand. La Wehrmacht fut acclamée à Vienne – Hitler aussi.

C'était une très grave violation du traité de Versailles. Là encore, Anglais et Français ne firent rien; leur foi dans le droit des peuples à disposer d'eux-mêmes les mettait mal à l'aise. La complaisance italienne était acquise au Fürher depuis 1936. Il faut noter que, si Hitler méprisait les Italiens, Mussolini a été le seul homme envers qui le chef nazi manifesta, jusqu'à la fin, une véritable admiration.

Le nazisme connut son apogée le 12 septembre, au congrès de Nuremberg. Claquant d'étendards, résonnant de sonneries, éclairé de mille feux (qui impressionnèrent si fort Brasillach), ce congrès en marqua l'apothéose.

Cependant, entre l'Autriche et la Saxe, la République tchèque avançait le coin menaçant des monts de Bohême. La Tchécoslovaquie était alors une puissance industrielle (les usines Skoda). Création de Clemenceau, elle disposait d'une excellente armée et de formidables fortifications de montagne. Par chance pour le Führer, si la plaine était slave, des Allemands vivaient depuis toujours sur les hauteurs de Bohême : les Sudètes. Au nom, encore une fois, du droit des peuples à disposer d'eux-mêmes, Hitler réclama l'annexion du pays des Sudètes. Sans ses montagnes, la Tchécoslovaquie n'était plus qu'une tortue sans sa carapace. Affolées, la France et l'Angleterre réagirent. La France mobilisa.

Mussolini proposa la tenue d'une conférence les 29 et 30 septembre 1938 à Munich. Hitler et Mussolini y firent face au Premier ministre britannique, Chamberlain, et au président du Conseil français, Daladier. Là encore, les dirigeants allemands n'étaient pas rassurés : en 1938, la Wehrmacht n'était pas prête, malgré son rapide réarmement. À la surprise du Duce, Anglais et Français cédèrent, pour sauvegarder la paix. La Wehrmacht put occuper les monts de Bohême. Il y eut partout un « lâche soulagement » (*dixit* Léon Blum). Alors que son avion, revenant de Munich, se posait au Bourget, Daladier vit qu'une foule immense l'attendait. Il pensa qu'on voulait le lyncher pour avoir cédé. On venait l'acclamer. Faible mais lucide, il marmonna : « Ah ! les cons. »

La capitulation de Munich est devenue un symbole. Encore aujourd'hui, on parle (souvent hors propos) de « munichois » et d'« antimunichois ». De fait, ce critère divisa les partis. Il y eut des munichois de gauche (Blum) et des antimunichois de droite (Reynaud) en France, mais aussi en Grande-Bretagne. On ne dira jamais assez la responsabilité, ou plutôt l'irresponsabilité, des gouvernants anglais de l'époque, en particulier celle de Chamberlain (sachant qu'en vertu du refus de « la France seule », les dirigeants français suivaient toujours les Anglais). Du coup, les plus réticents des Allemands se rallièrent : comment résister à un homme qui gagne tous ses coups de poker, devant lequel les puissances se couchent ?

Notre point de vue est aujourd'hui faussé par notre connaissance de la suite de l'histoire et par la magnifique résistance des Anglais à l'Allemagne hitlérienne. Mais de 1918 à 1939, pendant plus de vingt ans, les Anglais, obsédés par la puissance de la France, ont ménagé l'Allemagne. Comme Napoléon III qui craignit davantage l'Autriche que la Prusse au moment de Sadowa, Chamberlain se trompait d'ennemi. Et puis, vouloir la paix à n'importe quel prix a-t-il un sens ? Le slogan des Verts allemands : « Plutôt rouges (esclaves) que morts », n'est-il pas obscène ?

Précisément, à ce moment-là, un homme d'État britannique, alors dans l'opposition, lança aux munichois anglais, en pleine Chambre des communes, cette apostrophe qui résume tout : « Vous avez accepté le déshonneur pour éviter la guerre. Vous avez le déshonneur, mais vous aurez la guerre. »

De fait, Hitler ne s'en tint pas là. Le 15 mars 1939, il occupa Prague. La Tchécoslovaquie devint le « protectorat de Bohême-Moravie », sans un coup de fusil. Il faut remarquer que les Tchèques, même abandonnés par les puissances, auraient dû se défendre après Munich. Dans leurs montagnes de Bohême, ils auraient pu arrêter la Wehrmacht un certain temps. S'ils s'étaient battus, Français et Anglais auraient été obligés de les suivre. La guerre aurait éclaté plus tôt d'une manière moins défavorable.

Au même mois de mars 1939, Franco entrait à Madrid. La guerre d'Espagne était finie. Des milliers de républicains espagnols s'enfuirent en France. On les retrouvera nombreux dans la Résistance.

Ce dernier succès fasciste fut moins profitable au Führer qu'il ne le prévoyait lui-même. En effet, le généralissime Franco refusa à Hitler, venu le rencontrer à San Sebastian en 1940, d'entrer en guerre à ses côtés. L'Espagne resta neutre. Infiniment plus antipathique et cruel que le Duce, Franco fut aussi plus rusé que lui. Il mourut au pouvoir et dans son lit, après avoir installé sur le trône de Madrid l'actuel roi Juan Carlos, son protégé!

Il faut ajouter que la politique militaire française – celle du maréchal Pétain, tout-puissant à l'état-major – était absurde : comment porter secours à la Tchécoslovaquie en restant retranché derrière la ligne Maginot?

Observant depuis Moscou cette lâcheté et ces incohérences, Staline se dit alors : si les Allemands attaquent l'URSS, ces gens-là ne me soutiendront pas; mieux vaut faire alliance avec les fascistes. Le secrétaire général du Parti communiste russe reçut le ministre des Affaires étrangères du Reich, Ribbentrop, à Moscou. Ce fut le coup de théâtre du « pacte germano-soviétique », le 29 août 1939.

Des milliers de militants communistes français quittèrent, dégoûtés, le Parti, mais le Führer avait le champ libre : depuis le Rhin jusqu'au Japon, il n'avait plus d'ennemi! Cela constituait un énorme espace continental. Immédiatement, Staline se mit à fournir aux Allemands ce qui leur manquait : du pétrole et du blé.

Seule la Pologne faisait tache entre les Soviets et l'Allemagne – il suffit de regarder une carte. Le 1er septembre 1939, l'armée allemande y entrait.

À la surprise de Hitler et de Staline qui n'en attendaient plus aucun réflexe de dignité, l'Angleterre et la France déclarèrent la guerre à l'Allemagne. Ce fut le début de la Seconde Guerre mondiale – en fait, nous l'avons dit, la première véritable guerre mondiale.

Ce réflexe de dignité ne sauva pas la Pologne, que Hitler et Staline se partagèrent. La Pologne résista courageusement jusqu'au 26 septembre, date de la capitulation de Varsovie. Anglais et Français, malgré leur déclaration de guerre à l'Allemagne, ne firent rien. Les Anglais, alors toujours dirigés par les défaitistes, n'avaient pas d'armée de terre. Et les Français restèrent cachés derrière leur ligne fortifiée. Hitler méprisait tellement l'état-major français qu'il avait osé transporter la totalité de son armée en Pologne. Devant les bunkers Maginot, ce n'était que vacuité !

Le généralissime français de l'époque, Gamelin, un imbécile diplômé, se refusa avec énergie à toute action. Quant à Mussolini, il restait encore neutre. Devant l'armée allemande, il n'y avait plus que l'armée française et la flotte anglaise. Hitler n'avait pas de flotte assez puissante, mais on pouvait penser que, délivré de souci du côté de la Russie, il allait immédiatement se jeter sur la France.

Rien de tel ne se produisit. Allemands et Français se regardèrent en chiens de faïence – ce qu'on appelle la « drôle de guerre » – pendant sept mois : de la capitulation de Varsovie à l'assaut contre Sedan ; du 26 septembre 1939 au 10 mai 1940. Pourquoi ? On allègue généralement une raison météorologique : le mauvais temps. On peut toutefois penser que ce ne fut pas la véritable cause de la longue inaction allemande, si contraire à la psychologie du Führer.

En fait, les généraux de la Wehrmacht gardaient un souvenir très cuisant des combats de Verdun auxquels ils avaient participé comme jeunes officiers. Ils en tiraient une grande admiration pour le courage des « poilus » et une véritable crainte de l'armée française. Ils s'opposèrent donc le plus possible à l'action offensive voulue par le Führer. Ils craignaient une nouvelle bataille de la Marne.

Surestimaient-ils l'armée française ?

# La campagne de France

L'effondrement de l'armée française en mai 1940 fut un événement qui frappa le monde de stupeur. Il marque encore la psychologie actuelle des Français.

La véritable cause de cet événement est toujours mal admise.

La France passait dans le monde entier pour la nation militaire par excellence, celle de Condé, de Kléber et de Napoléon, dont les soldats avaient montré à Verdun autant d'héroïsme que les spartiates aux Thermopyles. C'était à l'École de guerre de Paris que la crème des officiers américains venait prendre des cours.

L'annonce de l'anéantissement, en quatre semaines, de son armée produisit une onde de choc sur toute la Terre. Roosevelt raconte qu'il ne voulut pas y croire. Il y eut alors partout, et en France d'abord, un effet de « sidération ». Même Hitler fut surpris – jusqu'à danser de joie, ce qui n'était pas son genre. La planète entière en resta « bouche bée ».

Pour l'expliquer, on dit souvent que les Français n'avaient pas d'armes modernes ou, pis encore, que les soldats furent lâches. On connaît l'ignoble phrase de

Céline : « Six mois de belote, trois semaines de course à pied. »

Rien n'est plus faux.

Les armes, d'abord. Les armées allemande et française étaient comparables et aussi modernes l'une que l'autre. Égales en effectifs – trois millions d'hommes, bien que l'Allemagne soit alors deux fois plus peuplée que la France –, elles étaient l'une et l'autre « duales ».

Les deux tiers des mobilisés, de chaque côté, allaient à pied ou en charrettes à chevaux, comme en 14; mais chacune des deux armées comprenait un corps de bataille d'un million de soldats jeunes, bien armés, mécanisés.

Les choix stratégiques étaient différents. La France accordait beaucoup d'importance à la ligne fortifiée qui portait le nom de l'ex-ministre de la Guerre Maginot, dressée à l'Est, face à l'Allemagne, avec ses forteresses imprenables (chemins de fer souterrains, etc.) – et que les Allemands, d'ailleurs, n'essayèrent pas de prendre. Au sud de la Belgique, il n'y avait pas de fortifications. Mais les Français savaient depuis 14 que la neutralité belge serait violée. Ils avaient donc massé là leur corps de bataille, combatif et moderne.

On comptait le même nombre de chars d'assaut des deux côtés (et, en matière de chars lourds, les Français surclassaient les Allemands, qui à l'époque n'en possédaient pas) : à peu près un millier de blindés dans chaque camp.

Cependant, il existait un problème d'emploi : en France, les chars étaient répartis dans les régiments et divisions; en Allemagne, ils étaient regroupés en divisions blindées, les Panzerdivisionen. Le commandement allemand appliquait les théories d'un colonel français, Charles de Gaulle, qui avait publié livres et articles à ce sujet.

Après une guerre héroïque en 14 et une captivité emplie d'évasions en Allemagne, de Gaulle participa à l'instruction de l'armée polonaise qui contint l'Armée rouge. Il avait compris que le « moteur cuirassé » permettait aux armées de réinventer ce qu'avait été la cavalerie sous Napoléon : rapidité, choc. Pour cela, il fallait regrouper les chars en divisions spéciales. Il préconisait de créer une dizaine de divisions blindées, accompagnées d'infanterie portée. Il s'était beaucoup battu pour diffuser ses idées. Protégé au début par Pétain, il s'en était séparé sur cette question précise, le Maréchal étant un partisan acharné de la guerre de tranchées.

De Gaulle n'eut pas davantage de succès avec les hommes politiques – qu'il harcela tous, qu'ils fussent de gauche ou de droite. Le président du Conseil, Léon Blum, le reçut. Seul Paul Reynaud, un libéral de droite, l'écouta.

La grande souffrance de De Gaulle fut de voir ses idées appliquées en Allemagne. Les généraux allemands, dont Guderian, le lisaient. Hitler, dans son génie, avait compris l'importance des blindés. Il ne faut pas croire que les méchants sont stupides. Le Führer fut un génie du mal, mais il sut créer les Panzerdivisionen. En 40, l'Allemagne en alignait dix.

Ce n'est pas la même chose d'avoir mille chars dispersés et d'en avoir mille regroupés en dix Panzerdivisionen.

Mais cette erreur d'emploi des blindés ne réglait pas forcément le sort de la bataille. La France possédait par ailleurs beaucoup moins d'avions que n'en avait la Luftwaffe. Mais l'alliance franco-anglaise en alignait autant : le succès de la RAF au cours de la bataille aérienne d'Angleterre le prouvera.

Quant au courage des soldats, il était grand de chaque côté. Certes, ni les Français ni les Allemands, à l'exception des Hitlerjugend, n'étaient partis en 39 la fleur au fusil comme en 14. Mais les Français firent leur devoir.

On compta de part et d'autre des dizaines de milliers de morts en un mois, autant que pendant les mois difficiles de la guerre de 14. Il y eut très peu de déserteurs. Nous connaissons le moral des troupes par le service du courrier, qui ouvrait les lettres. Il était bon. L'armée française de 40 n'était pas indigne de la République.

Il faut récuser une légende dont le poids pèse sur l'inconscient des Français : la France ne fut pas battue en mai 1940 faute d'armes ou de courage. Elle fut battue par le génie du commandement allemand opposé à la profonde bêtise du commandement français! Malgré le mauvais emploi des chars français, la bataille était loin d'être jouée – et les généraux nazis en avaient conscience.

C'est l'intelligence foudroyante du plan de bataille hitlérien qui terrassa la bêtise épaisse de la plupart des grands chefs français, dont Gamelin est l'exemple type – sans parler de l'amiral Darlan, dont la flotte se sabordera plus tard inutilement. Car les amiraux français se montrèrent encore plus nuls que les généraux; ce qui explique qu'on en verra tant parader à Vichy. Les Juin, de Gaulle, de Lattre, Leclerc étaient pourtant déjà à l'œuvre en 40, mais à des postes subalternes. Hitler, lui, avait su promouvoir Guderian, Rommel et les autres.

La campagne de France en 40, ce fut Austerlitz à l'envers.

D'abord, le piège : attirer le corps de bataille français loin du théâtre véritable. Les paras allemands sautèrent sur Liège et Gamelin tomba dans le piège, envoyant l'ensemble de son corps de bataille à 200 kilomètres au nord.

Ensuite, la surprise : les Panzerdivisionen regroupées forcèrent la porte là où on ne les attendait pas, jugeant leur progression impossible sur ce terrain : la forêt des Ardennes, montueuse, touffue, quasi dépourvue de routes (comme Hannibal passant les Alpes avec ses éléphants). Le corps de bataille allemand déboucha donc à Sedan, alors que celui des Français était en Belgique. Puis il fonça vers l'ouest, où il n'y avait plus rien pour l'arrêter, entre le 10 et le 16 mai.

Il faut rappeler ici que les gouvernements avaient quand même changé chez les Alliés. En France, Paul Reynaud était arrivé au pouvoir en mars. On avait poussé la formation de divisions blindées. C'était trop tard. On réussit malgré tout à en aligner quatre. Seule la plus hâtivement constituée, la 4e division, put combattre dès le 17 mai au nord de Laon, à Montcornet, puis vers Abbeville. Le colonel de Gaulle, qui la commandait, y gagna ses galons de général à titre provisoire. Mais les Panzer atteignaient la Manche.

Le corps de bataille français – comprenant le corps expéditionnaire anglais – était coupé, et la bataille décisive perdue. Belges et Hollandais capitulèrent.

La Navy réussit à rembarquer sur les plages de Dunkerque 330 000 hommes, dont 200 000 Anglais, sans leur matériel. L'armée alliée était anéantie.

Voyant cela, Mussolini, à son déshonneur, déclara la guerre à la France : le « coup de poignard dans le dos ».

En plein désastre, Winston Churchill fut élu Premier ministre le 10 mai. Le 13 mai, il déclarait aux Communes : « Je n'ai à vous offrir que du sang, des peines, des larmes et des sueurs. »

Paul Reynaud remania son cabinet et y fit entrer de Gaulle, qui quitta sa division pour devenir ministre, sous-secrétaire d'État à la Guerre. Ce choix se révéla important pour la suite. Car le fait que de Gaulle soit ministre lui permit de rencontrer Churchill à plusieurs reprises et lui donna les moyens matériels de l'action.

Mais, après Dunkerque, les grands chefs français baissèrent les bras. Weygand, rappelé de Syrie, n'avait pas la largeur de vue nécessaire. Une fois Gamelin congédié, il essaya un combat pour l'honneur sur la Somme. Le 14 juin 1940, la Wehrmacht défilait dans Paris abandonné pour Bordeaux par un gouvernement décomposé.

Quant au peuple français, il était parti vers le sud ou vers l'ouest, pour fuir les envahisseurs. Cet exode, l'un des plus considérables de l'histoire, jeta sur les routes 15 millions de personnes, enfants, femmes enceintes, vieillards, dans des encombrements inextricables (vingt fois le Kosovo). Des images de malheur avec les fameux Stukas, avions allemands munis de sirène pour terroriser, qui mitraillaient la foule sur les routes.

Extraordinaire écroulement, cet « exode » prouve au moins que les Français du peuple détestaient les nazis : en juin 1944, au contraire, ils restèrent dans leurs maisons, malgré d'horribles et inutiles bombardements alliés, pour attendre les libérateurs. Les dernières élections avaient d'ailleurs porté au pouvoir le Front populaire.

Le 17 juin, tout s'arrêta. Paul Reynaud, dépassé, donna sa démission. Ce n'était pas un caractère fait pour la tempête. Le président de la République désigna pour lui succéder un illustre vieillard de quatre-vingt-quatre ans qui demanda immédiatement l'armistice – alors que de nombreuses autres possibilités existaient. La République française disparut dans la tourmente.

Le 10 juillet 1940, dans la ville d'eaux de Vichy, les parlementaires, réunis tant bien que mal, votèrent « les pleins pouvoirs au maréchal Pétain ». Dès le lendemain, Pétain, outrepassant son mandat, supprimait la République par trois actes constitutionnels et nommait Pierre Laval président du Conseil. Le président Lebrun se retira à Vizille. De Gaulle était à Londres, prétextant une vague mission; dès le 18 juin, il entra en dissidence.

Dans deux discours prononcés presque en même temps, le vieux maréchal et le jeune général tirèrent du désastre une leçon diamétralement opposée.

Le Maréchal n'avait rien compris à ce qu'était le nazisme. Il se croyait encore en face de Bismarck. Il lui fallait cesser le combat, comme l'avait fait Thiers en 1870, et, le cas échéant, écraser la Commune. Beaucoup de dirigeants, d'ailleurs, n'avaient pas pris la mesure ou plutôt la démesure d'Hitler (en Angleterre aussi, jusqu'à Churchill).

Les discours de De Gaulle et de Pétain s'opposent point par point. Les deux hommes s'exprimèrent à la radio (qui pour le Général était le seul moyen de communication possible) : Pétain, depuis Vichy; de Gaulle, depuis Londres où Churchill avait eu le culot de l'inviter à la BBC.

Pétain accusa le peuple français, reprenant sans le savoir les arguments de Céline qu'il n'avait pas lu (il ne lisait rien et on lui écrivait ses discours), d'avoir trop joui et mal combattu. Il ne s'adressa pas aux Français comme à des adultes, mais comme à des petits enfants qu'on morigène et promet de protéger. Le vieil homme était d'autant plus crédible qu'il était le plus haut gradé de l'armée, couvert de gloire, et disait se sacrifier : « Je fais à la France le don de ma personne pour apaiser ses malheurs. » Mais tout aussitôt il se transforma en père sévère et fit la leçon aux Français.

Or c'était lui, chef d'état-major des armées et maître tout-puissant de leur stratégie, qui était le grand responsable de la défaite, ayant obstinément refusé de constituer des divisions blindées et ayant promu ou fait promouvoir des incapables à tous les hauts postes.

En réalité, ce maréchal prestigieux n'aurait jamais dû dépasser le niveau qu'il avait atteint avant 1914 et auquel il devait prendre sa retraite : celui de père du régiment (colonel), paternaliste et bougon, brave au feu mais assez bête – qualités/défauts qui convenaient pour rassurer une armée inquiète en 1917, mais qui l'empêchèrent en 1940 de comprendre quoi que ce soit.

De Gaulle, au contraire, accusa les chefs. Il dit aux Français que des chefs incapables les avaient conduits au désastre. À la différence de Pétain, il comprenait l'enjeu de cette guerre. Celle-ci était idéologique et planétaire. « Elle n'est pas tranchée par la bataille de France. Il y a dans l'univers des moyens pour écraser nos ennemis. Foudroyés par la force mécanique, nous pouvons vaincre par une force mécanique supérieure. » Il en déduisait le devoir de lutter : « La flamme de la Résistance française [la fortune du mot “Résistance” vient de lui] ne doit pas s’éteindre et ne s’éteindra pas. »

Le 26 juin, à une nouvelle admonestation de Pétain justifiant l’armistice, il lança au vieux chef cette algarade : « La défaite ! À qui la faute, monsieur le Maréchal ? Vous qui étiez la plus haute personnalité militaire, avez-vous jamais soutenu, demandé, exigé, la réforme indispensable de ce système mauvais ? Ah ! pour signer cet armistice d’asservissement, on n’avait pas besoin du vainqueur de Verdun. N’importe qui aurait suffi ! »

Et comme Pétain prêchait la soumission, il expliqua que la France « ne se relèvera pas sous la botte allemande. Elle se relèvera dans la victoire ».

Le Maréchal et le Général s’étaient rencontrés dans un restaurant de Bordeaux quelques jours plus tôt. De Gaulle raconte la scène dans ses *Mémoires*. Il va saluer Pétain : « Je suis convaincu qu’en d’autres temps le Maréchal aurait repris le combat... Mais l’âge par-dessous l’enveloppe avait rongé le caractère. La vieillesse est un naufrage et, pour que rien ne nous fût épargné, il fallait que la vieillesse de Pétain s’identifie avec la défaite de la France. »

Les appels radio du Général ne furent entendus que de quelques milliers de personnes, l’habitude ne s’étant pas encore prise d’écouter la BBC.

En France régnait le terrible chaos de l’exode. Le pays tout entier s’était défait. Les familles séparées se cherchaient à tâtons. La pagaille et la mort faisaient bon ménage. Il fallait le sang-froid et l’esprit prophétique du Général pour voir au-delà de cette « chienlit » – mot qu'il emploiera en 1968, mais qui décrit mieux encore la situation de 1940.

Le parti communiste, qui aurait pu maîtriser l'anarchie, avait été anéanti, mentalement, par le pacte germano-soviétique et prêchait lui aussi la soumission. Les pacifistes, comme Céline, criaient : « On vous l'avait bien dit ! »

Les notables avaient un peu honte d'avoir abandonné leurs postes dans la débâcle, mais ils se trouvaient justifiés par les paroles de Pétain. De plus, ils craignaient davantage les communistes que les nazis. Vérité indicible : beaucoup d'entre eux admiraient en secret les Allemands : ceux-ci étaient grands, blonds, beaux, forts, organisés, *korrekt*. Il y a une part de masochisme chez les victimes par rapport à leurs bourreaux (le syndrome de Stockholm). Quant aux monarchistes de l'Action française, peu nombreux mais influents, la défaite fut pour eux, comme l'avouera leur gourou Maurras, « une divine surprise ».

Tous ces généraux vaincus, tel Huntziger, tous ces amiraux qui avaient laissé leurs bateaux au port, tous ces notables qui avaient fui leurs postes se retrouvèrent à Vichy sans honte ni vergogne dans les entourages ou gouvernements du Maréchal. Ils instillèrent alors dans l'esprit des simples citoyens l'idée qu'ils s'étaient montrés lâches, qu'ils n'avaient que ce qu'ils méritaient par leur comportement (les congés payés, les tandems, les vacances, les votes Front populaire).

Or, les faits disent obstinément le contraire du discours culpabilisant des élites : en juin 1940, c'est la classe dirigeante (à part quelques exceptions) qui fit faillite, et non pas le peuple dont le courage et la dignité dans l'épreuve furent grands.

Le mépris du peuple est toujours la tentation et l'excuse des dirigeants défaillants.

# Le pari de la France libre

En juin 1940, y avait-il un autre choix que l'armistice ?

Certainement, et dans cette affaire la responsabilité du président du Conseil Paul Reynaud fut écrasante. Certes, il avait commis la faute d'appeler au cabinet le maréchal Pétain, jusque-là ambassadeur auprès de Franco, dont le défaitisme était notoire. Mais il y faisait aussi entrer de Gaulle. Son ministre de l'Intérieur, Georges Mandel, était le contraire d'un capitulard. Reynaud aurait pu transporter le siège de la République en Algérie, alors partie intégrante du territoire métropolitain.

L'Assemblée nationale, le Sénat, Lebrun à Alger ; la flotte de combat, la meilleure que la France ait jamais eue (si l'amiral Darlan ne savait pas se battre, il avait su faire construire une flotte ultra-moderne) quittant Brest et Toulon pour Mers el-Kébir, Dakar et Bizerte ; les grandes écoles repliées en Afrique du Nord ; l'aviation sauvée (les aviateurs allèrent d'eux-mêmes en Algérie et au Maroc ; c'est Vichy qui les en fit revenir) ; quelques régiments qu'on pouvait encore faire sortir de France, ou déjà repliés en Angleterre (les chasseurs alpins, la

Légion), renforçant l'armée d'Afrique – les chances d'une poursuite du combat étaient grandes.

La France gardait des atouts : une armée coloniale, une magnifique marine, un empire immense en Afrique et en Asie.

On nous dit que les Allemands auraient immédiatement envahi l'Afrique du Nord. Hypothèse absurde : incapables de franchir le pas de Calais, comment auraient-ils pu traverser la Méditerranée devant la suprématie navale anglo-française ? Il y avait bien l'Italie, mais nous avons noté que, hostile aux nazis, le peuple italien n'était pas – c'est le moins qu'on puisse dire – enthousiasmé pour cette guerre. Quant à Franco, il refusait le passage à Hitler. Envahir l'Espagne n'était pas une sinécure. Celle-ci envahie, le détroit tumultueux que garde la base, toujours anglaise, de Gibraltar aurait été un obstacle insurmontable. Certes, la Libye était italienne, mais si les Allemands y débarquèrent, au secours des Italiens, avec Rommel, ce ne put être qu'en petit nombre. L'armée française d'Afrique, pourtant mal équipée, sut arrêter – seule, les Américains ayant fui – les Allemands parvenus en Tunisie à cause de la trahison de l'amiral Esteva, pendant le terrible hiver 1942-1943. Elle l'aurait fait de la même manière en 1940-1941.

Les Allemands auraient occupé sur l'heure la France métropolitaine, certes. Mais il faut s'interroger : les Français auraient-ils été plus malheureux ? La réponse est non. Ils auraient subi le même sort que les Belges et les Hollandais. D'ailleurs, l'occupation totale du territoire ne fut repoussée que d'un peu plus de deux ans. Moralement, la situation aurait été claire pour les citoyens.

Continuant la guerre depuis Alger, la France, malheureuse en 1940, serait restée en ligne pour la victoire finale. C'est du reste ce qui se fera avec de Gaulle en 1943, mais avec des forces considérablement réduites et un crédit entamé par Vichy. Nous savons que Paul Reynaud ne fut pas l'homme de ce destin.

Une fois ce point éclairci, le bilan du gouvernement de Vichy est catastrophique. Rappelons que les gens de Vichy ne seraient jamais arrivés au pouvoir par l'élection. Ils représentaient l'éternelle extrême droite, autour de 10 % du corps électoral, et les dernières élections libres, en 1936, avaient porté au pouvoir le Front populaire.

Rappelons surtout que le chancelier Adolf Hitler a passionnément voulu Vichy. La France, pays immense à l'échelle européenne, était un morceau difficile à digérer pour la Wehrmacht, contrairement à la petite Belgique. L'armée allemande entière risquait de s'y enliser. D'où l'empressement que le Führer mit à favoriser l'installation en juin 1940 à Vichy, avec le maréchal Pétain, héros emblématique de la Grande Guerre, d'un gouvernement français à sa main. Les Anglais ne s'y trompèrent pas qui, dès le 3 juillet, écrasèrent à Mers el-Kébir la partie la plus accessible pour eux de la flotte française. Churchill ne pouvait courir aucun risque : celui de voir la « Royale » passer aux Allemands était inacceptable.

Hitler fit à Pétain de grandes concessions apparentes : la non-confiscation de la flotte de Toulon ; une « zone (dite) libre », non occupée par les troupes allemandes, où était situé (dans la ville d'eaux de Vichy) le gouvernement Pétain-Laval ; le respect de l'empire colonial – cette dernière concession ne coûtait rien car, nous l'avons dit plus haut, Hitler savait très bien qu'il n'avait pas les moyens de s'en emparer.

Mais Vichy permettait à la France, qui restait administrée par ses préfets et fonctionnaires indigènes, de servir de bordel et de camp de repos à la Wehrmacht. Vichy permettait à l'Allemagne de piller tout à son aise les ressources de l'économie et de l'industrie françaises. Vichy dispensait la Kriegsmarine, et la marine italienne, d'avoir à se mesurer avec la marine française, qui aurait été redoutable si elle avait combattu. La responsabilité sur ce point du grand amiral de la flotte, le sinistre Darlan, ne se saurait dire.

On prétend que Vichy a évité aux Français certaines horreurs de la guerre. C'est le contraire qui est vrai.

Vichy a fait la guerre trois fois, et avec une grande énergie, mais contre les démocraties occidentales et les Français libres : à Dakar en septembre 1940 ; en Syrie au printemps 1941, et à Casablanca en novembre 1942. Des centaines de GI furent massacrés à Casablanca par les soldats de Pétain.

La faute de l'extrême droite fut de croire qu'elle pouvait accomplir une « Révolution nationale » sous la botte de l'ennemi. Ce n'était pas le moment. Pétain, Laval, Darlan se sont déshonorés. Vichy a accepté la boue : quand on entre dans la voie des concessions devant un tyran, on concède de plus en plus. Vichy finit, à sa honte, par faire organiser par la police restée à ses ordres les rafles de juifs – dont celle du Vél'd'Hiv' à Paris. Vichy, surtout, n'hésita pas à ouvrir la guerre civile, avec la fameuse Milice. Des transferts massifs d'ouvriers français en Allemagne firent tourner la machine de guerre allemande.

D'un point de vue purement juridique, on peut admettre, malgré les abus de pouvoir du Maréchal, que le gouvernement vichyste eut une base légale jusqu'en 1942. Mais quand, en novembre 1942, les Allemands rompirent les stipulations de l'armistice de 1940 qui fondaient, avec le vote d'un parlement abusé, sa légalité, Vichy tomba dans le vide. Si Pétain avait alors voulu gagner Alger, ou du moins démissionner avec éclat en France, il aurait pu sauver son honneur. Le vieillard préféra garder une pourpre dérisoire dans l'abandon national.

Abordons à présent la question essentielle du degré d'adhésion des Français au gouvernement de Vichy.

Pendant vingt ans, la légende gaulliste a décrit un peuple unanime dans la Résistance. Depuis la sortie du film *Le Chagrin et la Pitié*, la mode nous peint au contraire une nation asservie et antisémite. Qu'en a-t-il été ?

Les Français, sauf de Gaulle et sa poignée de fidèles, ont tous été, plus ou moins, pétainistes pendant quatre mois – jusqu'à l'entrevue, le 24 octobre 1940, du maréchal Pétain avec le Führer à Montoire. Leur fameuse poignée de main, dont la photo fut abondamment diffusée par la Propagandastaffel, rompit alors le charme ; tellement l'image d'un général républicain – Pétain passait alors pour tel – et glorieux serrant la main du chef nazi fut insupportable aux Français. Ni Pétain ni Hitler n'eurent la finesse d'éviter cet impair : Pétain parce qu'il ne comprenait rien à la situation et confondait, on l'a dit, Hitler avec Bismarck ; Hitler parce que, s'il connaissait bien la psychologie des foules de Bavière, il ignorait tout de l'esprit tordu des Gaulois.

Dès lors, l'adhésion cessa. Certes, la figure du « vainqueur de Verdun » resta respectée, presque jusqu'à la fin, mais ses gouvernements – surtout Laval – seront détestés presque depuis le début, ainsi que les Allemands, par la plupart. Les notables masochistes et éperdus de servitude dont nous avons parlé ne furent jamais qu'une minorité.

L'un des auteurs de ce livre, septuagénaire, se souvient très bien de l'ambiance du métro parisien. On s'y écartait des « doryphores » (insectes qui rongent les pommes de terre – nom dont on affublait les soldats allemands). On y faisait des contrepèteries du genre : « Métropolitain – Pétain mollit trop. » On s'y racontait les dernières trouvailles de Pierre Dac (l'un des animateurs de l'émission française de la BBC) : « Radio Paris ment, Radio Paris ment, Radio Paris est allemand. » Du reste, le soir, à l'heure de l'émission de la radio anglaise « Les Français parlent aux Français », les rues étaient vides, tout le monde écoutant la BBC.

Il fallait l'intelligence visionnaire d'un de Gaulle pour savoir, dès ce temps-là, que les Allemands perdraient. Hitler allait attaquer la Russie – ça, c'était écrit dans *Mein Kampf* –, et le Général n'a jamais sous-estimé ses adversaires. Mais, dès cette époque, de Gaulle annonçait à la radio l'arrivée des « forces immenses de l'Amérique »; or, à cette date-là, Roosevelt se faisait réélire sur le slogan « He kept us out of war » (« Il nous a tenus en dehors de la guerre »).

À ce moment, de Gaulle était encore assez seul. Certes, il put rallier – avec l'aide de quelques héros fous, comme le capitaine de Hauteclocque, évadé de France, qui se fit appeler Leclerc – l'Afrique-Équatoriale française et les îles du Pacifique, mais les Américains avaient leur ambassadeur à Vichy. La chance de De Gaulle fut d'avoir été compris par Winston Churchill, qui le protégea, l'admira et le détesta tout à la fois.

Les concessions sordides de Vichy révoltaient de plus en plus les Français. Contrairement à ce que veulent nous faire croire certains, les Français n'étaient pas antisémites (beaucoup moins en tout cas qu'ils ne le furent, un instant, lors de l'affaire Dreyfus). Les historiens israéliens notent avec honnêteté que c'est en France que les juifs ont le plus survécu aux persécutions. L'un des auteurs de ce livre en témoigne, dont le grand-père maternel était juif.

Le STO – Service du travail obligatoire –, loi vichyste qui prétendait obliger les jeunes gens appelés au service à partir pour l'Allemagne, fit, au début de 1942 déborder le vase. À ce moment, la majorité de la population se déclara « gaulliste ». Les rapports des préfets de Vichy en font foi. Bien sûr, cela ne fit pas de la majorité d'entre eux des héros.

À ce moment, la Résistance était déjà structurée en mouvements, dont trois principaux : « Combat » d'Henri Frenay, officier d'active ; « Libération » avec d'Astier de La Vigerie, un aristocrate ; et « Francs-tireurs » avec Jean-Pierre Lévy, plutôt de gauche.

La Résistance à ses débuts était, osons le mot, « bordélique ». À part Frenay, ses chefs étaient improvisés. Elle dut sa survie à l'indéniable soutien de la population. Les histoires sont innombrables à ce sujet.

Un résistant poursuivi par la Gestapo entre dans la boutique d'un coiffeur en train d'officier sous le portrait officiel du maréchal Pétain. Le coiffeur, au péril de sa vie, cache le fugitif.

Le risque des réseaux, c'est de se faire la guerre entre eux, tellement l'esprit de corps y est fort. Ainsi dérivèrent les mouvements yougoslaves (Tito contre Mihailovic) ou grecs (communistes contre royalistes). Le mérite de De Gaulle fut d'avoir évité cela, en fédérant les mouvements sous son autorité.

Ici intervient l'histoire de Jean Moulin. Nous l'avons rencontré chef de cabinet de Pierre Cot, en 1940. Il fut ensuite préfet de Chartres. Plutôt que d'accuser injustement des Sénégalais, il avait essayé de se trancher la gorge. Démis par Vichy, il gagna clandestinement Londres. L'histoire du contact entre ce préfet de gauche et le général de Gaulle fut d'emblée l'histoire d'une confiance totale.

Remarquons que, si autour du Général il n'y avait pas toute la France, on y trouvait des Français de tous horizons : cathos et israélites, athées et francs-maçons, de droite et de gauche. Un grand gaulliste, Pierre Brossolette, qui s'opposa souvent à Moulin, avait été éditorialiste au *Populaire*; un gouverneur colonial noir, Félix Éboué, fut l'un de ses premiers partisans, au Tchad.

Jean Moulin, parachuté en France comme délégué du général de Gaulle, réussit, après bien des péripéties, à créer et à rassembler (rue du Four à Paris) le Conseil national de la Résistance (CNR), qui regroupait tous les mouvements et partis politiques.

Jean Moulin fut trahi (on trouve toujours des agents doubles dans les réseaux), arrêté et torturé; il mourut. Mais l'œuvre était accomplie. C'était le temps des messages personnels auxquels Pierre Dac apportait sa note farfelue (du genre : « Ma vieille tante est tombée du grenier ») ; le temps des parachutages dans la nuit, les heures de pleine lune, où les petits Lysander faisaient la navette entre la France occupée et l'Angleterre, au nez et à la barbe des Allemands.

L'hommage que prononça Malraux pour Jean Moulin, lors du transfert de ses cendres au Panthéon, n'est pas immérité :

« Jean Moulin n'a pas créé Combat, Libération, Francs-tireurs... Il n'a pas créé les régiments, mais c'est lui qui a fait l'armée. Il a été le Carnot de la Résistance... C'est le temps où dans les campagnes nous interrogions les aboiements des chiens au fond de la nuit... des parachutes multicolores, chargés d'armes et de cigarettes, tombant du ciel dans les feux des clairières... Le temps des caves [de la Gestapo] et de ces cris désespérés que poussent les torturés avec des voix d'enfants...

« Jean Moulin, arrêté, sauvagement frappé, la tête en sang, les organes éclatés, atteint les limites de la souffrance humaine sans jamais trahir un secret, lui qui les connaît tous... Comme Leclerc entra aux Invalides, avec son cortège d'exaltation dans le soleil d'Afrique et les combats d'Alsace, entre ici [au Panthéon], Jean Moulin, avec ton terrible cortège. Avec ceux qui sont morts dans les caves sans avoir parlé, comme toi ; et même, ce qui est peut-être plus atroce, en ayant parlé ; avec tous les rayés et tous les tondus des camps de concentration, avec le dernier corps trébuchant des affreuses files de "Nuit et Brouillard" » enfin tombé sous les crosses ; avec les huit mille Françaises qui ne sont pas revenues des bagnes, avec la dernière femme morte à Ravensbrück pour avoir donné asile à l'un des nôtres. Entre, avec le peuple né de l'ombre et disparu avec elle, nos frères dans l'ordre de la nuit. »

De Gaulle combattait les Allemands, mais il devait aussi s'imposer aux Alliés. Nous savons qu'avec Churchill les rapports furent orageux, mais marqués d'admiration réciproque. Churchill disait du chef de la France libre : « C'est un grand animal. » Roosevelt, puritain démocrate qui pensait, depuis juin 1940, que la France était finie, ne pouvait comprendre de Gaulle, cette espèce de Cyrano à panache.

Après le débarquement américain en Afrique du Nord française, le président américain osa un moment s'allier avec Darlan, l'amiral de Vichy; puis, après son assassinat par un jeune patriote (si l'on pouvait justifier l'assassinat politique, il faudrait montrer de l'indulgence pour ce Bonnier de La Chapelle), Roosevelt poussa Giraud, un général brave et bête, mais servile envers les Américains. De Gaulle triompha sans peine de cette ganache. La République française renaissait en 1943 à Alger. Le Général imposa l'armée française reconstituée dans la bataille finale. En Provence, l'armée d'Afrique débarqua – cas unique d'indigènes coloniaux (mêlés à des évadés de France et à des pieds-noirs) venant libérer leur métropole. En Normandie, il lança le général Leclerc, l'ancien capitaine du Tchad, et sa fougueuse 2e DB vers Paris.

De Gaulle essaya aussi de contrôler les insurrections de la Résistance, parfois écrasées dans le sang par les Allemands, comme au Vercors en juillet 1944. Partout, les « commissaires de la République » remplaçaient les préfets de Vichy. Les Allemands ayant emmené le Maréchal chez eux à Sigmaringen – une ville d'eaux, mais de Forêt-Noire –, Paris se souleva. (Au même moment, Varsovie insurgée était rasée par les Allemands.) C'était un coup d'audace inouï. Il réussit. Le 24 août 1944, le peloton blindé du capitaine Dronne (dont beaucoup de soldats étaient d'anciens républicains espagnols; aussi appelait-on sa compagnie la « Nueve ») parvint devant l'Hôtel de Ville, occupé par le Conseil national de la Résistance.

Le 25 août, après avoir retrouvé son bureau du ministère de la Guerre quitté quatre ans plus tôt, de Gaulle, bousculé par la foule, poussait son célèbre cri : « Paris outragé, Paris brisé, Paris humilié, mais Paris libéré... » Le 26, à la tête d'une foule anarchique, enthousiaste, immense, il descendait les Champs-Élysées. Heure de gloire, coup de bluff : les Allemands étaient encore au Bourget.

À Berlin, le général de Lattre de Tassigny signa la capitulation nazie aux côtés des Russes, des Américains et des Anglais. Pénétrant dans la salle, le plénipotentiaire allemand ne put se retenir de s'écrier : « Quoi ? Les Français aussi ! »

De Gaulle et la France, malgré Vichy, avaient gagné.

Militairement, la « France libre » (tout de même troisième puissance militaire de l'alliance occidentale, après les Américains et les Anglais : un million de soldats; plus de 100 000 résistants insurgés, dont beaucoup seront amalgamés dans l'armée) n'a pas joué, comme l'avait fait la France de 14, le rôle principal. Mais sans la France libre, l'honneur de la nation eût été compromis. Ce fut une folle épopée. Laissons le mot de la fin à Leclerc. Comme de Gaulle lui écrivait en janvier 1945 : « Tout ce qui est exagéré est insignifiant », Leclerc lui répondit : « Ce n'est pas mon avis. Tout ce que nous avons fait de grand et d'utile, derrière vous, était "exagéré et déraisonnable". »

# La Grande Guerre mondiale

Le conflit de 39-45, nous l'avons dit, fut en fait la première guerre réellement mondiale, la guerre de 14 étant une guerre européenne avec quelques opérations outre-mer. Dans le passé, les opérations outre-mer n'avaient pas manqué (conflits entre Portugais et Arabes en mer Rouge et dans le Golfe, entre Français et Anglais en Amérique et aux Indes, entre Américains et Espagnols à Cuba), mais on peut vraiment dire que la Seconde Guerre mondiale est le premier conflit mettant réellement aux prises des belligérants dans le monde entier. Voilà pourquoi nous l'appelons la Grande Guerre mondiale (la Grande Guerre restant celle de 14). Encore ne devint-elle mondiale qu'en 1941.

Après la chute de la France, la Grande-Bretagne resta seule avec son empire colonial – l'armée des Indes jouant pour l'Angleterre un rôle comparable à celui de l'armée d'Afrique pour la France – et l'aide de ses dominions. Alors qu'ils n'y étaient pas forcés, Canada, Australie, Nouvelle-Zélande et Afrique du Sud volèrent au secours de la métropole – le Canada et l'Australie surtout. Mais la république d'Irlande (indépendante depuis 1922) resta obstinément neutre.

Le chancelier nazi admirait l'Angleterre impériale. Dans son échelle de valeurs raciste, les Anglais, « grands Aryens roux », étaient situés juste en dessous des Aryens blonds (Hitler était petit et brun). Il aurait volontiers évité de continuer les hostilités avec la Grande-Bretagne. Certes, il avait fait préparer par son état-major un plan d'invasion, le projet « Otarie », visant à débarquer sur les îles Britanniques ; mais, à ce moment, le Führer souhaitait la paix avec Albion. (Rudolf Hess, dauphin de Hitler, sauta, encore en 1941, en parachute en Écosse pour proposer un plan de paix séparé. On le prétendit fou, mais il ne l'était peut-être pas tant que ça.)

Hitler à propos des Anglais se disait : à eux la mer, à nous la terre. Bien des notables anglais auraient accepté ce *deal*. On trouvait des sympathies pro-nazies chez eux, dont par exemple le duc de Windsor, l'ancien roi détrôné pour avoir voulu se marier avec une divorcée américaine (et remplacé à Londres par son frère George VI en décembre 1936), qui résidait à Lisbonne. Craignant qu'il ne rejoigne les Allemands, Churchill le nomma, comminatoirement, gouverneur des Bahamas. Tout le mois de juillet 1940, Hitler attendit, l'arme au pied.

C'était compter sans Winston Churchill. Au pouvoir depuis trois mois, le Premier britannique était un héros shakespearien. L'écrivain Albert Cohen, qui le rencontra alors, nous le décrit « vieux comme un prophète, beau comme un génie et grave comme un enfant ». Le *deal* avec l'Allemagne aurait sauvé les intérêts de l'empire britannique, mais il était contraire à la conception que le vieux lion se faisait de l'honneur.

Hitler se résigna donc à déclencher la « bataille d'Angleterre » (du 13 août au 12 octobre 1940). Il demanda à la Luftwaffe d'écraser la RAF. Quand les Anglais n'auraient plus d'aviation, la Luftwaffe pourrait impunément couler les bateaux de la Navy; et ensuite l'Allemagne pourrait occuper les îles Britanniques, d'autant plus facilement que l'armée anglaise n'était pas remise de Dunkerque. Churchill levait une autre armée, mais il fallait du temps, malgré le rétablissement de la conscription.

La bataille aérienne fit rage. Les Allemands détruisirent les bases aériennes anglaises, puis, erreur fatale, se mirent à bombarder Londres dans le but de casser le moral du peuple. On sait aujourd'hui que les bombardements exaltent au contraire le patriotisme des bombardés. (Il y a toutefois une exception : les bombardements atomiques firent plier les Japonais.) De fait, le *Blitz* échoua. Et surtout la RAF surclassa la Luftwaffe. Elle perdit 900 avions, mais les Allemands 1 000 chasseurs et des milliers de bombardiers. Une invention récente mise en application par les Anglais, le « radar », se révéla décisive. La valeur des pilotes britanniques aussi. Churchill leur rendra hommage d'une phrase lapidaire : « Never in the field of human conflict was so much owed by so many to so few. » (Jamais, dans le champ du conflit humain, autant durent leur salut à aussi peu.)

Cependant, l'Angleterre restait seule. Mussolini, voulant se rendre intéressant, envahit la Grèce; son armée y fut battue et la Wehrmacht dut venir au secours des Italiens.

Les Allemands occupèrent les Balkans, Yougoslavie et Grèce, y refoulant les troupes anglaises. Les parachutistes hitlériens sautèrent sur l'île de Crète et s'en emparèrent après des pertes inouïes (les paras ne sont pas faits pour des actions de masse ; on le constatera plus tard à Arnhem). La Méditerranée n'était plus sûre pour la Navy...

Les Allemands, un an après la campagne de France, en mai 1941, paraissaient invincibles. L'Angleterre, sauvée par la mer, restant inviolée dans son île.

Le 22 juin 1941, le Führer déclencha l'opération Barbarossa pour envahir l'URSS. Ceux qui avaient lu *Mein Kampf* savaient qu'il le ferait. Staline fut totalement pris au dépourvu. Le dictateur russe n'avait pas d'état d'âme avec le national-socialisme, auquel son régime (à l'exception du délire raciste) ressemblait beaucoup. Avec Hitler, il avait partagé Pologne et pays baltes. Les trains russes, emplis de blé ou de pétrole, continuaient de rouler vers l'Allemagne en juin 1941. Même un gangster peut être trompé par plus gangster que lui !

L'Armée rouge fut complètement écrasée, laissant à l'ennemi des millions de prisonniers. La campagne de France se répétait. L'immensité seule sauva la Russie, dont Clausewitz a dit qu'elle est « inconquérable ». Cependant, les Panzer fonçaient vers Moscou. Après des jours de silence et de déprime, Staline parla à la radio. Il ne s'agissait plus de communisme ni de camarades ; il demandait à ses chers frères de sauver la Sainte Russie de l'invasion des Teutoniques. Les Allemands furent arrêtés à quelques kilomètres de Moscou par l'hiver russe et la contre-attaque des troupes sibériennes que Staline (sachant que le Japon ne bougerait pas) fit venir d'Extrême-Orient.

Le 7 décembre 1941 se produisit un événement plus surprenant encore : sans déclaration de guerre, le Japon anéantit la flotte américaine rassemblée dans la base de

Pearl Harbor, aux îles Hawaii (à l'exception de trois porte-avions en patrouille). Les avions nippons, ayant décollé avant l'aube du pont de dix porte-avions, envoyèrent les cuirassés américains par le fond.

Les Anglais avaient déjà, en juin, fait alliance avec les Soviets. « Pour vaincre Hitler, je suis prêt à m'allier avec le diable », avait dit Churchill.

Là, ce sont l'Italie et l'Allemagne nazie qui déclarèrent la guerre aux États-Unis. On vit paraître des sous-marins allemands (les fameux *U-Boote*) devant Manhattan.

Sur le pont du principal porte-avions japonais, un cocktail était offert aux valeureux aviateurs par les marins. L'amiral nippon restait silencieux. Un jeune pilote lui demanda pourquoi, après une si brillante victoire, il paraissait soucieux. L'amiral lui répondit : « Nous avons réveillé le dragon et nous ne savons pas quand il se rendormira. »

Cependant, comme Staline, le président Roosevelt avait été pris au dépourvu. Les légendes selon lesquelles il aurait sciemment laissé couler sa flotte sont ridicules. Tout prouve que les États-Unis (même si, dans son for intérieur, Roosevelt souhaitait le contraire) ne voulaient pas la guerre. Le Président avait été réélu sur un programme pacifiste. L'isolationnisme était de tradition ; un sondage récent a souligné l'importance du peuplement allemand. Le puissant lobbying des Américains d'origine allemande, extrêmement nombreux, poussait les Américains à plébisciter la neutralité. La firme IBM fournissait des cartes perforées aux SS, et les grands-pères Bush comme Kennedy faisaient de fructueuses affaires avec l'Allemagne. Mais, pris à la gorge, les Américains, patriotes, ne pouvaient que se défendre. Ils sauront mourir pour l'Amérique.

La flotte américaine anéantie, les plus beaux cuirassés anglais et hollandais envoyés par le fond, la flotte nippone régnait sur les océans Pacifique et Indien. Elle parut devant Ceylan et Bombay. On l'attendit à Madagascar. Si les Japonais avaient débarqué en Californie, qui aurait pu s'y opposer ? Les États-Unis étaient en péril de mort. De fait, la seule nation dont ils aient jamais eu peur est le Japon. Les Japonais n'eurent pas cette audace préférant conquérir le Sud-Est asiatique, Philippines, Malaisie et Indonésie, dont ils chassèrent Américains, Hollandais et Anglais. Ils se présentaient comme des libérateurs, champions de la lutte des peuples de couleur contre les Blancs.

Dès lors que personne n'osait attaquer l'Amérique sur son sol, la prodigieuse puissance industrielle de ce vaste pays, reconvertie en industrie de guerre, devint l'« arsenal des démocraties » et se mit à fabriquer à la chaîne avions, canons, jeeps et *liberty ships.* Roosevelt rétablit la conscription et leva une armée de 10 millions d'hommes. Il lui fallut du temps pour transformer les bons gars du Middle West en soldats et assembler les formidables armements forgés par l'industrie américaine.

Pendant ce temps, les Anglais essuyaient deux terribles défaites au printemps 1942 : en Libye, l'Afrikakorps de Rommel s'emparait de Tobrouk ; et, en Malaisie, l'armée du Mikado enleva la base de Singapour, sans grandes difficultés, faisant 100 000 prisonniers britanniques – ce qui humilia Churchill.

En Russie, profitant du beau temps revenu, les Panzer fonçaient sur la Volga, qu'elles atteignirent à Stalingrad. Ce fut l'apogée des puissances de l'Axe.

Cependant, dans le Pacifique, la flotte américaine reconstituée rétablissait déjà sa prépondérance au cours de la bataille navale des îles Midway (du 3 au 5 juin 1942), mettant fin à une hégémonie navale japonaise de six mois.

Nous avons raconté qu'en novembre 1942, à la suite des débarquements américains, l'Afrique du Nord française avait basculé du côté des Alliés. Le sort des armes semblait encore, à la fin de 1942, favorable à l'Axe. Le général Rommel, le plus brillant des chefs militaires nazis, livrait bataille en octobre, avec son Afrikakorps, à 60 kilomètres d'Alexandrie, menaçant le canal de Suez – axe vital de l'empire britannique – à El-Alamein. Et le général Paulus, en Russie, s'efforçait de s'emparer de la ville de Stalingrad. Paulus passant la Volga, colonne vertébrale de la Russie, l'URSS aurait été menacée dans ses œuvres vives.

Au début de 1943, le sort se renversa. Rommel fut obligé de reculer et la grande armée du maréchal Paulus dut se rendre. La bataille de Stalingrad fut le tournant de la guerre. La suite est connue : campagnes d'Italie et de Russie; débarquements en juin et août 1944 en France; capitulations de l'Allemagne le 8 mai 1945 et du Japon le 15 août de la même année. L'Allemagne nazie, l'Italie fasciste et le Japon impérial avaient capitulé « sans conditions ».

Adolf Hitler se suicida dans son bunker de la Chancellerie de Berlin. Mussolini, tué par les partisans, fut pendu par les pieds dans une boucherie de Milan. Seul le Mikado sauva sa peau et son trône, le proconsul américain MacArthur jugeant qu'on ne pouvait pas se passer de lui.

Cette guerre terrible et justifiée a été gagnée d'abord par le stoïcisme héroïque et flegmatique du peuple anglais des années 1940 et 1941 : les « plus belles heures » dont parle Churchill. Puis, surtout à partir de 1942, par les fantassins russes et les ouvriers américains. L'URSS joua le rôle qu'avait joué la France en 14. Stalingrad, c'est Verdun. Quant aux Américains, sans oublier le courage et le rôle capital de leur armée, par exemple dans la formidable opération aéronavale du débarquement du 6 juin 1944, ils ont surtout gagné la guerre dans leurs usines. L'Allemagne, ex-première puissance industrielle, fut là définitivement surclassée par les États-Unis. Il ne faut pas oublier non plus le rôle des Résistances.

Reste à dresser un constat et à poser deux questions.

Le constat : celui du courage des soldats allemands. L'argument de la contrainte ne tient pas. On ne contraint pas des soldats à être valeureux. L'exemple des Italiens le montre : valeureux contre les Turcs à Lépante, ils furent mauvais en 1942 parce qu'ils n'étaient pas motivés. Au contraire, l'armée allemande fut non seulement bien commandée, mais héroïque. En décembre 1944, la Wehrmacht bousculait encore les Alliés dans les Ardennes. Et tous les soldats russes, américains, anglais et français purent observer l'héroïsme tragique des adolescents de la Hitlerjugend leur tirant dessus au milieu des ruines. Le malaise de l'âme allemande vient du fait qu'il lui est impossible d'assumer et d'honorer l'héroïsme de ses soldats. Les Français ont déposé le « soldat inconnu » sous l'Arc de Triomphe et

Napoléon aux Invalides. Le courage des troupes hitlériennes ne peut qu'être refoulé, tant l'horreur perverse de la cause défendue en rend impossible la célébration. Les soldats allemands sont morts deux fois : à la guerre et dans la mémoire de leurs fils.

La première question est celle de la Shoah. Comment cette horreur indicible fut-elle possible ? Les camps de « concentration » ne sont pas une invention allemande : les Anglais les employèrent contre les Boers, le Goulag est connu. Mais les camps d'« extermination » sont spécifiques de l'hitlérisme. Certes, il n'y passa pas que des juifs. Beaucoup de résistants y moururent, mais les juifs (et les Tsiganes) y subirent un « traitement spécial » : sur 9 millions de victimes, 6 millions sont juives... La plupart des autres périrent de mauvais traitements et de manque de nourriture. Les chambres à gaz n'ont pas été construites pour les déportés « normaux »; elles ont fonctionné pour les « raciaux ».

Les nazis avaient essayé de pratiquer l'extermination des handicapés avant guerre. Ils avaient dû y renoncer sous la pression des Églises. Mais le délire d'Adolf Hitler trouva dans l'état de guerre un paravent commode. Dès janvier 1939, il affirmait dans un discours « qu'une guerre signifierait la destruction physique des juifs ». La décision d'apporter au « problème » juif une « solution finale » fut prise le 20 janvier 1942 lors de la conférence secrète de Wannsee. Les massacres commencèrent immédiatement.

Les Alliés étaient-ils au courant ? Ils ont su par de multiples canaux : réfugiés juifs pour les États-Unis, clergé catholique pour le Vatican. Mais ils n'ont pas voulu y croire : c'était trop horrible... D'ailleurs, c'était pour eux une question secondaire. Roosevelt disait : « Je ne fais pas la guerre des juifs », et Pie XII songeait d'abord à la sécurité des catholiques allemands. Pour les Alliés, la victoire était prioritaire. À l'exception des sionistes de l'Europe de l'Est, les résistants juifs se sont pensés d'abord comme résistants français ; et les GI ashkénazes de Brooklyn, comme soldats américains. De Gaulle, tenu volontairement à l'écart des grandes affaires, a su les persécutions antijuives, mais pas les exterminations. Les dirigeants juifs du Yichouv de Palestine eux-mêmes les ont sous-estimées.

L'Histoire a connu de nombreux massacres, mais jamais de massacre industriel comme l'Holocauste. Loin d'être un détail (c'en fut un du point de vue strictement militaire), les chambres à gaz furent la signature morale de l'horreur nazie. Or la guerre n'est pas seulement de « la politique par d'autres moyens » (*dixit* Clausewitz), c'est aussi de la morale (*dixit* de Gaulle).

La seconde question qu'il faut poser est celle d'Hiroshima. Le 6 août 1945, le président Truman, qui avait succédé par le jeu de la vice-présidence à Roosevelt mort de maladie le 12 avril, fit larguer une bombe atomique sur la ville japonaise d'Hiroshima, suivie d'une autre, trois jours après, sur Nagasaki. (La première explosion expérimentale ayant eu lieu dans le désert du Nevada.) Arme terrifiante mise au point par les physiciens du monde entier, dont Einstein.

Était-ce justifiable ? En faveur de la décision de Truman, on doit constater que, contrairement à l'Allemagne nazie, le Japon impérial était encore puissant et ses combattants si acharnés que les « marines » mirent du temps à savoir les affronter. L'île d'Okinawa n'avait pu être conquise qu'au prix de sanglants combats. L'esprit « samouraï » ou « kamikaze » enflammait les soldats japonais. On pouvait craindre que la conquête de l'archipel japonais ne coûtât la vie à des centaines de milliers de GI. Du point de vue moral, il y a une différence entre les chambres à gaz et la bombe A : la bombe anéantit, mais n'humilie pas...

Quoi qu'il en soit, les bombes atomiques produisirent un effet de terreur, alors que les bombardements « classiques » de Tokyo qui avaient tué autant de gens (100 000) n'avaient pas terrifié les Nippons. L'empereur parla à la radio, pour la première fois. Il dit à son peuple qu'il fallait « accepter l'inacceptable et se résigner à l'inévitable ». Le Japon capitula.

La Grande Guerre mondiale était terminée.

À Hiroshima est morte une certaine idée du Progrès.

À Auschwitz, une certaine foi pacifiste : l'idée, hélas fausse, que tout est préférable à la guerre.

# La guerre froide

La guerre mondiale fut hémiplégique. Elle ne fut pas conduite de la même manière et n'a pas laissé les mêmes souvenirs à l'Est et à l'Ouest. La France a connu des villages brûlés avec leurs habitants (Oradour-sur-Glane), mais en Russie occupée il y en eut plus de mille neuf cents. Par ailleurs, le continent américain a ignoré, contrairement à l'Ancien Monde, les destructions. En 1945, l'Est européen, l'Allemagne, la France, étaient en ruine. Il faut se souvenir de l'état dans lequel le gouvernement provisoire trouva l'Hexagone : plus un pont, les villes de Normandie rasées, l'industrie détruite.

Deux géants furent immédiatement congédiés par leurs peuples : Churchill, battu aux élections par les travaillistes, et de Gaulle, qui démissionna en janvier 1946. S'installa en France la Quatrième République, de 1946 à 1958. Ses gouvernements faibles, en butte à l'opposition communiste et gaulliste, s'embourberont dans les problèmes coloniaux. Ils ont quand même su reconstruire le pays et le moderniser. Une nouvelle génération avait pris les rênes, à gauche et à droite : celle de la Résistance.

Le temps des conférences à quatre, Occidentaux-URSS (Téhéran, Yalta, Potsdam), était terminée.

L'organisation des Nations unies, cependant, ne connaîtra pas le sort de la SDN : personne ne voudra la quitter. Par ailleurs, elle comprend un Conseil de sécurité dont les États-Unis, la Chine, la Grande-Bretagne, l'URSS et la France font obligatoirement partie (succès involontaire de De Gaulle). Le Général, après avoir essayé de revenir au pouvoir par les élections (le RPF), entama sa « traversée du désert » dans sa maison de Colombey, en Haute-Marne.

Dès la fin de la guerre, les Américains ont été pressés de rentrer chez eux. *Bring the boys home.* L'Armée rouge occupait l'Allemagne de l'Est, la Pologne, l'Europe centrale et les Balkans, à l'exception de la Grèce où la terrible guerre civile monarcho-communiste dura jusqu'en 1948. En 1947, les États-Unis inventèrent le plan Marshall, qui aida l'Europe occidentale à redémarrer.

Staline, lui, n'avait aucune envie de se retirer des pays qu'il occupait. Il n'avait pas de raison d'avoir quelque indulgence pour ces Baltes, Bulgares, Roumains ou Hongrois qui avaient combattu sous la croix gammée. La Pologne, elle, fut du côté des Alliés, mais Staline (qui avait laissé écraser par la Wehrmacht Varsovie insurgée) voulait y installer un gouvernement à sa main.

Churchill, toujours prophète, dénonçait le « rideau de fer » (l'expression est de lui) qui tombait sur l'Europe.

En février 1948, ce fut le coup de Prague. Le 10 mars, Jan Masaryk, ministre des Affaires étrangères, se jeta par la fenêtre pour marquer son refus de la tutelle soviétique (on l'a peut-être poussé). Tous les pays de l'Europe de l'Est devinrent des « satellites » ou « démocraties populaires », à l'exception de la Yougoslavie. Tito voulait rester communiste, mais indépendant. Staline hésita devant sa résolution ; de plus, il n'avait pas de troupes en Yougoslavie – les partisans ayant chassé les Allemands seuls, profitant de la défaite nazie. La Yougoslavie « titiste » demeura donc ouverte à l'Occident.

Berlin gênait davantage Staline, les accords de 1945 y ayant laissé des troupes occidentales. Cet îlot faisait tache. Staline en ordonna le blocus terrestre. Truman répliqua par un pont aérien massif : pendant un an, des centaines de bombardiers lourds apportèrent à Berlin le ravitaillement indispensable. Les Soviétiques n'osèrent pas tirer sur les Américains.

C'est là le principe même de la « guerre froide » : jamais Américains et Russes ne s'y affrontèrent directement, l'URSS ayant alors en sa possession la bombe atomique. On peut penser du mal de la bombe A, mais sa présence a évité le pire ! Deux pactes militaires antagonistes étaient nés : l'OTAN, qui rassemblait les Occidentaux (et qui existe toujours), et le Pacte de Varsovie (1955), qui regroupait les satellites de l'URSS.

Avec la bombe atomique, États-Unis et URSS ne pouvaient plus se faire la guerre en face sans destruction mutuelle. On tend à l'oublier, mais les guerres ne sont jamais déclenchées par des gens qui pensent qu'ils en mourront ; même Hitler croyait gagner facilement.

Staline se souvint alors que l'idéologie communiste existait. Il en utilisa la foi. Précisément, Mao Tsé-toung et le PC venaient de s'emparer du pouvoir en Chine, Tchang Kaï-chek et le Kuo-min-tang s'étant enfuis à Taiwan, actuellement toujours séparée de la Chine.

Commença alors la guerre de Corée. À l'armistice, la Corée avait été partagée en deux États : celui, communiste, du Nord et celui, pro-américain, du Sud. Les

Coréens du Nord envahirent le Sud le 25 juin 1950. Les Américains envoyèrent des troupes sous le drapeau de l'ONU et le commandement de MacArthur (il y eut un contingent français). Ils furent balayés. MacArthur effectua un débarquement aéronaval sur les arrières, à Séoul, et ce fut au tour des Nord-Coréens de reculer. L'armée chinoise intervint. Arrivé à la frontière de la Chine, MacArthur voulut « nuker » la Chine, c'est-à-dire lui envoyer la bombe atomique.

Par bonheur pour la paix mondiale, Eisenhower (l'organisateur du débarquement de Normandie) venait d'être élu président des États-Unis (1952). Ike ne voulait pas d'une guerre atomique : il limogea donc le glorieux vainqueur du Pacifique. En Amérique, le pouvoir civil commande. Le front finit par se stabiliser à la frontière des deux Corées, qui aujourd'hui se regardent toujours en chiens de faïence.

Ce premier conflit local de la guerre froide fut très violent. Jamais un GI n'y rencontra un soldat russe, mais l'Amérique fut quand même aux prises avec la Chine communiste – ce qui n'est pas rien. Les Américains eurent 34 000 morts, les Nord-Coréens et les Chinois des centaines de milliers. L'armée américaine était encore celle de la Seconde Guerre mondiale et le Japon, directement menacé, représentait pour les États-Unis un enjeu capital.

Sur ces entrefaites, Joseph Staline mourut, à soixante-quatorze ans, d'une congestion cérébrale. Ses successeurs (Malenkov, Boulganine) se montrèrent plus prudents.

La guerre froide devint concurrence. Le 4 octobre 1957, l'URSS envoya dans l'espace le Spoutnik. Les Américains en furent stupéfaits et inquiets. Le Spoutnik signifiait aussi que les Soviets pouvaient potentiellement frapper les États-Unis chez eux. Dès son élection en 1960, le président Kennedy releva le défi et les Américains débarquèrent sur la Lune en 1969. L'URSS s'étant écroulée depuis, le moteur de la conquête spatiale tourne moins vite. Si la guerre froide avait continué, les Américains seraient déjà sur Mars !

Cependant, les pays de l'Est s'agitaient. Le communisme leur avait été imposé par l'Armée rouge. Malgré – ou à cause de – la « déstalinisation » entreprise par Khrouchtchev (c'est quand elle devient « libérale » qu'une dictature est contestée), Budapest se révolta en octobre 1956. Les chars soviétiques écrasèrent l'insurrection. Le bilan de la répression fut effarant : des milliers de morts. En vertu du pacte tacite de la guerre froide, les Américains ne levèrent pas le petit doigt.

L'année 1958 marqua des changements. En France, la Quatrième République s'étant montrée incapable de régler le problème algérien, de Gaulle fut appelé au pouvoir par l'Assemblée. Il fonda la Cinquième République, qui réussit à concilier, un temps, un exécutif fort avec la démocratie française. De Gaulle, évidemment non communiste, n'avait pas peur des rouges, qu'il avait côtoyés et jaugés pendant la Résistance. Il voulait que la France ait une politique indépendante. Pour cela, il lui fallait utiliser l'URSS comme contrepoids aux États-Unis. Aux États-Unis, un président démocrate fut élu en 1960 : John Fitzgerald Kennedy (le premier président catholique), partisan de la « détente » avec la Russie.

En Chine, Mao Tsé-toung, révolté par l'attitude russe pendant la guerre de Corée, voulait la même chose. De Gaulle reconnut le régime chinois, au grand scandale des bien-pensants. La guerre froide perdit de son ressort, chaque camp ayant désormais sa dissidence : l'Amérique, la France gaulliste qui se dota d'un armement nucléaire, et l'URSS, la Chine maoïste qui en fit autant. Bientôt exista une sorte d'alliance de revers américano-chinoise, tacite mais intéressante. Les affrontements de Corée étaient oubliés en vertu du principe : « Les ennemis de mes ennemis sont mes amis. »

La guerre froide connut cependant un dernier orage : la crise de Cuba. Paradoxalement, l'île révoltée contre un caudillo corrompu et cruel, Batista, était devenue communiste. Le leader de la révolte, élève des jésuites, n'était pas communiste. Mais la bêtise obstinée de la domination américaine le poussa bientôt à le devenir, recherchant pour cela la protection russe. De mauvais gré, les Américains l'acceptèrent parce que les États-Unis possédaient sur l'île la grande base de Guantanamo (concédée par bail en 1898), que Fidel Castro se garda bien de réclamer.

Gagné par la démesure, Castro, qui soutenait assez mollement les guérillas d'Amérique latine – où s'illustrait son ami argentin « Che » (= « Argentin ») Guevara –, commit l'imprudence de laisser les Russes installer des fusées à Cuba.

L'irresponsabilité de Khrouchtchev était encore plus grande. Comment put-il imaginer que les États-Unis laisseraient faire ? La CIA, alors assez compétente, apprit vite la présence de ces missiles à 100 kilomètres des côtes américaines. On en fit passer des photos à de Gaulle. Celui-ci luttait contre l'hégémonie des États-Unis, mais n'oubliait pas qu'il restait leur allié. Il soutint totalement le président Kennedy. Lequel menaça de couler les bateaux russes approchant de Cuba. Khrouchtchev céda et remballa ses fusées (août 1962).

Le monde avait eu chaud ! L'expression « au bord du gouffre » n'est pas exagérée. Les témoins l'ont souligné, dont le secrétaire d'État américain MacNamara.

Le danger de la dissuasion nucléaire est là. Certes, elle a évité plusieurs guerres entre la Russie et l'Amérique, mais elle repose sur le bluff : pour marcher, la dissuasion doit être crédible, la sécurité maximale reposant sur l'intimidation maximale. Ce qui fit écrire à Raymond Aron à propos de la guerre froide : « Paix impossible, guerre improbable. » La dissuasion demande au dirigeant suprême dont dépend la décision (un seul doit en effet « appuyer sur le bouton » : le président de la République française est ainsi toujours accompagné de sa mallette atomique) un sang-froid total.

On peut remercier Kennedy d'en avoir fait preuve. John Fitzgerald Kennedy fut d'ailleurs assassiné l'année suivante à Dallas (23 novembre 1963) pour des raisons mal élucidées qui n'ont probablement aucun rapport avec cette histoire.

Après cette crise, la guerre froide amena les deux partenaires à livrer des guerres absurdes et à commettre des erreurs inversement symétriques au Vietnam et en Afghanistan.

En Indochine, après le départ des Français (1954-1955), le Vietnam avait été partagé en deux : au nord, un État communiste, présidé par Hô Chi Minh ; au sud, un État pro-américain, présidé par le catholique Diem. Très vite, les communistes du Nord envahirent le Sud, mais sans refaire la faute des Nord-Coréens : leur invasion prit la forme d'infiltrations clandestines et d'encadrement des guérillas communistes du Sud-Vietnam.

Les États-Unis envoyèrent sur place de nombreux conseillers militaires. Le président Johnson, successeur de Kennedy, passa à la guerre ouverte. Le corps expéditionnaire américain atteignit les 500 000 GI. Johnson fit bombarder le Nord. Au Sud, de véritables batailles rangées opposèrent Américains, leurs partisans vietnamiens et les troupes régulières communistes.

Les Américains firent moins bien que les Français, dont l'armée (trois fois moins nombreuse) occupait, du temps de leur guerre, le Vietnam entier. Il est vrai que les Français connaissaient le pays depuis longtemps. Les Américains, eux, en ignoraient tout. Malgré d'immenses moyens – hélicoptères par centaines (voir le film *Apocalypse Now*), bombardiers lourds, artillerie –, l'armée américaine s'enlisa dans la jungle, la population lui devenant de plus en plus hostile.

Un jour de nouvel an vietnamien (fête du Tet), les réguliers communistes occupèrent Saigon et Huê, d'où il fut difficile de les déloger.

À l'époque, la presse faisait ce qu'elle voulait. Sur leurs postes de télévision, les familles, restées au pays, pouvaient voir en direct combats, tués et blessés. L'opinion comprenait mal ce que les *boys* (c'était encore le temps de la conscription) faisaient dans ce pays inconnu. Elle exigea le retrait du corps expéditionnaire. Le président Nixon y consentit. En avril 1975, l'évacuation des troupes américaines ressembla à une véritable débâcle (vingt ans plus tôt, les Français étaient partis lentement, par échelons). Malgré leur courage, ce ne sont pas les Viets qui ont battu les Américains; c'est l'opinion américaine qui s'est imposée à son gouvernement. La résistance vietnamienne avait rendu la guerre tellement impopulaire que le président ne pouvait continuer à la faire. Nous avons souvent noté l'importance du soutien de l'opinion. Le mouvement antiguerre du Vietnam fut puissant et multiforme. Quelque 50 000 GI avaient été tués, et les Viets avaient perdu 730 000 combattants.

Les Américains gardèrent longtemps de cette guerre du Vietnam un immense traumatisme : c'était le premier échec de l'armée américaine. Le Vietnam s'unifia alors sous un régime communiste. Aujourd'hui, les vétérans américains y font du tourisme nostalgique.

En Afghanistan, les Russes commirent exactement la même erreur, leur excuse étant que l'Afghanistan longe la frontière de l'URSS, la séparant de l'océan Indien.

L'Union soviétique envahit l'Afghanistan pour soutenir un gouvernement communiste à Kaboul. Mais, tels les Américains au Vietnam, les Russes furent perçus par la population comme une armée d'occupation. Les montagnes de l'Indoukouch remplaçaient la jungle. Les Afghans sont des guerriers, qu'ils soient pachtouns ou tadjiks. Le chef du Nord, le commandant Massoud, se fit un nom. Les diverses tribus étaient unifiées par l'islam.

Les communistes russes et chinois avaient soutenu les Nord-Vietnamiens ; la CIA soutint les musulmans, les forma, les arma contre les Soviétiques. L'armée russe (comme l'américaine au Vietnam) était une armée de conscription. L'opinion russe refusa de plus en plus nettement la guerre que ses dirigeants menaient en Afghanistan. On nous objectera : on comprend l'importance que revêt l'opinion aux États-Unis, pays démocratique; mais quel rôle peut-elle jouer dans une dictature telle que l'URSS? Nous répondrons à nouveau : tout pouvoir, même dictatorial, repose sur l'adhésion de l'opinion (à la seule exception de gouvernements fantoches soutenus par une armée d'occupation étrangère, comme ce fut le cas de Vichy avec les nazis et des « démocraties populaires » avec l'Armée rouge).

Aucune dictature russe (ni les tsars ni les Soviets) n'a pu faire taire, en Russie, les grand-mères. Les babouchkas sont sacrées. Elles détestèrent voir leurs petits-enfants revenir dans des sacs à cadavres. Le nouveau secrétaire général, Gorbatchev, ordonna l'évacuation de l'Afghanistan en 1988. Les Russes avaient eu 20 000 morts, les Afghans déplorèrent un million de victimes.

Ces deux guerres inverses, l'américaine anticommuniste et la russe procommuniste, furent les derniers sursauts de la guerre froide. Elles sont absolument comparables. Elles ont duré le même temps. Elles ont causé chez les envahisseurs comme chez les envahis le même nombre de morts. Elles se sont heurtées aux patriotismes locaux soutenus, les Vietnamiens par l'URSS, les Afghans par les États-Unis. Les Américains comme les Russes étaient absolument étrangers dans ces pays inconnus d'eux. Les Américains haïssent les jungles tropicales et les Russes, gens de la plaine, haïssent les montagnes. Les deux guerres ont été perdues non pas tant à cause de la valeur des ennemis, mais par suite de la farouche opposition à leur déroulement des opinions américaine et russe. Elles ont tourné au cauchemar pour les gouvernements envahisseurs et se terminées en quasi-débandades.

Il y a cependant entre elles une différence capitale. Les États-Unis ont été secoués par la guerre du Vietnam, mais non brisés. La société américaine se montra assez forte pour encaisser le coup et continuer à vivre. En revanche, l'URSS a été détruite par la guerre d'Afghanistan. Le régime n'y survécut pas. Ce ne fut pas la seule cause de son effondrement, nous le verrons, mais c'en fut la cause finale.

# La décolonisation.
# La guerre d'Algérie

En 1945, les grands empires coloniaux européens tiennent encore la moitié de la planète. Ils ont joué, nous l'avons dit, un rôle important en appui de leur métropole : l'armée d'Afrique au profit de la France, l'armée des Indes à celui de la Grande-Bretagne (le Mahatma Gandhi ayant eu la sagesse de préférer, contrairement à certains militants hindouistes, l'Angleterre à l'Allemagne nazie). Mais, pour obtenir l'appui de leurs sujets, les métropoles avaient été contraintes de faire des concessions (le discours de De Gaulle à Brazzaville). D'autre part, les deux principaux vainqueurs se disaient l'un et l'autre (Amérique et Russie) « anticolonialistes ».

De fait, les États-Unis obligèrent l'armée hollandaise, revenue occuper victorieusement l'immense archipel d'Indonésie, à l'évacuer. En 1949, l'Indonésie devint indépendante sous la direction d'un leader intronisé par les Japonais du temps de leur présence à Java : Sukarno.

En 1945, de Gaulle avait fait réoccuper l'Indochine (d'où se repliaient les troupes japonaises) par le général Leclerc. Lequel comprit vite que la seule solution, si loin de la France, était une indépendance négociée. Il rencontra le leader communiste Hô Chi Minh. Mais, de Gaulle ayant démissionné en janvier 1946, la Quatrième République fit échouer les négociations (Fontainebleau) et s'engagea dans une guerre sans issue : la guerre d'Indochine.

Aux Indes, le gouvernement travailliste anglais accepta ce qu'il ne pouvait éviter : l'indépendance. Il y envoya Lord Mountbatten comme dernier vice-roi. Gandhi, devenu vieux, se retirant dans son rôle de guide spirituel, le chef du parti du Congrès, le Pandit Nehru, fut son interlocuteur. Très anglicisé, ayant fréquenté les universités britanniques, Nehru avait aussi beaucoup d'autorité. (Pour la petite histoire, Nehru et Lady Mountbatten ne se déplurent point.) L'indépendance se négocia facilement.

Les Anglais ne furent pas partout aussi *cool*. Ils firent la guerre (inutilement) pour garder la Malaisie et (plus efficacement) contre les Mau Mau du Kenya.

Le 15 août 1947, Nehru pouvait s'écrier : « Alors que le monde s'est endormi, l'Inde enfin s'éveille à la vie et à la liberté ! » Mais les musulmans ne voulurent pas cohabiter avec les hindouistes. La haine entre musulmans et hindouistes remonte à la conquête turco-mongole et n'est pas éteinte aujourd'hui.

Les musulmans, majoritaires dans la vallée de l'Indus et le delta du Gange, proclamèrent l'indépendance du Pakistan sous la direction de Jinnah. La partition fut dramatique. De nombreux hindouistes résidant encore sur l'Indus et de nombreux musulmans aux Indes, elle donna lieu à des échanges brutaux de populations (20 millions de personnes ont changé de domicile), accompagnés de terrifiants massacres. Le 30 janvier

1948, la grande figure indienne, Gandhi, fut assassinée par un fanatique hindouiste. Les deux bouts du Pakistan ne restèrent d'ailleurs pas longtemps unis, séparés qu'ils étaient par l'immensité continentale de l'Inde : le Pakistan oriental divorça du Pakistan occidental, et prit le nom de Bangladesh. Ceylan (Sri Lanka) préféra aussi l'indépendance, comme la Birmanie. L'ancien empire des Indes éclatait en quatre morceaux.

Le Pakistan et l'Inde, aujourd'hui puissances atomiques, s'affrontent depuis cinquante ans à propos du Cachemire, partagé, où ils se font une guerre endémique. Ils n'ont pas craint la guerre ouverte à deux reprises (1964, 1970). En 1962, l'Inde combattit aussi la Chine de Mao. Si le Pakistan est une dictature, l'Inde, en dépit de tensions, a réussi à rester « la plus grande démocratie du monde », mais les disparités entre le Dekkan – tamoul et moderne – et la vallée du Gange s'accentuent. Quant au Sri Lanka, il fut, et reste, déchiré par une guerre fratricide, non plus cette fois entre hindouistes et musulmans, mais entre hindouistes (Tamouls) et bouddhistes, l'île étant le seul pays du sous-continent dans lequel le bouddhisme soit majoritaire (avec la Birmanie).

En Indochine, la Chine communiste étant aux portes, la guerre devint défavorable aux Français, qui avaient là-bas seulement des militaires professionnels (100 000 hommes du Tonkin à la Cochinchine, à comparer aux 500 000 GI de la guerre du Vietnam). Beaucoup de ces éléments venaient d'Algérie, du Maroc ou d'Afrique noire. Le commandement français voulut forcer les « Viets » au combat sous le feu d'une forteresse du haut Tonkin : Diên Biên Phu. Ce n'était pas idiot, car il croyait que Giap (le général vietminh) n'avait pas d'artillerie. Mais Giap fit venir des canons au prix d'efforts inouïs, et le camp retranché fut obligé de capituler le 7 mai 1954. Cette défaite marqua la fin de la guerre française d'Indochine (à laquelle succéda la guerre américaine du Vietnam). Ce fut aussi le début des troubles en Algérie. Il y a un lien entre les événements du 7 mai (Diên Biên Phu) et ceux du 1<sup>er</sup> novembre 1954 en Algérie (début de l'insurrection antifrançaise) : la défaite ébranla la confiance.

Plus encore, les acteurs d'Algérie furent souvent des anciens d'Indochine. Du côté français, les officiers qui commandèrent en Algérie avaient appris ce qu'ils appelaient la « guerre révolutionnaire » au Tonkin. Ils ne voulaient plus, en aucun cas, « amener le drapeau ». Du côté de l'insurrection algérienne, beaucoup de chefs avaient appris la même « guerre révolutionnaire », mais retournée, comme sous-officiers de l'armée française. Son chef, Ben Bella, s'était quant à lui couvert de gloire en Italie.

Le 1er novembre 1954 éclata la guerre d'Algérie.

La Quatrième République put négocier sans drame l'indépendance de la Tunisie (Mendès France, Bourguiba) et celle du Maroc (Edgar Faure, le sultan Ben Youssef) en 1955. Protectorats, Tunisie et Maroc, n'étaient que des colonies de cadres.

Elle ne se résolut pas à le faire en Algérie, colonie de peuplement où résidaient depuis longtemps un million d'Européens, super-français (quoique souvent d'origine étrangère) – les « pieds-noirs » –, et neuf millions d'indigènes musulmans, considérés comme des citoyens de second rang. Les Européens n'étaient disposés à aucune concession envers les musulmans, et les chefs militaires (revenus d'Indochine) à aucun compromis. La population métropolitaine les soutenait. Les « pouvoirs spéciaux » pour l'Algérie furent votés à l'Assemblée (y compris par les communistes) et le gouvernement osa (ce qu'il s'était refusé de faire en Indochine) envoyer le contingent. Plus de deux millions de jeunes Français séjournèrent donc outre-Méditerranée. « Rappelés » ou « maintenus », la durée du service militaire, comme aujourd'hui en Israël, dépassa trente-deux mois.

L'armée française compta bientôt 500 000 hommes sur place, dont ses meilleurs régiments (parachutistes, Légion, etc.). À chaque fois que le gouvernement voulut améliorer le statut des indigènes, les pieds-noirs, qui animaient à Paris d'influents lobbies, le firent tomber : émeutes à Alger, votes hostiles au Parlement. Ainsi chuta Guy Mollet, brave homme sans envergure, socialiste patriote mais faible, le 21 mai 1957.

La navrante expédition de Suez le dépeint tout entier.

L'Égypte s'était complètement libérée de la tutelle britannique avec la chute de la royauté et l'arrivée au pouvoir de Nasser, nationaliste, socialiste, arabe. Or, à la suite de la nationalisation du canal de Suez, le 26 juillet 1956, Guy Mollet avait montré ses muscles en organisant la reconquête du canal (conjointement avec les Anglais). Militairement, en octobre, ce fut un succès. Mais les pères sévères, Russes et Américains, tapant du poing sur la table, Guy Mollet (à la suite du Premier ministre anglais Anthony Eden) prit peur et rembarqua ses troupes de manière précipitée.

Il ne fallait certainement pas lancer les paras français sur Port-Saïd, mais, une fois les armes dégainées, il était ridicule de s'en aller si vite. Rien n'est pire qu'une démonstration de force impuissante. Cette péripétie sanglante conforta les officiers français dans leur intransigeance.

On pourrait comparer les guerres impériales du Vietnam, d'Afghanistan et d'Algérie : elles durèrent chacune sept ou huit ans, entraînèrent le même nombre de morts (quelques dizaines de milliers de soldats européens et quelques centaines de milliers d'indigènes), et se terminèrent par une débâcle.

Mais la guerre d'Algérie fut absolument différente des deux autres : les Français étaient en Algérie depuis cent trente ans; la guerre d'Algérie fut une guerre de sécession, le Sud se séparant du Nord; ce fut surtout, aspect méconnu, une guerre civile. Elle n'opposa pas seulement l'armée à l'insurrection FLN, ni les Européens aux musulmans. Elle divisa les partis et les familles. On trouvait des « pieds-noirs » libéraux, et beaucoup d'indigènes pro-français.

Après plus d'un siècle de présence, les liens étaient inégaux mais nombreux : travailleurs immigrés en France, fonctionnaires métropolitains en Algérie, Algériens francisés. Car de nombreux Algériens musulmans furent d'actifs partisans de l'Algérie française. On cite les « harkis », mais ceux-ci n'étaient que des miliciens supplétifs ruraux, issus de régions archaïques (d'où les difficultés qu'ils rencontrèrent en métropole). Il y avait bien davantage de fonctionnaires, instituteurs, militaires et officiers indigènes « Algérie française ».

Cet aspect « guerre civile » explique, sans les excuser, les excès commis des deux côtés.

La torture fut pratiquée par les officiers de renseignement et les égorgements par les fellaghas, les deux adversaires voulant rallier (l'« action psychologique ») ou terroriser la population. Camouflés sous un discours plutôt laïc, emprunté aux Français, les gens du FLN utilisèrent aussi (ce qui n'est guère rappelé) le fanatisme religieux (musulman en l'occurrence). La France était vraiment « chez elle » en Algérie (contrairement à l'Amérique au Vietnam, à la Russie en Afghanistan), mais le FLN aussi. La lutte ne pouvait être que sauvage ! Elle coûta la vie à 30 000 soldats français et à 200 000 Algériens (et non pas « un million », chiffre mythique).

L'armée écrasa l'insurrection, militairement parlant. Elle reprit le contrôle des villes (bataille d'Alger en 1957), des frontières (les barrages électrifiés de la ligne Morice) et des djebels (les opérations « Jumelles » du général Challe).

Ce fut le grand mérite du général de Gaulle (sa « trahison », proclamaient les ultras) de comprendre que cela ne suffisait pas. L'Algérie de 1958 ne pouvait plus être assimilée comme la Savoie l'avait été (peut-être eût-ce été possible après la guerre de 14 ?).

Mais, comme le peuple métropolitain était massivement « Algérie française » (le nombre de déserteurs fut infime), le Général dut faire preuve de pédagogie avant de dévoiler le fond de sa pensée, ce qu'il fit en septembre 1959 avec son discours sur l'« autodétermination ». De Gaulle voulait aussi retirer l'armée française de cette guerre archaïque pour la transformer en une armée moderne, dotée d'une force de dissuasion nucléaire. La bombe A française fut d'ailleurs expérimentée au Sahara.

En 1960, le Général accorda l'indépendance à toutes les colonies d'Afrique noire : Sénégal, Mali, Guinée, Togo, Dahomey, Côte-d'Ivoire, Cameroun, Gabon, Congo, Centrafrique, Tchad, Madagascar. Certains territoires voulurent obstinément rester français : ce furent les départements et territoires d'outre-mer.

La France est aujourd'hui, avec les États-Unis (Porto Rico, Hawaii), la seule puissance à conserver des possessions coloniales (l'Angleterre a tout évacué, à l'exception de Gibraltar et des Malouines). On l'accusa de néo-colonialisme. On compta dans les années 1960 plus de 100 000 « coopérants français ». Aujourd'hui, ils sont 2 000 ! Ces États soutinrent la France (et la langue française, l'ONU), et la France y garde des intérêts et des bases militaires (Dakar, Libreville, Abidjan, Ndjamena, Djibouti).

En 1960, le signal était quand même éclatant. Les « ultras » ne s'y trompèrent pas qui tentèrent de réitérer leur tactique habituelle de pression : l'émeute. De Gaulle n'était pas Guy Mollet. Les journées de barricades de l'année 1960 ne le firent pas plier. Voyant cela, pour la première fois dans l'histoire de France, une partie de l'armée, avec les généraux Challe, Salan, Jouhaud et Zeller, entra en rébellion.

À Paris, jusqu'à l'Élysée, on trembla. C'est alors qu'apparut à la télévision le vieux chef et qu'on put entendre l'un de ses plus fameux discours :

« Un pouvoir insurrectionnel s'est établi en Algérie par un pronunciamiento militaire... Ce pouvoir a une apparence : un quarteron de généraux en retraite. Il a une réalité : un groupe d'officiers partisans, ambitieux et fanatiques, au savoir-faire expéditif et limité... J'interdis à qui que ce soit de déférer à aucun de leurs ordres... »

Voilà comment pouvait parler à « son cher et vieux pays » le chef charismatique!

Évidemment, les appelés qui entendirent le discours sur leurs transistors firent grève. Les généraux factieux, sans troupe désormais, se rendirent (Challe) ou se lancèrent dans la folie terroriste de l'OAS (Salan). En juillet 1962, après des accords négociés à Évian, l'Algérie accéda à l'indépendance.

Ce fut une grande tragédie. De Gaulle avait espéré que les « Européens » pourraient rester dans le pays de leur enfance et contribuer au développement de l'Algérie. Le fanatisme des gens de l'OAS et aussi, il faut le dire, la courte vue des dirigeants du FLN ne le permirent pas (la grandeur d'un Nelson Mandela fut d'avoir réussi à conserver les Afrikaners en Afrique du Sud). Un million de pieds-noirs s'enfuirent vers cette métropole qu'ils n'avaient jamais vue pour la plupart, mais où ils s'insérèrent remarquablement. La France y a gagné, mais l'Algérie y a perdu.

Ce fut une amputation. Était-elle évitable? Aucun autre dirigeant que de Gaulle n'aurait pu résister à une insurrection militaire. Les travailleurs algériens continuèrent d'émigrer en France.

L'indépendance de l'Algérie marqua la véritable fin de l'ère coloniale.

Au Congo belge (devenu Zaïre, puis redevenu Congo), les Belges partirent avec précipitation. Comme ils n'avaient formé aucun cadre africain, ils laissèrent derrière eux le chaos.

Les Portugais, jusqu'à la chute de Caetano en 1975, seront les derniers à se battre pour conserver leurs colonies africaines de Guinée-Bissau, d'Angola et de Mozambique.

En Afrique du Sud, pays dans lequel existait, avec le peuplement hollandais, une espèce d'« Algérie française » du Cap, la sagesse des parties, le génie de Mandela et peut-être l'appartenance commune des adversaires à la même religion aboutirent à un compromis, qui mit fin à l'apartheid en 1991. Mandela devint président en 1994. La décolonisation semblait achevée.

Dix ans plus tard, l'Afrique Noire est menacée par l'anarchie. Les États, issus de circonscriptions coloniales, y sont artificiels. L'exode de ses cerveaux, le sida, les guerres civiles ravagent le sous-continent. La communauté internationale s'en lave les mains comme au Rwanda en 1994 (malgré une intervention française symbolique) au risque d'être accusée de complicité de génocide ; ou bien elle s'interpose militairement, comme en 2004 où la France est intervenue en Côte d'Ivoire, au risque d'être soupçonnée de néo-colonialisme.

En Afrique, plus qu'ailleurs, beaucoup de peuples n'ont pas encore digéré la modernité.

# Israël et les Palestiniens

Le conflit israélo-palestinien n'est pas un western, c'est une tragédie. Dans un western, il y a les bons et les méchants ; dans une tragédie, tout le monde a raison (ou tort).

Le judaïsme antique avait deux faces : une religion traditionnelle où les prêtres faisaient des sacrifices d'animaux dans un temple ; une religion d'assemblée où les croyants se réunissaient dans des synagogues pour écouter et méditer les Écritures.

En l'an 70 de notre ère, le futur empereur Titus avait écrasé une insurrection juive en détruisant le temple de Jérusalem.

En l'an 135, l'empereur Hadrien dispersa les juifs, à la suite d'une nouvelle insurrection.

Le judaïsme devint alors une religion dispersée – la diaspora –, sans Temple, gardant seulement la nostalgie de la Palestine (« l'an prochain à Jérusalem »). Ce que nous voyons au journal télévisé, ce sont les soubassements du Temple détruit, le mur des Lamentations ; et les mosquées qui furent construites sur son esplanade, le dôme d'Omar et El-Aqsa. Les juifs restés en Palestine sont devenus chrétiens, puis musulmans (à l'exception d'une petite communauté autorisée à revenir en 394). Ceux de la diaspora se sont établis un peu partout dans le monde autour des synagogues qui s'y trouvaient déjà (voir les épîtres de Paul).

Il y eut beaucoup de conversions au judaïsme, depuis les tribus berbères du Maghreb (le directeur du *Nouvel Observateur*, Jean Daniel, est un indigène maghrébin) jusqu'aux castes dirigeantes du royaume turc des Khazars. Il y aura même un État juif sur la Volga. On ne saurait déduire de leurs faciès la religion de Smaïn, de Djamel Debouzze ou d'Enrico Macias, et le Kabyle Zinedine Zidane est physiquement plus « européen » que Gérard Darmon. D'où la difficulté d'expliquer que Sharon, de type slave, est plus sémite qu'Arafat, lequel correspond trait pour trait à la caricature du juif Süss...

Au XIXe siècle, les juifs étaient nombreux dans l'empire ottoman et dans celui des tsars. Chez les Turcs, ils n'étaient pas inquiétés, alors que chez les Russes sévissaient les « pogroms ». La populace brûlait les maisons des juifs sans que la police tsariste intervînt.

À cette époque, un intellectuel juif viennois, Theodor Herzl, pensa que ce scandale ne pouvait plus durer. Comme les États-nations étaient alors à la mode, il eut l'idée d'en créer un pour servir de refuge aux persécutés israélites. En 1896, il publia son livre *L'État juif*. L'affaire Dreyfus, qui le fit désespérer un moment de la République française, ne fut pas étrangère à son projet. Le « sionisme » était né (Sion, l'un des noms bibliques de Jérusalem). Herzl aurait bien accepté pour refuge l'Ouganda, mais en définitive, comme tous les textes de la Bible parlent de la Palestine, le congrès sioniste décida de créer le refuge dans le pays d'origine du judaïsme. Rien que de logique...

Le malheur fut que ce pays était, depuis presque deux millénaires, occupé par d'ex-juifs et des Arabes musulmans (ou chrétiens). On y trouvait quelques communautés ferventes à Safed, à Jérusalem, à Hébron, mais elles étaient minuscules.

Les sionistes refoulèrent cet aspect déplaisant de la réalité. Herzl alla négocier avec le sultan et, quand on lui allégua la présence d'Arabes en Palestine, il avança l'argument du caractère nomade (bédouin) et non sédentaire de ces derniers. Ce qui est faux, beaucoup d'Arabes palestiniens étant agriculteurs. Les premiers colons sionistes, encouragés par les Rothschild, achetèrent des terres pour transformer les commerçants et les tailleurs de la diaspora en paysans semblables à ceux de la Bible.

En 1918, l'empire turc disparut. Les Anglais avaient à la fois promis l'« indépendance » aux Arabes et un « foyer » aux sionistes – Lawrence et Balfour!

Le mouvement sioniste prit de l'ampleur à la suite de la révolution soviétique et de l'indépendance de la Pologne. L'émigration vers la Palestine fut valorisée (c'est une « aliyah », une montée). L'élite dirigeante israélienne est issue de l'Est européen (juifs de Lituanie ou de Pologne). Les disputes, puis les heurts, se multiplièrent entre les communautés rurales juives (les fameux kibboutz) et les agriculteurs arabes. La ville de Tel-Aviv absorba rapidement Jaffa. On comptait 200 000 juifs en Palestine en 1925, 400 000 en 1935 et 700 000 à la veille de la guerre mondiale, la Palestine étant sous protectorat anglais.

Pendant la guerre, les juifs de Palestine jouèrent le jeu de l'Angleterre. Ils formèrent des unités israélites, alors que le mufti de Jérusalem (par antisémitisme) fut pro-allemand. En 1945, les puissances victorieuses prirent brutalement conscience de la Shoah et furent saisies de remords tardifs. L'Holocauste légitimait la pensée de Herzl aux yeux des nations. Sans le choc frontal de la destruction des juifs d'Europe par les nazis, jamais l'URSS, la Grande-Bretagne et les États-Unis n'auraient joué cette carte.

L'ONU accepta en 1948 la création d'un État juif en Palestine. Les juifs de Palestine (le Yichouv) n'attendaient que cela. Les États arabes émancipés au même moment – Syrie, Jordanie, Irak, Égypte (les Anglais y restant très présents jusqu'à Nasser) – ne l'admirent pas. Leurs armées envahirent le nouvel Israël. N'ayant jamais combattu, les armées arabes n'étaient pas aguerries. Les Anglais s'étaient méfiés du progermanisme des Arabes et, contrairement aux Français, ne les avaient pas employés contre Rommel. La Haganah, devenue Tsahal, était aguerrie et bien équipée (par les Russes et la Tchécoslovaquie). Elle gagna la guerre d'indépendance. Des centaines de milliers de paysans palestiniens prirent la fuite (le moins qu'on puisse dire est que les dirigeants sionistes ne s'y opposèrent pas ; on cite le nom de quelques villages incendiés) et quittèrent leurs fermes. L'« indépendance » des uns fut la catastrophe (la « Nakbah ») des autres. Israël avait gagné ses frontières de la « ligne verte » – depuis reconnues par l'ONU, donc légales.

En 1956, Israël participa, sans profit, à la funeste expédition franco-anglaise sur le canal de Suez, se faisant encore un peu plus mal voir des Arabes.

Cependant, peu à peu, les Palestiniens de l'ouest du Jourdain devenaient mentalement des Jordaniens. On s'acheminait vers une reconnaissance réciproque *de facto*.

La guerre des Six Jours, en 1967, remit tout en cause. En quelques journées, du 5 au 10 juin, les chars de combat et les avions Mirage de Tsahal anéantirent complètement les armées jordanienne, syrienne et égyptienne (les Irakiens n'eurent pas le temps d'arriver). Tsahal démontra qu'elle était (et demeure) la meilleure armée du Proche-Orient. Elle alla faire sécher son linge sur le canal de Suez. (Allusion à une chanson des soldats anglais de la guerre mondiale : « Nous irons pendre notre linge sur la ligne Siegfried. ») Les territoires jordaniens à l'ouest du Jourdain devinrent « les territoires occupés ». Le plateau syrien du Golan fut occupé.

L'armée d'Israël, armée de conscription (trois ans de service pour les garçons et deux ans pour les filles), est une admirable armée. Comment ne pas se réjouir en imaginant la tête que doit faire Hitler, s'il regarde les magnifiques combattants juifs sur leurs Panzer, lui qui les méprisait tant ! Les généraux des Six Jours font penser à Rommel, ou à Leclerc. Cela prouve encore une fois que la valeur au combat dépend de la motivation. Les « sionistes » qui s'illustrèrent héroïquement lors de la révolte du ghetto de Varsovie (en 1943) n'avaient d'ailleurs que mépris pour la passivité résignée de certains juifs de la diaspora.

Mais, triomphe militaire, cette guerre de 1967 fut une terrible faute politique. De Gaulle avait prévenu, à la veille du conflit, l'ambassadeur d'Israël : « Vous avez bénéficié jusque-là de circonstances exceptionnelles. Contentez-vous de ce que vous avez. Si vous dépassez la “ligne verte”, croyez-en notre expérience, vous allez devenir des occupants », dit-il en substance au diplomate. L'« ubris » emporta le sionisme. Victoire des armes à la Bonaparte, cette guerre fut un désastre géopolitique. Avec elle naquit une conscience nationale palestinienne qui s'exprima dans l'OLP, présidée par Arafat depuis 1969 jusqu'à sa mort en 2004.

Le 6 octobre 1973, le successeur de Nasser, allié aux Syriens, lança une violente attaque surprise (le jour de la fête juive du Kippour) prouvant que les Arabes aussi savaient se battre. Les chars syriens descendirent sur le lac de Tibériade. Le génie militaire du général Sharon, qui contre-attaqua avec ses blindés au-delà du canal de Suez vers Le Caire, sauva Israël (Sharon est un grand général. Sera-t-il un grand politique? Il n'y a qu'un Bonaparte ou un de Gaulle par siècle). L'alerte avait été chaude. Tsahal, erreur fatale, avait sous-estimé l'adversaire. Ayant compris la leçon, Israël se hâta de conclure la paix avec Sadate, au prix de l'évacuation du Sinaï. Ce qui valut au président Sadate, qui n'avait pas craint de se rendre en personne à Jérusalem, d'être assassiné par un intégriste musulman le 6 octobre 1981.

Après une vaine occupation du Liban, Israël se trouva affronté, non plus à des armées, mais à une résistance. Il le comprit et, en septembre 1993, admit la mise en place d'une Autorité palestinienne dans les territoires occupés. Le lucide général Rabin le paya de sa vie, assassiné en novembre 1995 par un intégriste juif. Depuis cette date, le « processus de paix » patine et les « intifadas » (révoltes des pierres) palestiniennes se succèdent, aggravées par un terrorisme aveugle.

Israël en Palestine évoque Sparte au Péloponnèse, camp militaire au milieu des Hilotes. Les deux légitimités, l'israélienne et la palestinienne, sont incontestables.

La légitimité d'Israël n'est cependant ni religieuse ni raciale ; elle est historique. Elle procède du sang versé et des sacrifices consentis par les colons juifs.

À l'inverse, les Arabes occupent depuis des temps immémoriaux un territoire qui jusqu'au XX^e siècle ne leur était contesté par personne, les Ottomans étant puissance protectrice.

À l'immense tragédie de la « Shoah », on ne peut objectivement pas comparer la « Nakbah » ; mais, subjectivement, l'Arabe palestinien pense le contraire. Le monde arabe a l'impression qu'on lui demande de payer la facture nazie. Si la haine était excusable (elle ne l'est jamais : même quand il faut combattre, on doit le faire sans haine), le jeune sioniste devrait haïr l'Allemand et non l'Arabe. En sens contraire, Israël est devenu pour les Arabes la « bonne excuse » qui les empêche de se moderniser. Si tous les maux viennent d'Israël, il suffit d'attendre sa disparition (ou de la hâter en se faisant sauter).

Quant au mécanisme qui conduit de jeunes Français musulmans maghrébins à détester leurs compatriotes maghrébins d'origine comme eux, parce qu'ils sont de religion juive, il est aberrant : ni les uns ni les autres n'ayant rien à voir avec le Proche-Orient. « Maghrébin » veut dire « Occidental » ; le Maghreb, c'est l'« Occident » des Arabes d'Orient. On est là en plein déni de la réalité française.

En Palestine, la seule issue admise intellectuellement par la plupart serait la coexistence d'un État juif et d'un État palestinien. Pour cela, il faudrait que les Arabes acceptent les faits. Pour cela, il faudrait aussi qu'un de Gaulle israélien fasse évacuer les « implantations » des territoires, donc prenne le risque de faire tirer Tsahal sur des juifs comme l'armée française finit par tirer sur l'OAS, à Bab el-Oued. On voit que le chemin est ardu.

## La chute de l'URSS, la mondialisation

En 1968, une crise de confiance secoua le monde moderne tout entier : crise à l'Ouest et crise à l'Est. On rapproche rarement les deux. Elles diffèrent seulement par l'obstacle qui leur était opposé, car on ne saurait comparer le régime paternel gaulliste aux États communistes et à la Russie soviétique.

Les « trente glorieuses », de 1945 à 1975, avaient été fécondes en reconstruction et en développement à l'Est comme à l'Ouest. Mais l'Ouest prit une extraordinaire avance économique sur l'économie d'État. Dès les années 1960 y régnait la « société de consommation », opposée à la « société de pénurie » communiste. Les peuples s'en apercevaient (les propagandes, nous l'avons souligné à propos de Vichy, n'ayant d'effet que lorsque les gens sont disposés à les entendre).

Les idées neuves infusent, dix ans, vingt ans, et puis tout d'un coup le théâtre change.

Tout commença en Californie, en particulier à l'université de Berkeley, puis le mouvement se répandit en Europe, à Berlin et à Rome. À Prague, le Printemps étudiant fut écrasé par les chars soviétiques. Les Soviets étaient encore redoutables.

À Paris, les émeutes étudiantes furent, à l'inverse, une espèce de théâtre : les dirigeants n'avaient aucune envie de faire tirer les forces de l'ordre sur leurs fils ou leurs filles qui jouaient rue Gay-Lussac « à la Commune » ou « à la Libération », en construisant des barricades. Cela eût été, en vérité, autre chose si les ouvriers avaient manifesté. Mais précisément, encadrés par le PC et la CGT, les ouvriers refusèrent de se mêler aux étudiants (alors issus des classes moyennes), se contentant de faire des grèves classiques.

La connivence entre les barricadeurs de rue et leurs papas des ministères ou des directions était telle que les idées des étudiants ébranlèrent le régime.

De Gaulle, sur un faux départ et un vrai retour, joua avec superbe sa dernière scène. Il comprenait que les temps avaient changé. Un an plus tard, après un référendum perdu, il se retira à Colombey : « Le président de la République cesse à minuit d'exercer ses fonctions. » On ne le vit plus que de loin, photo volée sur une lande irlandaise, puis il eut la chance de mourir d'un coup, chez lui, en faisant une « réussite », en sa quatre-vingtième année, sans que la vieillesse ait été pour lui un naufrage.

Pompidou lui succéda. Avec Giscard d'Estaing (après la mort imprévue de Pompidou), les idées de Mai arrivèrent au pouvoir à l'Élysée. Giscard les appliqua : réforme des mœurs, libéralisme, etc. Seuls des gauchistes ultras en Italie et en Allemagne avaient cru ces idées révolutionnaires. Dans les « Brigades rouges » ou la « Bande à Baader », ils prirent les armes par milliers. En France, il y eut seulement la douzaine de fous d'« Action directe ». Il faut dire qu'en Italie ou en Allemagne les entrepreneurs et les politiques étaient souvent les héritiers des régimes détruits, alors qu'en France le chef de l'État était un héros de la guerre mondiale...

Les idées de 68 étaient en effet très individualistes et plus encore hédonistes : « Sous le pavé, la plage. » Quand on a du cœur, il est beau d'être anarchiste à vingt ans. Certains se suicidèrent, pour ne pas se renier. À cinquante ans, être anarchiste, c'est seulement gagner le plus d'argent possible.

Daniel Cohn-Bendit, qui jetait des cocktails Molotov sur les barricades, est aujourd'hui installé dans son fauteuil de député européen et partage les idées, anarchistes de droite, d'un Madelin. On ne saurait recenser les anciens soixante-huitards établis (maintenant qu'ils ont soixante ans) aux postes de commande : ils sont trop nombreux.

L'idée qu'il existe un « bien commun », héritage constant de l'Europe, était devenue « ringarde ». En mai 1981, l'élection surprise de Mitterrand en France put faire espérer le retour du bien public. Dès 1983, la gauche s'aligna sur la mode libéralo-libertaire : elle renonça au socialisme, devint « européenne », découvrit les vertus du capital et transforma les socialos en « antiracistes ». L'association « SOS Racisme », créée depuis l'Élysée, fut le symbole de la mutation du socialisme nationalisateur français en antiracisme à l'américaine. Depuis ce temps, cette association a beaucoup évolué.

En 1978, un Polonais, Karol Wojtyla, fut élu pape sous le nom de Jean-Paul II. C'était une provocation pour les communistes russes, qui tentèrent, en vain, de le faire assassiner sur la place Saint-Pierre en 1981. Au Kremlin ne régnaient plus que des vieillards : Brejnev,

Andropov, Tchernenko. Le 11 mars 1985, le Politburo nomma secrétaire général Mikhaïl Gorbatchev (cinquante et un ans). Gorbatchev savait que l'URSS n'était capable de soutenir ni le rythme de concurrence économique de l'Occident, ni la course aux armements. Il savait qu'en Russie même le peuple, en majorité communiste, devenait chaque jour davantage consommateur et était fasciné par le modèle américain, rêvant davantage de supermarchés que de grands soirs. Il voulut réformer : la « Perestroïka ». Mais le courant était déjà trop fort pour qu'il pût le maîtriser.

L'Église et les syndicats de Pologne (Lech Walesa), encouragés par Jean-Paul II, le défiaient ouvertement. Gorbatchev n'envoya pas les chars et il retira l'Armée rouge d'Afghanistan. Les peuples d'Europe de l'Est, qui au contraire des Russes n'y avaient jamais cru, en prenaient à leur aise avec le marxisme.

Depuis 1945, l'Allemagne (amputée) était séparée en deux. Les zones occidentales avaient constitué la République fédérale d'Allemagne, dont le chancelier le plus notable fut Konrad Adenauer (un antinazi). À l'Est, occupé par les Russes, existait la RDA (avec l'enclave de Berlin-Ouest, que le blocus de Berlin n'avait pu réduire). En 1961, un mur avait été construit pour empêcher les gens de l'Est de se réfugier dans l'enclave occidentale. Ce mur était surveillé par des gardes-frontières communistes (les Vopos), qui abattaient sans état d'âme les transfuges.

Mais que se passe-t-il quand les Vopos ne veulent plus tirer ?

Cela se produisit le 9 novembre 1989.

Nous avons souligné plusieurs fois l'importance du consentement. En quelques jours, le mur fut démoli et la RDA disparut (le film allemand *Good bye Lenine* le raconte). Gorbatchev laissa faire. Tous les États d'Europe de l'Est rompirent avec le communisme.

Affolés, du 19 au 21 août, les généraux conservateurs tentèrent un pronunciamiento. Leur putsch échoua et Gorbatchev fut remplacé par Boris Eltsine. Le 29 août, ce dernier chassa le PC du pouvoir.

En décembre 1991, l'URSS éclata : l'Ukraine, la Biélorussie, toutes les républiques musulmanes du Caucase et d'Asie centrale se déclarèrent indépendantes (Turkménistan, Ouzbékistan, Kazakhstan, etc.), ainsi que les républiques chrétiennes (Arménie, Géorgie) – dernier avatar de la décolonisation.

Usé par l'alcool, Eltsine démissionna en faveur de son Premier ministre Vladimir Poutine, ancien du KGB. Élu et réélu président (2000, 2004), celui-ci tente de reprendre en main ce qui reste de la Russie : de Pétersbourg à Vladivostok, sans l'Ukraine qui fut pourtant, à Kiev, le pays fondateur.

Dans les années 1980 encore, tous les experts occidentaux jugeaient imperturbablement que le « totalitarisme » soviétique était indestructible.

Cet immense événement, la chute des Soviets, mit fin au XX^e siècle que les Soviets avaient inauguré avec la révolution d'Octobre.

En Europe occidentale, on s'en réjouissait.

À l'Ouest, les États étaient engagés, depuis le traité de Rome de 1957, dans la construction d'une Union européenne, d'abord appelée CEE (Communauté économique européenne) et dotée de plusieurs institutions : la Commission, qui siège à Bruxelles, gère les fonds communs et adopte directives et règlements qui s'imposent à tous ; le Conseil des ministres, créé en 1974, véritable pouvoir de décision, qui rassemble les chefs d'État et de gouvernement ; et le Parlement de Strasbourg, élu au suffrage universel depuis 1979.

De Gaulle, une fois au pouvoir, ne s'y était pas opposé. De fait, faire coopérer les États européens entre eux est une bonne idée. Aujourd'hui, l'Europe presque entière fait partie de l'UE. Mais il y a deux manières de concevoir l'Union : celle, pragmatique, de la coopération des nations ; et celle, idéologique, des « européistes », proche de l'utopie. Car c'est une utopie de négliger l'existence historique des États-nations. L'Europe ne saurait se construire sur le modèle des États-Unis, qui forment (en fait) une seule nation.

La richesse de l'Europe est d'avoir fait naître plusieurs grandes civilisations communicantes et universelles : l'anglaise, la française, l'allemande, l'italienne, l'espagnole, la portugaise, etc. De ce point de vue, la civilisation russe (Tolstoï, Dostoïevski) est indiscutablement européenne ; alors que celle de la Turquie, historiquement ottomane, ne l'est pas.

Le défi européen : faire travailler ensemble ces réalités forgées par les siècles. Airbus, Ariane, etc. montrent ce dont les Européens sont capables quand ils coopèrent. L'idéologie, au contraire, veut ignorer l'histoire (quand les européistes s'y réfèrent, ils évoquent l'évanescent empire carolingien – patronage révélateur !).

De fait, l'Europe élargie est d'abord une zone économique. Mais cette utopie a des inconvénients. Les utopies en ont toujours. (À ce sujet, il importe de distinguer les « grands projets », réalistes, des « utopies ».) La démocratie, pour fonctionner, suppose une « communauté d'affection ». Ces communautés affectives, construites au cours des âges, existent en France, en Angleterre. L'« Europe » n'en est pas une. Les élections du Parlement européen sont vécues à travers les prismes nationaux. Cependant, la plupart des lois et règlements qui régissent aujourd'hui la vie des citoyens sont, sans qu'ils en aient vraiment conscience, concoctés par les « apparatchiks » de Bruxelles, et en anglais.

L'Europe n'a rien à gagner à devenir une sous-Amérique bureaucratique. D'ailleurs, ce déni de réalité a, de fait, transformé l'Union en simple zone de libre-échange.

Il y a pire : en diffusant un discours a-national (en fait, antinational), les européistes – parfois issus de mai 68, comme Cohn-Bendit – favorisent la naissance de micro-nationalismes destructeurs. L'utopie d'une « Europe des régions » dans laquelle (la France ayant disparu), sous la bienveillante autorité de Bruxelles (en fait, des États-Unis), une Bretagne indépendante dialoguerait avec une Corse et une Catalogne également indépendantes, cette utopie-là serait destructrice.

En Yougoslavie, après la mort du maréchal Tito en 1980, les institutions fédérales, disqualifiées par la mode, se délitèrent : Serbes et Croates, séparés à Sarajevo par la frontière millénaire qui distingue, depuis Théodose, l'Orient de l'Occident, étaient unis seulement depuis 1918. Mais il n'était pas écrit que l'existence de la Yougoslavie dût se limiter au XX$^{e}$ siècle. L'idée impériale avait vécu ; l'idée communiste aussi, mais celle d'une fédération des Slaves du Sud (qui parlent la même langue, même s'ils utilisent des alphabets différents) n'était pas absurde. D'ailleurs, beaucoup de jeunes gens, souvent issus de mariages mixtes, se sentent « yougoslaves ».

En juin 1991, Slovènes et Croates proclamèrent l'indépendance de leurs républiques. La Bosnie et la Macédoine firent de même quelques mois après. Les Serbes, répandus dans tout le pays, ne l'admirent pas. Ce fut la guerre. Brève en Slovénie, elle fut acharnée entre Serbie et Croatie. Les Croates, battus, acceptèrent un armistice en janvier 1992.

La guerre reprit cependant, en avril 1992, pour le contrôle de la Bosnie (au peuplement mixte serbo-croate, agrémenté d'une forte minorité musulmane, issue des Ottomans autour de Sarajevo). Appuyés par les États-Unis, les Croates furent vainqueurs en 1995. Ils doublèrent la superficie de leur État, annexant toute la côte dalmate, chassant les populations serbes de Krajina.

La Serbie de Milosevic, jugée responsable de la guerre de Bosnie, se vit refuser le siège de l'ex-Yougoslavie à l'ONU. Les « casques bleus » (anglais, français, américains) intervinrent et imposèrent à Milosevic les accords de Dayton. La Bosnie, partagée de fait entre trois États (l'un serbe, l'autre croate, le dernier « musulman » autour de Sarajevo), fut occupée par les casques bleus français, anglais et américains. Les malheurs de la Serbie n'étaient pas finis, Milosevic étant trop fruste pour être prudent. Le Kosovo, l'une des provinces serbes, berceau de la nation (le patriarcat a son siège à Pec), est peuplé de 80 % de musulmans albanais. Ceux-ci faisant sécession, l'armée serbe commença de les expulser. De mars à juin 1999, l'OTAN, en bombardant Belgrade, contraignit la Serbie à y renoncer et à évacuer le Kosovo.

Trois guerres, donc : celle de 1991 ; celle de Bosnie, la plus longue ; et celle du Kosovo, en 1999, la plus cruelle. Milosevic arrêté et transféré devant un tribunal international, la Serbie est aujourd'hui plus petite qu'elle ne l'était au moment de son indépendance au XIXe siècle. De nombreux Serbes vivent en dehors de ses limites (en Bosnie et en Macédoine). Le Kosovo est devenu un protectorat international (Bernard Kouchner en fut, un temps, le gouverneur) dans lequel une paix précaire n'est maintenue que par les casques bleus. Le bombardement de Belgrade en 1999 fut une première en Europe depuis 1945.

Pouvait-on éviter le massacre ? La condamnation sans nuance des échanges de population appelés « épurations ethniques » est-elle toujours justifiée ? À ce point de haine, il peut se révéler préférable de séparer ceux qui ne veulent plus vivre ensemble (par exemple, grâce aux échanges de population de 1923, Grecs et Turcs sont aujourd'hui réconciliés).

Le radicalisme idéologique n'est jamais bon. Ces guerres ont fait des centaines de milliers de morts, avec les abus (viols, etc.) propres aux guerres civiles. Car en Yougoslavie les guerres furent d'abord vécues, par la plupart, comme des guerres civiles avant de devenir progressivement des guerres nationales. Tchèques et Slovaques ont su se séparer sans guerre, Russes et Ukrainiens aussi. La violente intervention des Russes en Tchétchénie s'explique, sans se justifier, par la volonté de contrôler le pétrole de la mer Caspienne.

La tragédie yougoslave pourrait arriver ailleurs. La France, par exemple, unit des populations beaucoup plus différentes que ne le sont celles de l'ex-Yougoslavie : entre les Alsaciens-Germains et les Bretons-Celtes, entre les Lillois-Flamands et les Provençaux-Méditerranéens, les différences sont plus grandes qu'entre Serbes et Croates ! La France n'est pas « éternelle » ; c'est une invention politique voulue par Paris et millénaire. Les rêveries « régionalistes » pourraient dissoudre la volonté des Français de vivre ensemble. À Rennes, aujourd'hui, on traduit les panneaux indicateurs en breton (langue que Rennes ne parla jamais). Quand on écoute les discours de Jean-Guy Talamoni, on frémit pour la Corse, pour la France et pour l'Europe.

Cependant, les Français semblent toujours heureux d'être français. Ils pourraient même en être fiers. Mais comment un jeune Français, issu de l'immigration, pourrait-il être « fier » d'un pays que les « bien-pensants » ne cessent de dénoncer comme attardé et moisi ?

Après la chute de la maison communiste, le monde n'est plus à foyers multiples. Les États-Unis demeurent la seule très grande puissance.

Nous avons noté que les Américains ne veulent pas bâtir l'empire romain, les citoyens du Middle West ne s'intéressant guère au monde extérieur. L'Amérique n'est pas impériale ; elle est hégémonique. Il faut souligner que la mode du vocable « mondialisation » coïncide avec la disparition de l'URSS. Avant 1989, quand l'URSS existait, personne ne parlait de « mondialisation ». La « mondialisation » n'est qu'un euphémisme pour désigner l'« hégémonie américaine ».

Cette hégémonie est militaire et culturelle. Il existe des facultés françaises où les cours sont donnés en anglais. Il faut certes apprendre sérieusement l'anglais (cette nouvelle *Koinè*) ; mais quand un peuple cesse de dispenser son enseignement dans sa propre langue, il disparaît.

Cette hégémonie est aussi économique. L'Union européenne se révèle là un instrument à double effet. Un effet positif dans le domaine économique, où il lui arrive de s'opposer efficacement aux prétentions des firmes américaines (il n'y a pas de véritable « multinationale » : une grande entreprise a beau s'étendre sur le monde, elle garde une nationalité forte). Un effet négatif dans les domaines culturel ou politique, où elle n'est plus qu'une courroie de transmission des volontés américaines. L'usage agressif de la langue anglaise, la servilité de la majorité des pays de l'Union lors des affaires d'Irak le prouvent assez.

Or l'hégémonie est mauvaise.

Mauvaise pour le monde, où apparaissent des « zones grises » en proie à l'anarchie (les zones que les Américains délaissent).

Mauvaise pour l'*hégémon* lui-même, qui s'ossifie faute de concurrence et d'opposition. Platon avait réfléchi à la question d'une hégémonie mondiale. (Elle n'était pas théorique : Alexandre allait bientôt conquérir l'univers.) Il l'a jugée nuisible. Pour l'équilibre du monde, il était utile que coexistent Athènes et Sparte. « Maîtriser les routes du pétrole » (Caspienne, Irak, Vénézuela) ne saurait remplacer, pour les États-Unis, une véritable réflexion sur le monde extérieur.

# Du World Trade Center, de la démographie et de l'avenir

En janvier 1991, la guerre du Koweït fut une éclatante illustration de l'hégémonie des États-Unis. Ils n'auraient pu la faire si l'URSS avait existé, car la Russie soviétique protégeait l'Irak. Le Baas et Saddam Hussein étaient ses clients.

Notons que le Koweït est une création complètement artificielle de l'impérialisme anglais (il s'agissait de couper les accès traditionnels à la mer de la Mésopotamie). Cependant, envahir par les armes un État, même « bidon », n'est pas un procédé acceptable. La première guerre du Golfe fut donc absolument légale (la France y participa), avec des objectifs limités. Le Koweït reconquis, le Baas irakien resta au pouvoir. Bush Senior était avisé.

Avant cet événement, la prise de pouvoir en Iran par les mollahs intégristes de l'ayatollah Khomeyni avait été une chaude alerte. La « révolution » iranienne, en occupant l'ambassade américaine, fit autant de bruit, dans le monde musulman, que la Révolution française en avait fait, dans le monde des Lumières, en prenant la Bastille... L'Irak de Saddam avait d'ailleurs mené une guerre acharnée contre l'Iran des mollahs.

Khomeyni, en lançant une fatwa contre l'écrivain Salman Rushdie, défiait la modernité. Le marxisme voulait dépasser 1789 ; l'islamisme voulut l'effacer. Mais Khomeyni était persan, et sa révolution avait une base identifiable : l'Iran.

L'attentat anti-américain du 11 septembre 2001 est tout autre chose. Ce fut un attentat bien réel, même si un livre ridicule prétendit le contraire. On le compara à Pearl Harbor. Mais la comparaison n'est pas pertinente.

Il y a certes des ressemblances : le nombre des morts, la surprise, le choc. Mais, soixante ans plus tôt, il s'agissait d'une guerre entre États ; l'agresseur était localisable. Les Japonais voulaient anéantir une marine militaire, et non pas spécialement des civils (de fait, la plupart des victimes furent des matelots).

Quel État voulut faire sauter les tours jumelles de Manhattan et le Pentagone ? Aucun ! Al-Qaida n'est même pas une organisation centralisée. C'est une nébuleuse de groupes animés par le fanatisme...

Al-Qaida ne mène pas non plus une vraie guerre. La guerre cherche à obtenir des résultats politiques. Quels sont les objectifs d'Al-Qaida ? Que demande Al-Qaida aux États-Unis ? Rien ! Le mode opératoire a frappé de stupeur : la destruction des tours du World Trade Center rappelle, à s'y méprendre, les films catastrophe d'Hollywood.

Les intégristes musulmans avaient, en 1994, détourné un avion d'Air France dans le but de le lancer sur la tour Eiffel. Leur coup échoua, car ils furent obligés de se fier aux pilotes français qui posèrent l'Airbus à Marignane, où le GIGN put le prendre d'assaut.

Les intégristes en déduisirent qu'il leur fallait former

des pilotes. De fait, les commandos qui s'emparèrent des avions US en prirent eux-mêmes les gouvernes. Pour la petite histoire, l'un des kamikazes reçut son brevet de pilote – américain – après sa mort.

Transformer des avions civils (bourrés de kérosène après décollage) en bombes fut une idée perverse, mais efficace. La chaleur dégagée par l'embrasement des tours liquéfia leur structure de métal et les fit s'effondrer. Ben Laden lui-même en fut étonné. Il obtint près de 3 000 morts et un effet visuel « sidérant ». Ben Laden, bon communicant, était comblé : le premier avion attira les caméras et toutes les télévisions purent filmer à l'aise le second choc.

Ben Laden, formé par les Américains, tout intégriste qu'il soit, reste un fils de Pub ! L'effet économique et financier a été énorme. Il fallut au président Bush Junior injecter, contrairement à ses principes libéraux, des milliards de dollars-papier pour sauver l'économie américaine.

Les services de renseignement s'étaient montrés nuls. Grâce à leurs satellites et ordinateurs, ils écoutaient toutes les communications du monde. La CIA avait seulement oublié que les conspirateurs ne téléphonent pas (à l'exception des nationalistes corses). Le renseignement, depuis toujours, repose sur les « indics », agents infiltrés chez l'ennemi. Or, la CIA n'en avait pas. On prétend que personne n'y parlait persan (la langue usuelle à Kaboul).

Contrairement à ce qui s'était passé après Pearl Harbor, le dragon américain frappa dans le vide. Certes, il occupa légitimement l'Afghanistan (pays où la CIA, peu de temps auparavant, soutenait les Talibans contre les Russes). Mais, ensuite, il ne sut plus que faire.

La deuxième guerre d'Irak a été un leurre.

Saddam Hussein, dictateur socialisant et laïc, ressemblait davantage à Staline qu'à Ben Laden. Il détestait les intégristes et n'eut aucun contact avec Al-Qaida avant le 11 septembre 2001... Il ne disposait d'autre part que d'une petite armée, démunie de « moyens de destruction massive » et fort diminuée depuis l'aventure du Koweït.

La conquête de l'Irak par l'armée américaine fut, en 2003, une opération tellement « à côté de la plaque » qu'on pourrait presque penser, en délirant un peu, qu'elle a été programmée par Al-Qaida. À qui profite-t-elle, en effet ?

La destruction d'un régime notoirement athée, la pagaille en Irak et l'humiliation (une nouvelle fois) des musulmans en sont les résultats les plus apparents. Ben Laden doit s'en féliciter. La France du président Chirac ne voulut pas participer à cette folie, qu'approuvèrent au contraire la plupart des pays de l'UE. Cela démontre de façon éclatante que la volonté politique repose, non sur une bureaucratie décalée, mais sur la volonté des nations. Il ne suffit pas d'être puissant, il faut être intelligent et motivé. Comme l'a dit Woody Allen dans un de ses films : « Heureusement que la France existe ! »

Al-Qaida est un phénomène inquiétant : un certain islam a-t-il « muté » en se recombinant (le suicide n'est pas musulman, mais bouddhiste) en idéologie totalitaire ? Pour la première fois depuis des siècles, la modernité est contestée (le Japon Meiji n'avait fait que l'imiter). Al-Qaida tend aux puissances le piège des guerres de religion.

Qu'en est-il de l'état du monde, après cela ?

Il faut ici parler un peu de démographie. Nous en avons noté l'importance en observant, par exemple, les explosions démographiques dues aux révolutions néolithique et industrielle, et le déclassement de la France (puissance la plus peuplée d'Europe en 1815, la moins peuplée en 1915).

L'état « naturel » des peuples est celui dans lequel on compte beaucoup d'enfants par femme (la démographie s'intéresse aux femmes) et beaucoup de mortalité générale. Ce fut l'état habituel jusqu'au XIX^e^ siècle.

L'état moderne de la démographie est celui où l'on compte peu de naissances par femme, mais aussi une faible mortalité. La médecine (à partir du moment où elle devint efficace avec Pasteur) a quasi supprimé la mortalité infantile, produisant un allongement des moyennes que l'on confond avec l'allongement de la vie individuelle.

En 1700, il fallait qu'une femme ait sept ou huit enfants pour qu'en survivent deux ou trois. Aujourd'hui, elle n'a besoin que d'en avoir deux ou trois, car (heureusement) les bébés ne meurent presque plus. La médecine a révolutionné le monde davantage que l'agriculture ou l'industrie. Les médecins, qui sont souvent de grands individualistes (serment d'Hippocrate), n'en ont guère conscience.

On appelle ce passage d'un état démographique à l'autre la « transition démographique ». Cette transition demande trois ou quatre générations, les femmes ne se rendant pas tout de suite compte que leurs bébés ne meurent plus. Ce décalage explique les « explosions » démographiques. Au XIX^e^ siècle, l'Europe « explosa », déversant sur le monde des dizaines de millions d'émigrants. Elle fit sa « transition » vers 1960.

L'histoire démographique de la France fut singulière. La « Grande Nation » effectua sa « transition » bien avant les autres pays d'Europe, à cause de – ou grâce à – la « Grande Révolution », qui en bouleversa profondément les mœurs. Aujourd'hui, elle semble vaccinée contre le malthusianisme. Elle continue de faire à peu près le même nombre d'enfants par femme que sous Louis-Philippe. Paradoxalement, son taux de fécondité (1,90 enfant par femme) est bien plus élevé que celui de ses voisins européens (1,30) et proche du taux de remplacement des générations (dans les conditions de la médecine moderne, il faut 2,10 enfants par femme pour remplacer les générations). L'aptitude, longtemps forte, de la France à assimiler l'immigration (comparable à celle des États-Unis) contribua aussi à sa relative bonne santé démographique.

L'explosion démographique fut ensuite celle du tiers monde. Les femmes du tiers monde ne firent pas davantage d'enfants que leurs grand-mères (comme celles-ci, elles en faisaient sept ou huit). Mais elles n'avaient pas compris que ces enfants (grâce aux dispensaires) ne mourraient plus. L'Algérie musulmane est ainsi passée de 2 millions d'habitants en 1830 à 36 millions actuellement.

L'explosion démographique est une « tarte à la crème » médiatique. Elle est cependant terminée. Presque partout, la « transition démographique » est en train de s'accomplir! Nous l'avons dit, les idées se répandent comme les épidémies. Les femmes du tiers monde, depuis l'an 2000, ont « percuté » (comme disent les jeunes). Elles savent qu'il suffit d'avoir trois enfants. Le taux de fécondité de l'Algérie est ainsi, aujourd'hui, comparable à celui de la France. Bien sûr, comme les hommes ressemblent aux arbres, il existe une « inertie démographique ». Les femmes algériennes ont aligné leur comportement sur celui des Françaises, mais les millions d'adolescents nés avant la transition tiennent toujours les murs. On s'apercevra de la transition algérienne dans vingt ans.

En vérité, l'humanité, qui compte aujourd'hui 6 milliards d'individus, n'est plus menacée d'explosion démographique. Seuls quelques pays continuent de faire beaucoup d'enfants par idéologie ou espoir d'une « revanche des berceaux » (expression inventée pour expliquer comment les 60 000 paysans français abandonnés au Canada ont pu devenir 6 millions) : les Palestiniens, les musulmans et juifs intégristes se revanchent ainsi.

Dans l'ensemble – vérité méconnue –, l'humanité est menacée non d'explosion, mais d'implosion démographique. Depuis deux générations, la Chine, le Japon et l'Inde tamoule font peu d'enfants. C'est le « vieillissement », euphémisme (notre époque bien-pensante n'aime pas nommer les choses par leur nom) pour désigner la dénatalité.

Cette dénatalité est effrayante en Russie, où elle correspond probablement à une « démoralisation » consécutive à la chute du communisme. Mais elle concerne aussi tragiquement l'Europe (à l'exception de la France) : l'Italie, l'Espagne, l'Allemagne n'ont guère plus d'un enfant par femme. À ce niveau, l'Union européenne est menacée de disparition physique.

L'immigration n'y peut suppléer qu'à la marge. Car il existe une grande différence entre l'« assimilation » des nouveaux arrivants et la « substitution » d'une population à une autre, laquelle rompt la continuité et compromet la transmission culturelle. Certaines banlieues sont des substitutions de populations. On en constate les effets. Il faut du temps pour assimiler ; or, la rapidité de l'implosion des Européens ne leur en laisse guère. D'autant plus que cela fait « réac » d'évoquer les problèmes de natalité, les Anglo-Saxons affirmant que l'intimité des ménages ne regarde pas les États. C'est évidemment faux : faire un enfant est un acte social. Ce sont d'ailleurs les enfants indigènes qui assimilent les enfants immigrés.

Le slogan des « yuppies » américains exprime l'esprit du temps : DINK (*Double income, no kids* : Double revenu, pas d'enfants). Quand ils seront vieux, ces yuppies inconscients le paieront cher. Car, depuis le 11 septembre 2001, il n'est plus certain que les jeunes immigrés accepteront encore de pousser leurs fauteuils roulants.

Malgré ces interrogations, la fin annoncée de l'explosion démographique est plutôt une bonne nouvelle pour l'humanité. L'idéal serait que les populations accèdent à la « croissance zéro » démographique : au simple – mais assuré – remplacement des générations. Il faut rappeler que cet idéal exige des femmes qu'elles acceptent d'avoir chacune deux ou trois enfants.

On parle davantage aujourd'hui d'écologie que de démographie. L'écologie n'est pas seulement une mode : elle est la prise de conscience que les ressources de la

Terre ne sont pas inépuisables et que l'humanité influe (depuis le néolithique) sur son environnement.

La hausse inéluctable des prix du baril de pétrole est, en ce sens, une bonne nouvelle. Cette hausse contribuera davantage que les sermons à imposer un comportement écologique.

Après la démographie et l'écologie, rappelons quelques faits de géopolitique.

La Chine est entrée brutalement dans la période sauvage de l'accumulation primitive capitaliste. Ses villes explosent de tours de verre. Elle est devenue l'usine du monde. Il lui faut importer du pétrole et de l'acier. C'est l'ère « Meiji » de la Chine, mais en plus chaotique que ne le fut celle du Japon.

À la famille patriarcale chinoise a succédé celle de l'enfant unique et des « petits empereurs » mal élevés et capricieux – incroyable bouleversement de la tradition confucéenne. En diaspora, la ville phare de Singapour donne à voir une modernité chinoise suractive, mais conformiste et triste, totalement acceptée par Pékin (contrairement à Taïwan). Car le passé pèse toujours sur la Chine : elle reste l'« empire du Milieu », davantage encore aujourd'hui où le gouvernement de Pékin a complètement abandonné les rêveries universalistes de Mao Tsé-toung qui poussaient les coopérants chinois en Afrique.

L'Inde est également entrée avec fracas dans la modernité, par l'informatique et les services plus que par l'industrie. Mais ce développement concerne essentiellement l'Inde tamoule du Dekkan, laquelle s'éloigne de plus en plus du Nord hindouiste – au risque d'un nouvel éclatement du sous-continent.

La Russie, quant à elle, se dégage difficilement des décombres de l'URSS. Elle a accepté la sécession de l'Asie centrale et de l'Ukraine. Paradoxalement, elle mène une guerre cruelle en Tchétchénie. À propos de cette guerre, nous avons évoqué le pétrole, mais à la réflexion il s'agit probablement là d'une crispation impériale comparable à celle de la Grande-Bretagne quand elle fit, en 1982, la guerre à l'Argentine pour la possession de l'insignifiant archipel des Malouines.

Le Caucase, où se rencontrent Iraniens, Turcs, Slaves, Arméniens et Géorgiens, conservatoire de toutes les ethnies, zone de conflits de toutes les religions, est d'ailleurs devenu l'une des zones grises de la planète. La formidable ex-Armée rouge, complètement décomposée, n'a su mettre fin à l'odieuse prise en otage d'une école d'Ossétie que par un massacre le 3 septembre 2004.

Les populations russes désertent les zones boréales ou sibériennes dans un grand exode vers le sud. L'abandon des zones rurales difficiles de la planète par les populations est d'ailleurs une réalité générale et inquiétante dans le monde entier.

Pour le reste, l'avenir est imprévisible. Les prévisionnistes se trompent toujours ; c'est toujours l'imprévu qui arrive. Selon les points de vue, on peut donc espérer ou craindre.

D'abord, espérer. Les potentialités de la science sont énormes. La « sagesse des nations » peut prévaloir sur la folie : par exemple, les pays musulmans n'ont pas explosé après le 11 septembre 2001. Très ancien pays historique, la France trouverait ici un rôle à sa mesure ; d'autant qu'elle reste une puissance industrielle, culturelle et militaire non négligeable.

Mais il y a aussi des raisons pour craindre. Les « zones grises » se multiplient, l'insécurité augmente. Pour construire, même des ordinateurs, il est nécessaire que subsistent des zones sûres dans lesquelles on puisse bâtir en paix. Les guerres de religion se rallument.

Plus grave encore : au cœur de la modernité, l'esprit public défaille. La décadence n'est jamais inéluctable si l'on garde le sens d'un bien commun. Question essentielle de l'avenir du monde moderne : les pays modernes retrouveront-ils des raisons de vivre? Car une certaine mode menace les hommes de nos sociétés développées :

« En affaiblissant parmi eux le sentiment du bien commun, en dispersant les familles, en interrompant la chaîne des souvenirs, en accroissant outre mesure leurs besoins, on les a rendus moins civilisés qu'ils n'étaient. »

Tocqueville parlait de l'influence néfaste de la modernité sur les Indiens.

# Post-scriptum

C'est à dessein que ce livre ne comporte pas de bibliographie. Les ouvrages historiques sont en effet si nombreux que leur énumération, même succincte, occuperait davantage de pages que le livre lui-même. Les auteurs espèrent que, mis en appétit, les lecteurs iront acheter ces ouvrages, généralement regroupés par époque, chez les libraires. Il n'y a pas d'index non plus : tous les noms se trouvent dans le Petit Larousse ou le Robert des noms propres.

C'est à dessein également que ce livre ne comporte pas de cartes. Non que les auteurs méprisent la géographie, au contraire, mais parce qu'il faudrait des centaines de cartes pour illustrer cet ouvrage. Or, s'il existe peu de récits chronologiques de l'histoire du monde, on trouve d'excellents atlas historiques et de nombreux atlas généraux (à défaut, n'importe quel dictionnaire encyclopédique). Les auteurs prient les lecteurs, s'ils sont intéressés, de bien vouloir s'y reporter.

# Table des matières